Johannes Wagner   Solothurner St. Mauritius- und St. Ursenspiel

Schweizer Texte

Herausgegeben im Auftrage der Akademischen Gesellschaft
Schweizerischer Germanisten
von Alois M. Haas, Karl Pestalozzi und Werner Stauffacher

Band 5

Johannes Wagner

Solothurner St. Mauritius- und St. Ursenspiel

Herausgegeben von Heinrich Biermann

Verlag Paul Haupt Bern und Stuttgart

Publiziert mit Unterstützung der Schweizerischen Geisteswissenschaftlichen Gesellschaft
Auflage 600 Exemplare

Das Umschlagbild zeigt „Die Auffindung des heiligen Ursus". Typographischer Einblattdruck
mit Holzschnitt nach einem Entwurf von Urs Graf. Basel: Adam Petri 1519.
Zentralbibliothek Zürich, Graphische Sammlung, PAS 25/7

CIP-Kurztitelaufnahme der Deutschen Bibliothek

Wagner, Johannes:
(Sammlung) Solothurner S(ankt)t Mauritius- und S(ank)t Ursenspiel /
Johannes Wagner. Herausgeg. von Heinrich Biermann. – Bern, Stuttgart:
Haupt, 1980. (Schweizer Texte; Bd. 5)
ISBN 3-258-02936-9
NE: Biermann, Heinrich (Hrsg.)

Inhaltsverzeichnis

Prologi: Stultus. Trummeter.

Ordo Vmbzugs:

1 Keiser vnd sin adel. sampt dem paner.
   vnd etlichen knechten. vor der zelt.

0.5   2 Bischoff vnd Salij vor dem Brunnen.

3 Mauritius Victor Vrsus cum socijs. für
   Stockers hus vnd Frolicherin hus.

Veldhouptman. zwei fennli vnd die ander[n]
kneccht.

0.10   Sprecchende Personen in Sant
            Mauritzen Tragoedia. 38

Erst Herold. Prologus   Thoman Locher

Argumentierer.   Victor Hugi

\+ Lalus des Keisers Schalksnarr. Stoffel Cůnj

0.15 Maximianus Keiser.   Hieronymus Saler großweib[el]

\+ Marschalck   h. Wilhelm Frŏlich

Hofmeister   Wolf Bys.

\+ Praeco Trumméter Vsrůffer.Peterhans Wick

Bischoff. Flamen Dialis et Martialis. D Joan Starck.

0.20   ⌈Libanius sacrorum minister h. Jacki Hugi

     │Choregus platzmeister. Vordentzer Jakob Thschibolet

\+   │Cascus alter dentzer. Vrs Ostermeier Trummens[chlager]

     │Pancratiastes. Fechter.   Jacob Zan.

     │Antagonistes. Widerfechter H. Peter Brunner

0.25   │Praecentor. Vorsenger.   Hans Reinhart.

   ⟨ 7⌉Frantz Knopf. Claus Knopf. +

       8│   Ludi Ziegler.

       9⟩Succentores. heidnische priester.

     10│Peter Pfiffer. Wilhelm Tugginer vordenzer

0.30   11│Hans Georg Wagner

    └12⌋Vrs Weidman.

0.13: a.l.R. [2] 06
0.17: nachgetr.
0.19: Starck. u.d.Z.
0.27: vor Ludi Ziegler gestr. Jacob Stadler
0.29: Wilhelm Tugginer auf Rasur; vordenzer letzte
      Silbe u.d.Z.
0.31: hinter Vrs Weidman. gestr. Jacob Tschibolet

Aethiopißa. ein Mŏrin / dãntzerin. Thomas Viuiarus.
Apologus. verspreccher. herold. Paul Kolb
+ Cantzler des Keisers. h. Jacob Walier Seckelschriber.

0.35   Veldhouptman. Strategus. cum militibus. Heinrich Grŭnnagel.
Panerherr Maximiani Aglifer   Georg Frŏlicher
Ichnobates Spǎcher.   Hans Gugger
Trabant. Dromo. Landfarer. Viator Cŭnrad Lengendorf
Eurybates des Keisers lŏuffer   Ŭli Hǎni.

0.40   Epilogus Herold.   Vrs Rüter.
Calliopius.

Mauritius oberster.   Lorentz Aregger   S. 3
Victor   Hieronymus Kallenberg.
Vrsus   Victor Hugi

0.45   Exuperius S. Mauritzen Fenner. Wolfgang Degischer
Candidus Senator   Vrs von Arx.
Valerius Signifer Vrsi: Anth[oni] Schwaller
Innocentius.   Hans Dŭrr
Vitalis.   Wernli Brunner.

0.50   Constantius signifer. Victoris. Vrsus Sale[r]
Sampt andern Thebaeern der gantzen
Legion Mauritij.

Iouis Simulachrum perfecta aetate. barba
pulchra non nimis longa.

0.55   Sedens in cathedra. dextra fulmen. laeva sceptrum
tenens. Sub pedibus gigantes prouolutos. Aquilam iuxtã

0.24-32: a.l.R. zur Klammer Salij 12 Martis Sacerdotes
      et Hercu lis. quem alij colu iße Maximianum
      ferunt [...ob id] Hercu lium appella ße se.
0.32: Viuiarus u.d.Z.
0.35: Grŭnnagel. u.d.Z.
0.38: die letzte Silbe von Cŭnrad und der Familienname
     u.d.Z.
0.40: a.l.R. 190
0.44: vor Victor Hugi gestr. Hans Locher
0.45-47: a.l.R. zur Klammer Thebaei Martyres S.
0.45: Hs. Wolfg.
0.47: Hs. Anth.
0.48: vor Hans Dŭrr gestr. Vrs Frŏlicher.
0.54: vor non ras. et longa

Ara Iouis. Ioui opt[imo] Max[imo].

Martis simulachrum armatum. stans. dextra gla
   dium euaginatum / sinistra torrem gestans.

0.60   Ara graminea floribus ornata. Cremium in medio
         Inscriptio. Gradiuo Marti. Vltori.

            Ex Pomp[onio] Laeto et Liuio.
      Salij 12. Quos Numa Pompilius secundus Rex à Romulo
      Gradiuo legit à Saltando dictos / quòd circa aras
0.65   trupudient et saliant: Versicoloribus tunicis ornati
      per urbem tripudiabant / succincti aeneis baltheis /
      et super tunicas eneum pectori tegumen aduntes Ancylia
                                                         laeva
      portantes. Incapite pileos longos / uel flores serta / quos
      apices uocant. gladio accinguntur. dextra lanceam / aut
                                                     uirgam
0.70   ferunt. Togas fibulis nectunt quas trabeas uocant.
      Ancyle erat scutum breue non rotundum. sed ex utroque
                                                 latere
      erat excisum / vt nullus angulus uideri poßet. et
      summum infimumque latus eius medio patéret.

      Ouidij fasti. Atque Ancyle uocant quod ab omni parte
                                        recisum est
0.75   Quocumque oculis spectes angulus omnis abest.

      0.57: Hs. opt. Max.
      0.60: über graminea floribus [vnio] de [...]
      0.62: Hs. Pomp.
      0.63: Hs. statt secundus: 2
      0.74: Hs. Ouid. j fast.

MAVRITIANA TRAGOEDIA.
Sant Mauritzen Spil. –

Erst herold.

```
- V  /  - V  /  - -  /  - V  /  - V  / - -  /
- V  /  - V  /  - V  /  - V  /  - V  - /
```

Hochgebôrn / geleert / eerwirdig / eerend herren /
Wirdig / hochgeleert / andắchtig / eerend herre [n]
Geistlichs stands: ein ieder gmeldt nach sinen eere [n]
Edel / vest / gestrenng / großgünstig / eersamm / wyse /
5 Gnắdig herren: Frồmbd / vnd heimisch: mit was pryse
Jedem sich bezimpt ze geben sin eerwort. –

Merckend ûf / warumb wir kommen an diß ort
In gar seltzämer / vnd frồmbder rüstung hie /
die ir hand vormâls (on zwyfel) gsehen nie.
10   Derhalb wüßend / vnd vernemmend ietzt von mir
Kurtzlich / was wir vnns hütt habind gnommen für.
    Ein vralter sitt / vnd gwonheit ist bis hâr
Gwẵsen in der heidnischen Poeten schâr /
Etwas gdicchts dem gmeinen volck ze stellen für:
15 Dârûs man vil gûter Leer / vnd manung gspür
Vonn den lastern / vnd gottlosen wanndel z'staan:
Tugendryche werck / vnd ûbung z'nemmen an.-
Sồlchen brûch sid wir seer nutz / vnd gût sind   S. 15
                                    achten
Hand wir's heiligen Mauritzen gschiccht z'betrachten
20 Vnsrer Jugend (welch' allzyt nach krieg ist tringen)
Fürgestellt ze spilen / vnd in ûbung z'bringen:
Dás si darûs lerne / darby werd bericct /
Wie ein Christenman zûm stryt sồll sin gericct
Nit durch grimmige Tyrannen sich lân zwingen:
25 Noch vom wâren Christlichen glouben tringen:
Sonnder standthafft b'harren. Ehe verlieren 's leben
Dann das sy wồlt wider fromme Christen streben.
    Als ouch diser held Mauritius gethan /

1: Alternativentwurf
2: Initiale rot

Der sampt siner gsellschafft Lyb / vnd Leben g'lân.
30   Ob sy heidnisch Abgott wöllen batten an.
    Wie ir ietzt d'histori grundtlich werdt verstân.
Trungenlich üch bittendĕ / hie in sonderheit
Still ze sin: vnd hören zů mit bscheidenheit.

    Der ander herold. Erzellt den inn
        hallt der histori.
Nach Christi gburt zweihundert Jâr
35   Ouch achtvndachtzig gzellt ongfâr /
Regiert zů Rôm ein gwaltĭgĕr Man /
Sin nam was Diocletian:
    Den selben Keiser durstet seer
Nach Christen blůt ie lenger ie meer.
40   Vil Rych ihm warend vnderthan:
Doch mocht er s' nit allein bestân.
Wann von ihm fielen ab mit gwallt   S. 16
Vil Stett / Rych / Lennder manigfallt.
Derhalb er nam zů sich ein gsellen /
45   Den Maximian er thet erwellen /
Ein teil des Ryches er ihm ließ:
Sy thetend Gott größ widerdrieß.
Dann sy veruolgtend Christen namen
In allem Lannd / wô sy s' ankamen /
50   Mit füwr / mit waßer / vnd andrer pyn
Vil tusend Christen richtetend s' hin.-
    Verschônt ward da nit wyb noch Man /
Ia iungs vnd allts můßt alles d'ran.-
    Wer Christi namen ie bekannt /
55   Der ward gestrafft mit Tod ze hannd.
    Nun merckend wyter / wie es gieng.
Im Gallier Lannd ein krieg anfieng:
    Ein volck das fiel vonn Rômern ab /
Verachtet iren gwallt / vnd stab:

33a: a.l.R. [2] 06
34: Initiale rot, a.r.R. 288
45: Den a.l.R. nachgetr.
48: a.l.R. Decima perse- cutio.
57: a.l.R. Gallia

60 Ein buwren bundschůch machtend sy
    Aeliano vnd Amando stůndend s' by:
    Die dann der eergyt also g'reitzt /
    das ihnn schier wår das Lannd zerschleitzt.
        Sy woltend han das regiment
65 In Gallien ihnn selbs zůgwendt:
    Der Römern hand entzogen haben.
        Man maccht ihnn aber 's rößli z'traben.
    Als bald der Keiser was vorhannd
    Ergabend sy sich in dem Lannd.
70 Dann in eim einigen scharmutz   S. 17
    Gelag den Buwren irer trutz.
        Carausius thet ouch der måß
    Der von dem Keiser gschickt vff d' stråß
    Die Francken / vnd die Sachser z' demmen /
75 Welch' Galliam am Meer innemmen
    Thetend: (ietzt Flandren / Picardey
    Genennt / Braband / vnd Normadey.)
    Fieng angends an / ze rouben / püten:
    Nam sim selbs 's Lannd in / sampt den Lüten.
80   Britannien er ouch b'herrschen thet:
    (Ietzt Engelland 's den namen het)
    Brůcht allda künigklichen gwallt:
    Sin hoffart aber ward nit allt
        Also der Römern regiment
85 In allen Lannden ward zertrennt.
        Dann zwår Narseůs der Persiern Küng
    Nam ihm zů hannden gantz beging
    Der Römern Lannd in Orient:
    Galerius ihn z'letst errennt.
90   Achileůs faccht Aegypten an
    Dem b'gegnet Diocletian.

61: über Aeliano nicht gestr. [at] Helinando
71-72: a.l.R. Euseb. Anno 290
76: a.R.R. Armorici olim
80: a.r.R. Britannia
81: a.r.R. Anglia
86: a.l.R. Anno 290
90: a.l.R. Anno 292

Die Quinquegentianer grätz
In Africa den Römern stäts
Verhergetend gar wüst das Lannd:
95 Maximian zu letst sie fannd /
Nach dem er Galliam bezwang.
   Damit nun d' sacch hett' ein fürgang /
Hat Keiser Diocletian /
Sampt sinem gsellen Maximian
100 Vß allem Rych beschryben lân /
Die stercksten Kriegslüt angenon.
   In welchen nit die g'ringsten wáren
Mauritius mit sinen scháren:
Der obrister was vber s' heer
105 Des gantzen Zügs / der vber Meer
Darkommen vß Aegypten Lannd /
Ein Legion (Sechstusend z'hannd /
Sechshundert / sechs vnd sechtzig Mann)
Die Christi glouben gnommen an
110 Zu Thebis der volckrychen Statt /
Welch' hundert schöner porten hat /
Was d' houptstatt im Aegypter Lannd:
Daruon Thebáïs d' Landschafft g'nannt.
   Vor zyten si vil Abgött eeret
115 Ehe si zum Christenglouben b'keeret.
   Hernach durch apostolische Leer
Gab diß Lannd alles Christo d' eer.
   Diß vserlâsne reiser vest
Dem Keiser Caro thetend 's best:
120 Den Persiern gwunnend s' an vil Stett:
   Diocles sie bald beschryben thet
Nach Cari tod / vß Syrierlannd /
Zum stryt früsch sin er s' wol bekannt.
   By denen ouch der held Sant Vrs
125 War / mit sinr ritterlichen Burß /

S. 18

92: über Quinquegentianer nicht gestr. funffzigjärigen
    röuber
    a.l.R. Anno 291
    a.r.R. Senes Quinquage- narij. Pomp. Laetus.
119: a.l.R. Carus. Imperator.

Sant Victor ouch / sin mittgsell gůt.   S. 19

   Die all hingfarn vß fryem můt /
(Wie dann vswyßt die gmein Legend:
Dern wir zům teil nachvolgen wennd)
130   Als sy in Sўrĭamm g'zogen hin
Z' Hierusalem getoufft sŏnnd sin /
Vom Bischoff allda / welcher g'nannt
(Als vß Eusebio ist bekannt)
Hўmĕnă̆eus. Dem nach hand s' vernommen /
135   Do sie der Keiser z' Rôm angnommen /
Vom Bapst Caiano recchten grunnd
Des gloubens /: Welcher ihnn maccht kund
Beuestnung rechter ritterschafft
Nit mit der Wellte Bráccht behafft.
140   Das sy gewâpnet ieder frist
Im namen 's herren Iesu Christ /
Als thüwre ritter sŏltend bstryten
D' Wellt / 's Fleisch / den Tüfel. Nit ein myten
D' Sünnd herrschen lân / Stâts widerfechten:
145   In einfalt wanndlen mit den g'rechten:
So gfallind s' Gott ie lenger ie meer.
   Ir Schilt / vnd helm / Gurt / pantzer / Gweer:
Gloub / hoffnung / wârheit / g'recchtigkeit
Sin sŏllend in gedultigkeit.
150   Dem Keiser mŏgind s' hellffen z' recchten /
Die Christen doch keins wegs durchechten.
   Do sy nun zů dem Keiser kôn
Ihm z' dienen vmb den sold / vnd lôn:
Mit frôuden er sie hieß willkommen   S. 20
155   Die strengen / vesten / werden / frommen.
   Mit dem heerzüg schickt er zehannd
Maximian in 's Gallier Lannd.
Der zôch von Rôm mit aller Máccht:
Kein růw hat er nit tag / noch náccht /

132: über allda <u>nicht gestr.</u> der zyt
133: <u>ist</u> ü.d.Z. nachgetr.; a.l.R. 100
134: <u>a.l.R.</u> [a] t Zabda <u>a.r.R.</u> vulgo Zabdam [...]
136/137: <u>a.l.R.</u> [a] t Marcel lino.+ post fuit
      <u>a.r.R.</u> Caius vel Caianus dal mata

160   Bis ihm der berg sant Bernhards gnannt
       Mit stygen ward gantz wol bekannt.
         Vom berg zôch er in Wallis b'syt /
       Da Martinach das Stettli lyt:
       Das Octodûrus hieß mit namen:
165   Da selbst der Römisch züg kam z'samen.
         Ze stunnd er so berůffen ließ
       All's Kriegsvolck: welchen er verhieß
       Mit schônen worten rychen lôn /
       So sy ihm wârind vnderthan
170   Ze straffen sine großen Fynd /
       Die von den Römern gfallen sind.
         Vast bald darnach hieß er vmbschlân /
       Ein scharpf Edict er ließ vsgân:
       Das iederman / nach sinem gbott
175   Den Göttern opfer bringen sott /
       Zů danckbarkeit: vnd sig z'erwârben:
       Wer das nit thet: der můßt verdârben.
       Ia welcher dem wôllt widerstreben /
       Verlôren sôlt er han sin leben.-
180   Die fromm Thebæîsch ritterschafft
       In welcher lüchtet Gottes krafft /
       Was vngehorsam 's Keisers gbott   S. 21
       Diewyl es gstrackts was wider Gott.
         Des Festtags woltend sy nit warten:
185   Wol gen Agaunum hin sy karten /
       Das heißt ietzund / Zů Sant Mauritz /
       Am waßer Rhoddan liegt der sitz.
         Den Keiser sôlcher mâr verdrôß:
       Sin beste Sôldner er vsschôß:
190   Beualch ihnn ylends nach ze ziehen /
       Damit irn keiner môcht entfliehen.
         Ze opfern sôltend sy die nôten /
       Old ie den zehenden lân tôdten.
         Sant Mauritz do / sampt sinen gsellen
195   Thetend uil ehe den Tod erwellen.
         Als bald erhůb sich große nôt

       182: 's auf ras. des

Man schlůg manch frommen ritter z' tôd:
Dem zehnnden ie / ward gschlagen ab
Sin houpt /. Ir keinr entzsetzt sich d'rab.
200   Sy woltend Christo ehe vfopfern
Ir' lyb vnd Seel / glich als die dapfern.
    Ŏb sy die schnŏden Gŏtzen eeren /
Ehe woltend si sich lân zerzeeren.
    Do nun z°um andern mâl / der zehend Man
205 Den hals darhielt am selben plan:
Vnd er / der Keiser / mit sim zwingen
Irn keinen mocht zům opfer bringen /
Hieß er do all sin ůbrig heer
(Das keiner ůberblibe meer)
210 Vmbgén die Ritter z'rings herumb   S. 22
Mit schwårtern / spießen vmb vnd vmb.
Sie all vsdilgken vff dem platz /
Damit keinr mee sin' Gŏtter tratz.
    Die heilgen Martyrer abermal
215 Gneigt / Willig warend ůber al
Sich nit zu weeren / d' hâls dar z' halten /
Der herre Gott sŏlt irer walten /
Zů welches thrôn sie b'langet zwâr
Gantz huffechtig in einer schar.
220   Da selbst / Mauritius der held
Ouch an der Schlacht erlag im veld.
Darzů der oberst Fenndrich Exuperius:
Ouch Sant Vitalis / Candidus / Innocentius.
    Vnd andre fromme Ritter meer:
225 Ir namen die weißt Gott der herr.
    Welch' hand erstritten d' sâligkeit:
Da eewig ist grôß wunn / vnd freid.
    Nun wŏllend wir d' sacch gryffen an /
1   Vnd hŏren wie Maximian

222-223: <u>a.l.R. mit Verweisungsstrich zu V.222 und 223:</u>
        <u>Senarij</u>
229-232: <u>Die vom Autor stammende Bezifferung wird im</u>
        <u>Text einheitlich vor die Kolumne gesetzt, doch</u>
        <u>wird angemerkt, falls sie in der Hs. in der</u>
        <u>Kolumne steht.</u>
225:     <u>a.l.R. 192</u>

230   Sin Götzen wöll ein Fest anricchten:

  2   Das Kriegsvolck ouch mit Eyd verpflicchten.

  3   Dem nach / Wie Sant Mauritzen heer

      Den grüwel hab geschücht so seer /

      Das sy vom Läger g'wicchen sind /

235   Den Keiser gmaccht zů irem Fynd:

      Der sy all sampt vmmbringen hieß:

      Thet Gott d'ran großen widerdrieß.

       Nun merckend ûf mit ernst / vnd flyß: S. 23

      Min red ich ietzund hiemit bschlüß.

       Musica. Tubicines. Trummer ein Lied.

       Lalus der Narr.

       V - / V -

       V -   V - / V - / -

240   Botz Schneggenbart

       Vnd feißten Späck in d' rüben:

      Was böser art

      Sind diß zuchtlose bůben ?

       Vor irem gschwetz /

245   Vnd vngestümen wäsen /

       Das s' trybend stets /

      Mag niemand hie genäsen.

       Derhalb der frist   S. 24

      Den poßen die nit schwygen /

250   Min kolb ist grüstt

      ir multäsch leeren z' gygen.

       Wennd sy dann nit

      Sich hůten / vnd d'ran stößen:

       So ist min sitt

255   D' vnrůwigen z' arsboßen. - -

       Wer nun sin well

      Jetzt vnd zů aller stunde /

       Min gůter gsell

    233: a.l.R. 200

    239: a.l.R. [2] 06 - Zur nächsten Zeile c. 15 cm Ab-

                             stand

     239a: Zur nächsten Zeile ca. 5 cm Abstand

     240: Initiale rot

Vnd vserwellter kunnde:
260   Der schwyge still
Vnd thůi sich nit mee regen.
       Ist 's keisers will
Der ist schon hie zů gegen /
       Maximian
265 Sampt sinen edlen Fürsten. - -
       Sind still wolan.
Ich thůn eim sust d' lüs bürsten.
       Old leg ihm an
Min alte Narrenkappen:
270   Wird man ihn dann
Han für ein größen Lappen. -

       Die Trumméter blasend ůf
         Vor des Keisers zålt. vnd der
         Narr mit sinem gygli.

272: <u>Initiale rot</u>

ACTUS PRIMI :
SCENA . I .
Maximianus Keiser. Ad Strategos.
Marschalck.

Nach dem wir nun vil mŭi erlitten
Bis wir das gbirg hand v̇berritten:
Vnd nahe sind an d'Fyend kommen /
275 So hand wir morgens fürgenommen
Den Göttern ein grŏß Fest ze halten /
Zŭ danck / das s' allzyt vnser walten:
Das wir dem Fyend gsigind an /
Ouch bringind eewigs lob daruon.
280 Dann d' Götter tringend mich so seer
Das ich kein rŭw mag haben meer /
Bis ich das opfer thŭn vollbringen:
Ich hoff / die sacch sŏll vns gelingen.
Hierin (Ir herrn / vnd Ritter vest)
285 Ein ieder wŏlle thŭn sin best:
Damit wir all sampt eer inlegind /
Den Fyend stoltz / erlegen mŏgind.
Wer dann sich dapfer wâgen thŭt:
Zŭm stryt wird haben stoltzen mŭt /
290 Den wŏllend wir fry rychlich bgaben /
Es sey glych Ritter / oder knaben.
Ze opfern morn sich ieder sol

Verfŭgen der s' wŏll gnießen wol.
Deß mag ein ietlicher sin g'warnet /
295 By sinem Eyd ouch werden g'manet:
Ouch by verlierung vnser hulden.
(Vnghorsamkheit wir nit gedulden)
Zŭn Göttern mengklichen wird schweeren
Allzyt das Rŏmsch rych hellffen z' meeren:
300 Die gmeinen Fyend hellffen bstân
So er wŏll sin ein biderman.
Wer nun diß gbott wurd v̇bergan
Sin leben er verlorn sol han.
Sŏlchs gib ich dir (Marschalck) z' versorgen /
305 Das iederman sey g'rüst am morgen.

Marschalck.

Gnädigster herr / das sol beschéhen:
Die sacch ich flyßig will versehen.

Jetzt gåt der Keiser widerumb
in sin zålt / sampt andern Fürsten.

S C E N A . II .

Marschalck. solus.

Dem Keiser ligt d'sacch hefftig an /
Wie er dann ist ein gåcher Man.
310   Was er in sinn nimpt / das måß sin /
Es darf niemand reden d'rin.

Er ist kurtzgbunden / grob / vnd grimm: S. 27
Kein mentsch darf wider sprecchen ihm.

Deß /måß manch biderman entgellten /
315   Der nit nach sinem trab will zellten.

Zår Göttern opfer will er zwingen
By denen z' schweeren d' kneccht ouch tringen:

Vnd sunst hat er der Müsen vil /
Eins måls er 's alls vmbringen will.
320   Das wird nit gfallen iederman.
Nit weiß ich wie es wird ergån.

Von Röm ouch Diocletian
Beuelch in gschrifft ihm gen sol han.

Nüt gåts vilicht der selb innhalltt. -
325   Die sacch mir gantz vnd gar nüt gfallt.

Es b'triegind mich dann mine sinn /
So wird nit größ glück ståcken d'rinn.

Dann wie mich d' sacch will sehen an /
Darf es wol kosten manchen Man.
330   Wann redlich Lüt sind mit vnns kommen /
Die sich gehalten als die frommen.

Als diė Persiër gthan dem römschen rych
In Orient gar trutzenlich /

308: Initiale rot
312: Darüber Seitentitel Mauritianae Actus
321: über es wird ergån. nicht gestr. 's ein bestannd
      wird han.
328: über sehen an nicht gestr. schmöcken
332: gthan auf Rasur

Vil vbertrangs im gwunnen Lannd:
335 Vil Stett / Prouintzen gnommen hand:
   Do hulffend sy die Persier bstryten
Vff's römschen Keisers Cari syten:
   Mesopotamiam habend s' gwunnen   S. 28
Ouch beide Armenien bekommen /
340 Celĕnas / Seleuciam / vnd Carchonta
Der Persiern gnon / ouch Ctesophonta.
   Do Carus nun da selbst ist gstorben /
Hat Diocletian geworben
Nach ihnen. Dann ehe er ward Keiser /
345 Was er mit ihnen ouch ein reiser:
Da hår wußt er ir dapferkeit /
Hat sie gen Rôm vß Syrien bscheidt.
   Von Thebis sind sy sunst erbôren
Vß dem Aegypten vserkôren:
350 Fromm Lüt / die nit vil Götter eeren:
Zů einem Gott thůnd sy sich keeren:
Die werdend nit vast willig sin.
Doch was ists mir ? Ich thůn das min.

             S C E N A . III .

          Marschalck. Trumméter.
Komm hår (Trummeter) schnåll / vnd bhennd: /
355   In 's Låger ich dich vmbher sennd:
Vsz'künnden d's gnådigsten herren gbott:
Welchs d' flißigklich versorgen sott.
   Dann Keiserliche Maiestat
Vff morn ein Fest angsehen hat
360 Den Götteren zů Lob vnd eeren.
   Von ersten / Solt zům Bischof keeren
Das er mit sinen Pfaffen frů   S. 29
Morn vff den platz sich schicken thů /
Den hôchsten Göttern opfer z' bringen:
365 Ihnn z' gfallen danzen / fecchten / singen.
   Demnach solt offentlich vskünnden

354: Initiale rot
356: Vsz'künnden des aus vszekünnden 's
357: d' flißigklich aus du flißig

In allem Lãger / wo d' wirdst finnden
Die Kriegslütt / sampt old sonnderlich /
Das iederman thũi rüsten sich
370   Den Gõttern z' opfern morgens frũ /
Bimm Eid sich hie erzeigen thũ.
    Wer disem gbott thet widerstrãben
Der wurde kommen vmb sin lãben.
    Nun far hin flux / vnd laß dir lingen /
375   Das d' mir die mãr thũist widerbringen.

            Praeco. Trumméter.
Herr / Sind on sorg: Ich will's vollénnden:
Min besten flyß will ich anwennden.

            S C E N A . IIII .

    Der Trumméter blâst vf / fart zũ
        dem Bischof.

Ich sol / herr Bischof / v̇ch verkünnden
    Das ir üch laßind morgens finnden
380   Sampt v̇wrer iungen priesterschafft /
Die wird sin alle hierinn b'hafft.
    Dann keiserliche Maiestat
Vff morn ein Fest angesehen hat
Den vnsterblichen Gõttern z' eer:
385   Darzũ sol kommen all's Kriegsheer.   S. 30
    Ir werdt den selben opfer bringen:
Demnach ihnn z' gfallen / dantzen / springen
    Hierûf ir antwort geben sõllend.

            Bischof.
In' s Keisers huld wir leben wõllend.
390   Wir sind zė kommen g'rüst allsampt
Verwãsen wõlln wir vnser ampt.
            Trumméter.
Lãbt wol / Ir herrn / Ich far daruon:
Das volck mũß ich ouch heißen kon.
    Blâst wyter im Lãger vmb.

378: Initiale rot
381: aus Die wird alle hierinn sin b'hafft.
    Dann sin ras. und nach wird ü.d.Z. nachgetr.

SCENA.V.

Der Trumméter růft im Låger ůs.

V - / V - / V - / V - / V - / -

Also / Ir kriegslüt / werde / fromme herren
395   Die Keiserlicher Maiestat zůgehőren:
Ir gnaden ernstlich gbott sol ich vskůnnden /
Das ieder sich des morgens frů laß finnden
Vff das grőß Fest / welchs Ir gnad angesehen
Den mechtigen Gőttern lob / vnd eer z' veriehen.
400   Es sey glych Ritter / herr / old knecht / bimm Eyde
Allda sin opfer z' bringen sich bescheide:
Die Gőtt mit andacht wőlle thůn vereeren:
Das sy sich gnådig syend zů vnns keeren.
Wer sich hierinnen wurde sümig macchen
405 Der selbig dőrfft wol des nit vil gelacchen.
Dann diser sőlt verlieren Lyb vnd leben
Wer fråuenlich dem gbott thet widerstreben.
Derhalb ein ieder gwarnet sey in trüwen   S. 31
Das ihn nit sin vnghorsåmě mőcht gerüwen:
410   Wer nun ietzt huld Ir Maiestat wőll haben
Sol vff den platz zů frůier tagzyt traben.

      Fart im Låger vmmher. z'lest wider
          zů des Keisers zålte.

      Musica.
      Vias tuas domine demonstra. quinque. Gombert.

394: <u>Initiale rot</u>
411d: <u>Hs.</u> dn̄e ; 5 q₇

A C T V S S E C V N D V S.
S C E N A. I.

S. Mauritius. Victor. Vrsus. Exuperius.
Candidus. Valerius. Innocentius.
Vitalis. Constantinus Martyres Thebaei

O heiliger Gott im hŏchsten Thrôn /
Vnns dinen gschŏpften hütt verschôn.
Ach himmlischer Vatter / bhůt vnns all /
415 Das vnser keiner von dir fall:
Nit lŏugne dinen heilgen namen.
Bschirm Iesu Christe vnns allsamen
Das wir nit gfůrt dem Tüfel z'teil /
Vnd dich verlaßind eewigs heil.
420 Din wåg vnns zeig / dins pfads vnns b'riccht /
Nach dinem wort min tritte riccht:
Das mir min fůß keins wegs entgang /
Vff das ich einichn vnbill b'gang.

Victor zů den andern houptlüten

Gott bhůt vnns durch sin sighafft ✝ crütz.
425 Des tüflischen grüwels will ich nüts.
Zům houptman Mauritz lond vns gân /
Z' beråten wie wir's gryffind an.

Vrsus.   S. 32

Mir gfallt die sacch ouch eben nüt:
Dem Keiser volg ich nit ein myt.

412: Initiale rot
419: a.r.R. Verwz. +————>
420-23: mit Verwz. +————> am Seitenende unter einem
        Trennungsstrich nach V.427 nachgetr.
422: Korrigiert aus: Das min fůß keins wegs entgang ,
     wobei keins wegs auf Rasur, mir gestrichen, dafür
     durch Einfügungszeichen (unter der Zeile) über der
     Zeile irrtümlich zwischen min und fůß (statt rich-
     tig zwischen Das und min) eingefügt.
423a: Zeilenbeginn durch Unterstreichung markiert wie
      auch bei
      740a, 868a, 1008a, 1009a, 1420c, 1475, 1479,
      1483, 1487, 1491, 1525, 1528, 1531, 1535,
      2124a, 3354e, 3410a, 3416a, 3423a, 3430a,
      3738a, 3756a, 3962a, 3970a, 3976d, 4866

430   Wir wennd den sacchen sůchen rât:
        Mauritius da hăr dŏrt gât.

            Mauritius. ad milites
        Hand ir diß gehŏrt / Ir vesten Ritter ?
        Mich bedunckt des Keisers trutz seer bitter.
            Es wăre mir zwâr nit gar ring
435   Ze thůn ein sŏlichs schantlichs ding:
        Das ich sŏlt handlen wider Gott /
        Verfalln in 's Tüfels strick vnd spott:
        Den stummen Gŏtzen opfer z' geben /
        In welchen doch ist gar kein leben.
440   Dann sy sind stein / vnd holtz / on sinn:
        Der lybhafft Tüfel stăcket d'rinn:
        Gibt vß der bildtnuß antwort z'war /
        Verblendt die dollen heyden gar.
            Nun râtend / wie dem handel z'thůn /
445   Damit wir bhaltind Gottes sůn:
        Darin wir vns im Touff ergeben /
        Nach sinem gheiß vnd willen z' leben.
            Sag an vns / Vrse / din Bescheyd /
        Wie gfallt dir s' Keisers gbott / vnd Eyd ?

            Vrsus
450   Min meinung gib ich Vch z' verstân:
            Wir wennd dem gbott keins wegs nachgân.
        Dann Gottes gbott vil anderst leert:
        Vorab er vnns all Abgŏtt weert.
        Ich hab ein Eyd im Touff gethân /   S. 33
455   By minem heiland will ich bstân.
            Ob schon der Keiser grûsam trŏuwt /
        So hoff ich noch eins das mich frŏuwt:
        Das Gott den mentschen nit verlât
        Der stăte hoffnung vff ihn hat.
460   Gott hat die gwaltigen offt vertriben /

431a: ad milites in Rotschrift
432/433:   a.l.R. mit Verweisungsstrichen zu V. 432
            und 433 Troch
433:        bedunckt aus b'dunckt
440:        vnd ü.d.Z. nachgetr.
442:        der bildtnuß aus den bildern

Ze friden sind die sinen bliben.
   Laßt vns nit förchten 's Keisers bráccht:
Vil stercker ist des herren máccht:
Der mag vns b'waren / wenn's ihm gfallt /
465   Dem gib ich lyb vnd Seel in gwalt.

Victor.

Deß sey Gott globt / Du hast min sinn.
   Wir zugind mit dem Keiser hin:
Wenn er vns brüchte zů den dingen
Da grechtigkeit möcht vsentspringen:
470   Vnd wo man wölt das vnrecht sträffen
Da möchtend wir dann brüchen wäffen /
Vnd gern thůn was wir schuldig sind.
   Der Wütrich aber ist so blinnd /
Er zwingt vns d' Abgött z' bätten an /
475   Wird by vns sin dhein sölcher Man /
Der laßen wölle Christenglouben:
Ehe můß man vns des lebens b'rouben.
   Dann wir mee Gott (wie Petrus spricht)
Weder den mentschen sind verpfliccht.

Exuperius Sant Mauritzen Fenner.   S. 34

480 Recht sagstu (lieber brůder min)
Man sölle Gott mee ghorsam sin /
Dann des Tyrannen schnöden gbott /
Die wil es fichtet wider Gott.
   Sant Iacob / der hochheilig Man
485   Ermant vns / Gott vor ougen z' han.
Dem bösen Geist z'thůn widerstannd /
So můß er von vns flüchen z'hannd.
   Von den gottlosen bgär ich z' wychen /
Zů Gott mim herren will ich strycchen:
490   Dem selben vnderthenig sin /
Nit förchten einches Wütrichs pyn.
   Dann wer ein fründ ist diser Wellt /
Wird vnder d' Fyend Gottes g'zellt.

478: a.l.R. [Act 3]
487: a.l.R. Iacobi. 4.

        D'rumb will ich lieber d' Wellt verlân.
495   Ehe das ich sey von Gott abstân.

           Candidus Senator. Oberster Rât.
      O lieben frünnd. Ich hör üch gern.
      Fürwâr ir sind der rechte Kern /
      Den Gott wird sammlen in sin schür:
      So d' sprüwer gworffen in das füwr.
500   Ze sterben bin ich willig b'reitt
      Für min erlöser z' dulden leid.
      Ob ich wöll Gott min herren myden /
      Ehe will ich mich lan z' riemmen schnyden.
      Ein blûthund z' förchten mir nit zimpt /
505   Der mir allein das lâben nimpt.
      Vil mee / sol ich ia förchten den /
      Der mir min Lyb / vnd Seel mag nen:
      Vnd handlen mit / wie es ihm gfallt.
      Er hat si zûr recht / fûg / vnd gwallt.
510   Mich vfrecht / Schneewyß wird er finnden:
      Keins Abgotts ich mich vnderwinnden.

S. 35

           Valerius Sant Vrsen Fenner.
      Es ist gnûgsamlich g'redt daruon:
      By Christo Iesu sind wir b'stôn:
      Vmb keinerley sacch von ihm wencken /
515   Vnd sölt man vnns all darumb hencken.
      Von ihm so hannd wir lyb vnd lâben /
      Das thûnd wir ihm gern widergeben.
      In sinem namen sind wir b'reitt
      Ze lyden für die g'recchtigkeit.
520   Er mag vns sölchs vergelten wol /
      Sinr gnad ist himel vnd erden vol.

           Mauritius

      O Gott / min herr / In d' eewigkeit
      Sey dir grôß lob / vnd danck geseit /
      Vmb alle gûtthat / gnaden / gaben /
525   Die wir vß diner milte haben.

499: über gworffen <u>nicht gestr.</u> ghörend
510: <u>wird</u> er <u>auf Rasur</u>

Von dir ist sölche bstenndigkeit:
Verlych vnns das wir syend b'reitt
Vmb dines namens willen z' sterben /
Die crôn der säligkeit z' erwerben:
530   Zů dir ze kommen in din Rych /
Da wunn / vnd frôud ist eewigklich.

Ermanung zů allen rittern.

Ir edlen Christen / thüre Ritter
Nit laßend Ůch den Tod sin bitter /
Der guten leer ir wol gedenckt /
535   Die vns ze Rôm ward z' letze gschenckt
Vom heilgen Bapst Caiano.
Der zů vns allen sprach also.

Des Bapsts ermanung.

Durch Gott / Ich üch bitt (g'liebten Sün)
Diewyl ir doch wölln Kriegslüt sin:
540   Das ir zů letze von mir alten
Diß trüwe leer wol wöllind bhalten /
Vff das ir blibind Gottes kinnd /
In namen des ir gtouffet sind:
    Der üch erlüccht in Orient
545   Das ir hand Iesum Christ erkennt.
Sin einigen fürgeliebten Sun /
Durch den wir all sůn habend nun.
    Sind styffe / strennge Ritter vest /
In Gotsforcht bharrend (ist das best).
550   An ihn sind glouben vnd vertrüwen /
Fürwâr es wird üch nit gerüwen.
    Vff ihn sônnd ir all hoffnung setzen:
Ůch niemand laßen daruon hetzen /
Weder mit trôuw / noch süßen worten:
555   Thůnd glych / als ob ir die nit hortend.
    Ia bis inn tod / by Gott thůnd blyben:
Kein marter laßt üch von ihm tryben.
    In einfalt / gdullt ir sôllend wanndlen

536: <u>a.r.R.</u> Caius uel Caianus
538: <u>Ich</u> <u>aus</u> ich
555: nit <u>auf</u> Rasur

S. 36

In lieb vnd trüw / fromm / vfrecht handlen.
560   Benügend üch an v̇werm sold
Der grechtigkeit sind allzyt hold.
          Dhein Christen sŏlt ir helffen bstryten   S. 37
Nit rouben / gschennden / brennen / püten.
          On vrsach sŏlt ir niemand tŏdten /:
565   Die frommen redtend vß den nŏten.
          Den armen sind vor v̇bertrag /
Vor schaden / gwallt / tyrannen zwang.
          Dem Keiser sind nit ghorsam meer
Dann üch hat gheißen Gott der herr.
570   Zů Gŏtzendienst laßt üch nit nŏten:
Ehe sŏlt ir üch all laßen tŏdten.
          Ach edle Ritter / sind gemannt
Vß alten gschichten wolbekannt /
Wie Gott ie sinen gliebten schon
575   Sin gŏttlich hilff / vnd schirm gethan /
Die sinen namen thetend brysen:
Als vns die heilig gschrifft ist b'wysen.
      1   Der gůtig Gott den Daniel
          Zwei mâl erlŏßt vß pyn vnd quel:
580   Dŏ ĕr den Lŏuwen vngehüwr
Zu Babylon ward gworffen für.
          Sechs tag er vnder Lŏuwen saß
Von Abacuc ouch gspyset was.
Der Küng ihn widrumb vsher nam /
585   Warf für / sin' Fynd den Lŏuwen gram.
          Danielis rům vnd eer ward gmeeret:
Der Küng do sin Gott hŏcher eeret.
      2   Der glich / dem heilgen Paulo bschach /
          Do er einm Lŏuwen vngemacch
590   Zů Ephĕso ward fürgebunnden   S. 38

565: redtend aus reddend
579: a.r.R. Daniel 6. et 14 sub Cyro. et Dareio regit
580: über Do er den nicht gestr. siben
584: Der Küng ihn widrumb auf Rasur
587: Der Küng do und hŏcher auf Rasur
      Der Küng der Zeile vorgesetzt
588: a.l.R. Philo.
590: -bunn- auf Rasur

```
          Das er ihn ilends sõlt verschlunnden.
             Hat der groß Lõuw sich ab ihm b'wegt /
          Für Pauli fũß sich niderglegt:
             Ouch andre wilde Thier so ghetzt
595       Gen ihm / hand ihn doch nie verletzt.
     3       Gott kam den dry Hebraeern z' stũwr /
          Der sie behũtet in dem fũwr:
          Do Küng Nabuchodonosor
          Der Sidrach / Misach / Abdenago /
600       (Welch' er für v̂s geliebt zũ vor)
          Im glũienden ofen hieß verbrennen /
          Darumb das sy nit woltend bkennen
          Sin stummen Abgott den er gmaccht
          Von gold: vfgriccht mit grõßem brãccht
605       In Babylon / den anzebãtten.
             Als bald s' im fũwr Gott loben theten
          Gab er ihnn siner hilffe schyn /
          Erredtet sie v̂ß füwres pyn.
             Das füwr schlũg v̂s zũm ofen seer
610       By nün vnd viertzig klaffter ferr /
          Geschandt des Künigs diener zwâr
          Ir schürerlôn ward ihnen bar.
             Die dry vsgiengend vnuerseert:
          Von wunnder ward der Künig bkeert:
615          Ließ vsgân in sim Rych ein g'bott
          Hoch z' eeren der Hebraeern Gott.
     4     Dem Abrâm es ouch also gieng          S. 39
          Do 's Babylonisch volck ihn fieng
          Selbs zwõlfft / die gwãsen fromme Mann /
620       Die nit bosheit hiengend an:
             D'rumb das sy nit brãccht woltend tryben /
          Ir' namen nit in d' stein lân schryben:
          Nit ghorchen irem bõsen rât
          Babel den Thurn ze buwen drât:
625       Do wardend s' in gefengknus glegt.


          591: a.l.R. Hieronymus  Thyrannus Ephe  si
          596/597: a.l.R. Daniel 3. ca:
          598: Küng aus Küng
          617: a.l.R. Philo
```

          Iectan der Fürst irn trüwlich pflegt.
          Er flõchnet s' heimlich in ein wald
          Mit fünfftzig mannen b'leitet bald:
          Bis das des volckes wũten horte.
630   Die einliff volgtend sinem worte.
          Abrám was aber starck imm glouben /
          Wie wild d' Chaldæer warend touben /
          Er wolt nit vß der gfengknus gân /
          Ehe wolt er sich verbrennen lân:
635   Vertruwet Gott / er kõnnt ihn bhũten.
          Das volck gen ihm thet grülich wũten:
          Inn heißen ofen sy ihn satztend /
          (Hie mit sy Gott den herren tratztend)
          Er aber bleib gantz vnuerseert:
640   _ Das füwr sin' Fynd gar schnãll verzeert /
          Fünfhundert dry vnd achtzig Mann.
          Abrám zũn einlffen hũb ze gân /
          Er brâcht sie widerumb in 's Lannd.
          Gott schũff ihnn wider rũw zehannd.
645 5   Durch Môsen Gott grõß wunnder zeigt   S. 40
          Do er den Künig Pharaö gschweigt:
          Z'letst ihn versenckt imm rôten Meer
          Mit sinen wãgnen / vnd Kriegsheer:
          Durch welchs doch Môses zoch vngnetzt /
650   Mit allem sim volck vnuerletzt.
     6   Von Iosuë man gschriben findt
          Wie Gott der herr erschlũg so gschwinnd
          Von himel h'rab durch hagelstein
          Vor Gabaon sin' Fyend gmein.
655 7   Dauid vor Saul hatt frist von Gott:
          Durch ihn ward Goliath zũ spott.
          Was sol ich vonn Apostlen zellen /
          Die Christus thet für v̂s erwellen?
          Wie offt hat er s' erlõßt vß noot?
660   Vß gfengknus gfũrt: erredt vom tod?
          Wir hand exemplen mee dann vil /

645: Ziffer in der Kolumne
651: Ziffer in der Kolumne
655: Ziffer in der Kolumne

Wenn Gott die sinen b'waren will /
So mag dhein rât ihm widerstrâben /
Der môg den sinen nemmen 's lâben.

665   Der vrsach / mannlich sind zûm stryt:
Sind wacker / Gott sin hilff ŷch git.
    Der Fynden dry wir mûßend bstân
Wôlln wir in 's eewig leben gân.

1   Der erst / der Wellte brâccht / lust / freid /
670   Nach welchen volgt z'letst eewigs leid.
    Daruon die heilgen Vâtter gwicchen
In d' Wûste sy sich hannd verschlicchen
Das sy entrunnind disem Fynd.

2   Der ander / Fleischlich bgirden sind /   S. 41
675   Welch' stâts dem Geist sind widerstryten.
    Mit abbrúcch mûß man die vsrüten:
Mit ûben / bâtten / fasten / waccchen /
So gligt dem geilen Fleisch das lacchen.

3   Der dritt Fynd / ist der bôse Geist /
680   Der vnns anfichtet aller meyst:
Der tag / vnd naccht vnns stellet nâch:
(Nach vnsern Seelen ist ihm gâch)
Glych wie ein Lôuw / 's mûl vfthût sperren /
Ob er ein mentschen môcht zerzerren.

685   Derhalb. In's herren Iesu namen
Sôlln wir gewapnet sin all samen.
    Des helms der hoffnung vns nit bschemmen /
Den Schilt des bloubens z'hannden nemmen.

    Das Pantzer der gerechtigkeit
690   Anlegen in gedultigkeit.
    Die lennde gürten mit künscheit /
Vnd Gurte gôttlicher wârheit.
    Das schwârt des Gottsworts stâts vszucken /
So mûß der grûsam Fyend rucken:
695   Wenn er des Crützes Paner gsicht /
Von vnns mûß fliehn der ôde Wiccht.

667-668: a.l.R. hostes christianj hominis
669:      Ziffer in der Kolumne
674:      Ziffer in der Kolumne
679:      Ziffer in der Kolumne
693:      Gottsworts aus gottsworts

Also Mauritz min lieber Son
Mag man in 's himmlisch Låger kon:
Den Palmåst des Triumphs erlouffen /
700   Die Cron der såligkeit erkouffen.
Der måß Victor / vnd Vrse gůt
Man grôßen Sig erreicchen thůt.
Da môgt ir all grôß eer erfecchten /   S. 42
V̈ch eewig frôuwen mit den g'recchten.
705   Diß leben ist ein kurtzer schyn
Für das / so üch wird eewig sin.
Das lyden Christi (merckend 's eben)
Wôll üch ein heilsam byspil geben /
Do er bezalt hat vnsre schuld:
710   Vnd vnns erworben Gottes huld /
Als er am Crütz hat für vns g'litten /
Den Tüfel (d hell vnd d Wellt bestritten:
Glych wie ein lamb zůr schlachtung gfůrt /
Sich nit wider den Metzger růrt /
715   Also gedultig leyd er d' pyn /
Für d' Fynd båt er den Vatter sin.
Es måß erlitten sin vff erden
So wir ie wôllend sålig werden.
Das himelrych / das lydet gwallt /
720   Man gwünnt 's mit lyden manigfallt.

Des mentschen leben ist ein stryt:
D'rumb légend wol an V̈wre zyt.
Nit fôrchtend die üch nemmend 's leben /
Gott kan üch dôrt ein eewigs geben.
725   Wann Gott der herr üch will behůten /
Mag kein vngmåcch gén üch nit wůten.
Will ér üch dann probieren lån /:
Sôlt ir als veste Ritter bstân /
Das ir der heilgen Martyrer Crôn
730   Erreichind / vnd der g'recchten Lôn.
D'rumb strytend vmb das eewig leben /   S. 43
Sin hilff wird er üch darzů geben.

712: d hell ü.d.Z. nachgetr.; d Wellt <u>aus</u> d [ie] Wellt
720: <u>a.l.R.</u> 200

Er hat doch all die sälig g'seit
Die lydend für die g'recchtigkeit.
735 Also / ir g'liebten in dem herren /
Zů Gott thůnd ůwre sacchen keeren.
  Ir wöllt diß trüwe leer behalten /
Für gůt ůfnen die / von mir alten.-
  Nun farend hin in Gottes sägen.
740 Der wöll ouch allzyt ůwer pflägen.

   Verba Mauritij

Der måß was vns der Bapste leeren /
Wie ir's ouch selber thetend hören.
  Dem sönnd wir volgen all die zyt /
So lang vnns Gott das leben git.

   Innocentius.

745 Danck hab min Obrister herr Mauritz /
In dir ist wårlich Göttlich' hitz.
  Das han ich gspürt / vnd wol vermerckt /
Das d' vns so ernstlich hast gesterckt
Mit 's aller heilgsten Vatters Leer /
750 Die ihm ingében Gott der herr:
  Die selb sönnd wir für ougen stellen /
Fromm b'stenndig Christen bharren wellen.
  Byspilen hand wir ůbrig gnůg /
Darůs wir söltend werden klůg.
755 Ob glych durchächtung vnns stößt z' hannden /
So wird Gott vnns nit macchen z' schannden.
Inn mund wird er vnns gen wysheit   S. 44
Ze reden vor der Oberkeit.
  In vnschuld sönnd wir fürthin wanndlen
760 Nach Gottes gbott in einfalt hanndlen.
Der wird sin Mäccht in vnns erzeigen /
Sin göttlich angsiccht zů vnns neigen.
  Der Wellte bráccht / all Irdisch ding
Sönnd wir nun hinfür schetzen ring.
765 Es ist zergengklich / hat kein bstannd.

740a: vgl. Anm. zu 423a
744: a.l.R. 224
763: Irdisch aus irdisch

Ist glych dem schatten an der wannd.

Der vrsach / sol keinr rüwen han /
So 's nit alls nâch sim sinn mag gân.

Sin vatter / mûter /: wyb vnd kinnd
770   Hûs / acker / matten / wie die sinnd
Sol er durch Gott lân willig faren /
Der kan ihm 's wol zû gûtem sparen /
Ihm das vilfeltigklich ersetzen:
Mit wunnigklicher frôud ergetzen.

Vitalis

775   Ich wôlt ouch gern / eins darzû sagen /
Vch min kleinfûgen rât antragen.

Mich sol (ob Gott wil) nit bezwingen
Des Keisers zorn / noch sûßes singen:

Die wyl vns aber Christus sagt /
780   Wenn ir von einer Statt veriagt /
So sônnd ir in ein andre wychen /

Derhalb laßt vns von hinnen strychen /
Hie mit wir nit den grüwel sehen /
Der bald den Gôtzen sol beschehen.

785   Es ligt ein Fleck nit wyt von hinnen /   S. 45
Dahin wir môgend wol entrinnen /
Der heißt Agaunum / an dem Rhoddan:
Da schick' der Keiser hin sin botten.

Da selbst wennd wir vnns finden lân /
790   Vnd warten / wie 's vnns werd ergân.

Wo üch gefiel der râte min /
Von Gott môcht er mir geben sin.

Constantius S. Victors Fenner.

Din meinung gfallt vnns allen wol:
Billich man dim rât volgen sol.

795   Der herr Christ / hat ouch also g'thon /
Gar offt er gwîcchen ist daruon /
Wie Lucas vns das clarlich seit /
Vnd Marcus ouch vnns deß bescheidt.

Do sin' Landslüt vnd mitgenôßen

799: sin' <u>aus</u> sine

800   Ihn woltend ůbern Berg abstôßen
        Ist er in mitte durch sie gangen.
            Ihn woltend sine frünnd han gfangen /
        Die meintend / er wãr nit by sinnen.
        Den Iuden mûßt er offt entrünnen /
805   Do s' ihn versteinget woltend han.
            Sant Paul hat ouch der glychen gthan /
        Z' Damasco der vralten Statt /
        Da er die fluccht genommen hatt.
            Vff das er nit dem Vogt wurd z' teil /
810   Ist er im korb an einem seil
        By nacht abglaßen ůber d' zinnen /
        Da mit er môcht dem Tod entrinnen.
        Wir sind nit wider Gott d'rumb hanndlen   S. 46
        Wenn wir ouch schon von hinnen wanndlen.
815   By Christo Iesu wennd wir bstân /
        Zůn Gôtzen vnns nit zwingen lân.

                Mauritius zům Bschluß.

        Die wyl ir nun / üch all deß bscheiden /
        So kan der rât mir ouch nit leiden.
        Vast gern ich mit ůch far da hin
820   In lieb vnd leid by üch ze sin.

                Manet sie ûf ze sin.

        Wolan / früsch / můtig / dapfer d'ran /
        Mit mir blibt hie kein Christen man.
        Ich mag nit gsehn den grüwel an.
            Laßt d' Fennli hurtig für sich gan.

            Zühend hin weg vff Agaunum.

                Musica.
        Domine deus exercituum. quattuor Clemens.

        815: Iesu ü.d.Z. nachgetr.; vor bstân gestr.
             handtlich

A C T V S   T E R T I V S.   S. 47

            S C E N A. I
            Des Keisers Maximiani
            Marschalck / laßt vfblasen
            mit Trummeten / vnd
            manet alles versamlet
            volck vff dem platz.

            Marschalck.

825   Nun hŏrend zů / Ir werden heiden
            Weß ich üch ietz dan will bescheiden. –
        Die Keiserliche Maiestat
        Mir vff diß mâl beuolhen hat /
        V̈ch allen sampt zů zeigen an /
830   Warumb si v̌ch hab b'rüffen lân
            Namlich z' vernén Ir gnaden gůte /
        Irn willen / ouch ir günstlich gmůte
        Iedém so irer Maiestat
        Ze dienen sich ergeben hat.
835   Hat üch deßhalben heißen kommen /
        Das si ir endtlich fürgenommen
        Sampt allem heerzüg / Iungen / alten /
        Vff hüttigen tag ein Fest ze halten /
        Zu gfalln Ioui dem hŏchsten Gott /
840   Vor dem all Wellt erzittern sott /:
        Ouch Marti dem Sighafften herren /
        Der 's Rŏmisch Rych allzyt ist neeren /
        Vnd ouch erhalten durch sin Mâccht
        (Welch's alle Wellt hat an sich brâcht)
845   Vff das sy gebind sterck' vnd krafft
        Der frommen rŏmschen Ritterschafft
        Damit si mŏge mannlich bstân /   S. 48
        Dem stoltzen Fyend gsigen an.
    q   Ir werdend ouch zůn Gŏttern schweeren

        824 j: Hs. dě
        824 a: zur nächsten Zeile ca. 9 cm Abstand
        824 c: Hs. Dne; 4or
        825:    Initiale rot
        838:    a.l.R.   1
        839:    a.r.R.   Iupiter
        841:    a.r.R.   Mars
        849:    q in der Kolumne

850 1 Allzyt das Rŏmsch Rych helffen z' meeren.

      2 Die gmeinen Fyend helffen z' bstân

          Wie vnsre vordern ouch gthan.

      3   Der Gŏtter eer / vnd lob erhallten:

      4 In 's Keisers sacchen trüwlich wallten.

855   Wie im Abscheid verschriben ist.

          Den ir werdt hŏren diser frist.

      q   Dem nach (Ir herrn vnd Ritter vest /

          Ouch wer im stryt wird thŭn sin best /

          Will keiserliche Maiestat

860   Ein ietlichen nach sinem stât /

          Vß milten gnaden wol belŏnen

          Mit gŭtem sold / vnd baren Crŏnen:

          Zŭ gnaden nimmermeer vergeßen

          Die dapferlich sich thŭnd vermeßen.

865   Deß will ich ŭch erinnert han /

          Das ieder handtlich d' sacch gryff' an.

          Doch sŏlt ir gschrifftlich hie vernemmen

          Ir hohen Maiestat fürnemmen.

              Zŭ dem Cantzler.

          Herr Cantzler lâsend das Edict /

870   Welchs vns von Rŏm der Keiser gschickt.

            Das ieder werd bericct durch gschrifft /

          Was ihn / zehalten / anbetrifft.

                Cantzler.   S. 49

          Nun losend ŭf (Ir vesten / frommen

          All die so hie ze hauff sind kommen)

875   Was Keiserliche Maiestat

          Zŭ Rŏm / Irn fürgenommen hat.

            Vff das sich mengklich wŭß ze riccten

          Der sich dem Keiser wŏll verpflicchten.

            Darnach schick sich ieder z' leben:

880   Nun merckend ŭf / vernemmend 's eben.

     850: 1 <u>aus</u> 2
     851: 2 <u>aus</u> 3
     857: Ritter <u>aus</u> ritter
     857: q <u>in der Kolumne</u>
     868a: <u>vgl. Anm. zu 423a</u>

Lißt den Abscheid.

Wir Keiser Diocletian
Sampt vnserm gselln Maximian /
Der 's Rômisch Rych mit vns thût walten /
Embietend ieden / iungen / alten /
885   Houptlüten / obern / Rittern / knechten /
So vnder vnsrer bsoldung fechten /
Huld / gnad / vnd vnsern gneigten willen
Alln denn so vnsre gbott erfüllen:
    Z' vernemmen hiemitt was wir bschloßen
890   In vnserm Râte vnuerdroßen.
    Ist namlich das die meinung z'war:
    Die wyl das Rômisch Rych bishar
Erhalten durch der Gôttern krafft /
Welch' vnsre vordren g'maccht mannhafft
895   Die vil vnzalbarlichen Lüten
Mit strenngen kriegen / fechten / stryten
Ouch gwunnen habend große Lannd /
Ia die gantz Wellt zû irer hand
(On zwyfel vß der Gôttern mâccht)   S. 50
900   Gebrâcht / vnd vnderthânig gmaccht.
    Ist hieran vnser endtlich meinung
Z' erhalten die loblich vereinung.
    All die in vnserm gwallte strâbend /
Das sy nach diser ordnung lâbend.
905 1   Ein Eyd zûn Gôttern thûind schweeren
Das Rômsch rych bhilflich sin ze meeren.
    2 Den Gmeinen nutz ze fürdren schaffen.
    3 Der Rômern Fyend helffen strâffen.
    4 In allen sacchen sich beflyssen
910   Vns allzyt ghorsamkeit z' bewysen.
    5   Der Gôttern eer vorab ze bschützen /
Vsdilgken die sie schennden / schmüttzen:
Wie dann ietzt vil der Christen blinnd
Den Gôttern stâts ze wider sinnd.
915   Legend ihnn zû grôß schand / vnd schmâch
Irm gcrützgeten Gott sy hengend nâch:

888: denn aus denen

Allein dem selben hangend s' an:
Thůnd vnsern gbotten widerstân /
Das wir in d' lennge nit gedulden:
920   Dann wer wöll g'lâben vnser hulden /
Wird zů den Göttern schweeren /
Die ouch mit sinem opfer eeren.
      Wer dem Edict ist widerstân
Sin lâben er verlorn sol han.
925   Deßhalb sich ieder schicke d'rin /
Der nit in vngnad wölle sin.
      Hiemitt inn schirm der Göttern üch   S. 51
Beuelhende vertruwenlich.
      Datum in vnsrer Statte Rôm /
930 Als wir angnommen 's Keiserthůmb
Im ersten Iar / als gstannden d' Statt
Tusend / dryßg achtĕ mǎn zellen that.

          Marschalck zům volck.

Ir habt nun ghört deß keisers gbott
Wie man den Göttern schweeren sott.
935   Deßhalb zům Eyd / ich ieden man /
Sin' finger vff sin houpt ze han.
Vnd ouch hernach / Mir sprecchen nach.

          Form des Eyds.

Vfrecht / redlich /   Ia wüßencklich
Thůn ich zůn Göttern schweeren /
940 1   Das Römisch rych /   Was mir müglich /
Der Gmeind nutz   helffen z' meeren.
     2   Dem Keiser ich   Fry willigklich
In ghorsame g'lob   Z' vereeren.
     3   Vnd als billich /   Andâchtigklich
945 Sine Gött mit opfer z' eeren.
     4   Irn schmâch handtlich / Ouch fürderlich
Ir vneer schaffen z' weeren.
      Also söll mich   Im himelrych
Gott Iuppiter erhören.
950   Gott Mars der glych / Das bitten ich

      932: a.r.R. 1038

Sich gnädig zů mir keeren.

       S C E N A. II   S. 52

      Nach gethanem Eyd / klenckt
       der Trumméter. Dem nach
        Spriecht der Marschalck.

Sid iederman den Eyd hat g'thân /
Soltu gestrackts zům Bischoff gân /
Das er zům opfer rüste sich:

955   Min herr der Keiser komme glych.

          Trummeter.

Herr das sol sin /   Ich far dahin.

     Der Marschalck / sampt dem Cantz
       ler / vnd Trabannten. gand zů
        des Maximiani zâlt.

       S C E N A. III.

      Trummeter blâst ůf / kumpt
        zů dem Bischof.
Herr Bischoff secht / vnd laßt ůch lingen
Das ir g'rüst syend 's opfer z' bringen.
Dann Keiserliche Maiestât

960   Ietzt vff den platze fürher gât.

         Bischoff.

Sag an / dem Keiser diser frist
Wenn er nun wöll / so sey ich g'rüst.
   Blâßt vf ir Salij wol schnâll /
Ein ietlicher sin horn erschell.

965   Zům opfer sölt ir z'samen tryben /
Dann es sol niemands vßen blyben.
Die zwen altâr die rüstend zů /
Von stund an ich ietzt opfern thů.
   Secht zů der Keiser kumpt herfür   S. 53

967-968: Offenbar nach Eintragung der Reklamante
         Secht zů unter blyben. nachgetragen, so
         daß diese jetzt neben 967 steht.
969:     über kumpt nicht gestr. tritt

970   Mit sinem Pomp. Nun blåsend ir.

   Ietzt blåst man hörner /
    Busaunen / zincken /
     Clarenen - Trummen.

   Nach dem rüfft einer v̂s.

Hårzů / Hårzů mit schalle
Ir kneccht / vnd herren alle
Fügt ů̆ch herbey mit fryem mů̆t
Der Bischoff ietz schier opfern thů̆t.
975 Der Keiser ist vorhannden schôn:
Ir söllend ylends zů̆ her kôn.

    S C E N A. IIII.
   Der Keiser kompt mit sinen
   Fürsten zů̆ dem opfer mit Trum
   meten. Busaunen.

   Maximianus. vnd der Bischof.

Brâcht hast mir / Marschalck / frölich' bey /
  Wie 's volck so ghorsam gewåsen sey
Ze schweeren vnser ordinantz:
980 Frö̆uwt mich von hertzen gar vnd gantz.
  Deßhalb zů̆m opfer / nit vmb sust /
Ich wârlich hab vil grö̆ßern Lust.
  Will hüttigs tags dem höchsten Gott /
Dem Iupiter grôß lob (on spott:)
985 Ouch dem vrheber vnser Statt
(Der 's Römisch Rych erhalten hat)
Dem sigrychen Gott Marti sagen
Triumph / lob / eer. Ouch für sie tragen
Wychrouch zů̆ einem opfer gů̆t /   S. 54
990 Da hin stât all min sinn / vnd mů̆t.
  Wolan (herr Bischof) sind ir grůst
Wie z' opfern ů̆ch beuolhen ist?

970c: Trummen nachgetr.
976 b-d: in der Hs. neben SCENA IIII nachgetr.
976 e: vnd der nachgetr.
977:   Initiale rot
993:   ir ü.d.Z. nachgetr.

Ein rouchopfer das sölt ir brennen
Ioui / vnd Marti lob bekennen
995   Für mich / vnd all min Kriegsheer vest /
Das sy (die Gött) vnns thüiend dz best:
     Verlychind glück / sig / heil allzyt /
Das wir obligind in dem stryt:
Vnd ouch die vnghorsammen Lüt.
1000 Welch' d' Oberkheit gar schetzend nüt /
Vnder das Iocch mögind bezwingen.
     Thůt dann durch ir hillff vns gelingen /
So will ich ihnn brandopfer bringen.
     Alln roub vnd püt ihnn præsentieren
1005 So ich triumph gen Rôm heimfůren.

          Bischof.

Wir wölln (herr) allen flyß ankeeren.
Ich hoff / sy werdind vnns erhoren.

          S C E N A. V.

     Der Bischof hebt das opfer an.
Ir Iungen herren sind ir grüst ?

          Salius Libanius.

Herr wenn 's üch gliebt /: Vns nichts gebrist.

          Bischof
1010 So blâsend nun das füwr flux an /
Den Wychrouch im rouchfaß zündt an.
Das wir ein angnem opfer bringen.   S. 55
Wol hâr laßend üch redlich lingen.

          Libanius Saliorum vnus.

Das rouchfaß ich wol g'rüstet han:
1015 Ir mögend 's opfer heben an.

          Bischoff. rôucht ob dem altar.

 996: dz aus 'z
1001: Iocch aus iocch
1008: Initiale rot
1008a/1009a: vgl. Anm. zu 423a
1012: ein ü.d.Z. nachgetr.
1013: über laßend nicht gestr. nun laßt

Nun knüwend nider Iung vnd alt /
Rüfft mit mir an / der Götter gwallt:
Das sy vnns krafft vnd máccht verlychind
Vff das wir d' Fyend all bestrychind.

    Knüwt iederman nider /.
    Rüfft der Bischoff den
    Iupiter an.tenens cornu
      altaris
                Monometri.

1020 Ô Iupiter   Des himels herr /
Dich zů vns keer / Min pitt erhör /
Das ich für dich (min Gott) thůn bringen.
  Din ist der gwalt So manigfalt
Vns gnädig hallt   Wie es dir gfallt /
1025 Scháff das vns allen mög gelingen.
  Dem Keiser sennd Din hillff behennd:
Krafft / glück / tugend / das er zů ennd
Den krieg durch din gnad mög vollbringen.
  Ergib sin Fynd   In sin hannd gschwinnd /
1030 Die von ihm blinnd Abgefallen sind:
Ein brandopfer will er dir bringen.
  Ein stier nit alt / Schneewyß von gstallt /
Wie dir wol gfallt / Zům opfer bald
Sol werden dir zů danck vnd lône.

    Nimpt das rouchfaß wider   S. 56
      vmb / in d' hennd / rôuckende /
1035 Diß g'bätt ô herr Wie 's rouchopfer
Durchtringe seer   In himmel ferr
Zů dir in 's himmels höchsten thrône.
       Amen.
    Ietzt gât der Bischoff / sampt
     den Salyjs zů dem altar
      Martis / vnn zündt den
       Wierouch an. -

1019e: nachgetr.
1038b-f: a.r.R. boccat li 9 ca [3] Romani rem
            bellicam [agen] tes / Marti sacrum [fa]
            cturi Aram con [str] u ebant Gramineam.
            floribus item ornabant.

Knüwt nider
bâttende.

Du starcker Gott / Mars / hȫr min stimm /
1040   Min pitt / vnd flehen hütt vernim.
    Wir sȫlln dir billich danckbar sin /
Das d' mannheit hast gegoßen in /
Ouch stâts den Römern gegeben krafft /
Das sy mit irer ritterschafft
1045   Vil Lannd vnd Lüt hand ʋberkommen:
    Die gantze Wellt / ia / ingenommen:
Das scháfft das du bist ir patrôn:
Ihnn hast allein bescheert die Crôn:
Das si sȫllt alle Wellt regieren /
1050   Von iren Fynden triumphieren.
    Deß sey dir danck / lob / eer / vnd prys:
Wir bittend dich mit gantzem flyß
Verlych dem Keiser Lobesan /
Das er den krieg / so gfangen an
1055   Vollfüren mȫge durch din máccht /   S. 57
Da mit den Buwren g'lig ir bráccht:
Die sich vnbillich sind entpȫren /
Ia / wider iren eignen herren.
    Ô Mars / bis vnser pitt erhȫren.
1060   All gweer / vnd harnist sȫlln dir ghȫren.
Darzů ein Wider wir dir bringen
Zům opfer / so vnns mag gelingen
Gen Rôm mit glück / vnd sig heim keeren /
Din lob sȫlln wir dann billich meeren.
1065   Diß opfer hab diß mâls für gůt /
Den Keiser halt in trüwer hůt.

    Rȫucht noch einest / setzt sich
        an den ecken deß altars /
            bis Maximian / sampt

1040: über flehen nicht gestr. deprecationem
1067: Initiale nicht ausgeführt wie auch bei
        1280, 1471, 1497,
        3441, 3453, 3547, 3653, 3697, 3705, 3843,
        3929, 3953, 3981, 4021, 4053, 4120, 4251,
        4273

allem volck geopfret /
wyrouch / vnd gelt

S C E N A. VI.

Nach dem die Knecht all geopfert
sicht Maximian / das der
Thebaeïsch huff nit da ist

Maximianus. Veldhouptman
Panerherr. Marschalck. Spächer.

Wo ist vns der Thebaeïsch hûff?
 Wie kumpt's das ir nit achtend drûf
Das sy nit ouch geopfert hannd?
1070 Wo schlychend s' vmmher in dem Lannd?
 Mich b'dunckt / sy habind ouch nit gthan   S. 58
Den Eyd / den ich befolhen han
Ze schweeren zů dem Rômschen Rych /
Vnd ouch zů vnsern Gôttern glych?

   Strategus. Veldhouptman.

1075 Si hand sich (herr) all gmaccht daruon /
Also ist mir die bottschafft kôn.
 Sy sind die Gôtter gar vernüten:
Den Christen wennd s' nit widerstryten.
 Dann Christum hand s' für iren Gott:
1080 Die vnsern Gôtt sind ihnn ein spott.
Zům opfer lond sy sich nit nôten /
Ehe ließend sy sich all ertôdten.
 Zů irem Christo hand sy gschwôren /
Den sy für Gott allein erkôren.
1085 Kein andre Gôtter wôllend s' eeren /
By vnsern Gôttern thůnd s' nit schweeren.
 Nâcht spât schickt ich ihnn spâcher nâch /
Das sy nachyltend ihnen gâch /
Wo sy doch wârend ziehen hin:
1090 Der bottschafft ich noch warten bin.

    Maximianus.
Disre sind verflůcht / vnd trüwlos Lüt /

1091: Disre aus Dys

Das sy vmb vnsre gbott gennd nüt.
Vnd mich / als einen Gouchen fatzend /
Darzů min Gött im himel tratzend.
1095   Sol vnsre alt religion
Durch disre nüwe Sect zergôn?
So schlach' der blitzg / vnd Donnder d'rin.
    Můß ich so seer veracchtet sin?
Ich schweer by minen Göttern grôß /
1100   Das sy der straff nit werdend lôß.
    Ich will die Götter helffen recchen /
Vnd sôlte rugg / vnd buch zerbrecchen.
    Kein Christen wird ich laßen leben /
Vnd můßte ich min Crôn d'rumb geben.
1105   Wo mag doch sin die eerlos zucht?

            Panerherr. Aquilifer.

Ich wôlt / das sie die Erd verschluckt
Die schanntlichen Meineyden Wicht:
    Was hand s' doch Ůbels zůgericcht?
Ir Eyd vnd eer / ouch üch veraccht:
1110   Vnd manchen Man veldflüchtig gmaccht.

                Marschalck.

Herr Keiser / secht: Dôrt kommend hår
Die werdend bringen nüwe mår.

            Strategus / Veldhouptman.

Hôrt irs? hie har zům Keiser gond /
Vnd sagend wie die sacchen stond.

                Maximianus

1115   Wô habt ir funden dise Wicht /
Die vnser gheiß gantz achtend nicht?

            Ichnobates Spåcher.

Großmecchtigster herr / Erst nåcht gar spât
Der houptman vns gesenndet hat /
Vsz'spåchen der Thebæ̈er schar:
1120   Wir namend ir gar eben wår:
    Sy sind hin gen Agaunum g'zogen

S. 59

S. 60

Von Mannschafft gar ein schöner rogen/
Zwölf tusend schritt von hinnen z'wår:
Die felsen da / so enng sind gar /
1125 Das der fluß Roddan ingethan
On brugg im tal kein weg ist lån.
    Da ligend s' in eim Veld ist eben
Mit hohen felsen z' rings vmbgeben.
    Mauritius der küne held
1130 Hat da vfgspannen sin gezållt:
    Sin Fenner Exuperius
By ihm sin fennli strecket ûs.
    Ouch Victor / Vrsus / Candidus /
Vitalis / Innocentius.
1135   Die all / sampt irn mitreisern gût
Im vordern krieg mit hohem mût
Den alten Keisern hilff gethan /
Vnd d' Fyend redlich griffen an
    Wir fragtend warumb sy gewicchen /
1140 Vnd vß dem Låger wårind gstricchen /
    Mauritz der gab sin antwort fin:
Sy wårind von vnns zogen hin
Gottlosen grüwel zů vermyden /
Der ihm sin hertz wölt thůn zerschnyden.
1145   Den Götzen er nit opfern wöll /
Vnd sölt er kon in vngefell.
    Er habe wol verheißen zwår
Mit siner ritterlichen schar
Ze dienen Vwer Maiestat
1150 Ghorsam ze sin / ia früi / vnd spåt /
Gerechtigkeit z' erhalten vest /   S. 61
Darinn wölt er noch thůn sin best /
Wie er ouch bishår hab gethan /
Als dann gezimpt eim eerenman /
1155   So ferr es nit sey wider Gott /
Den er hocheert mit siner rott /
    Deß himmel / vnd erdtrich eigen sey.

1126: im tal ü.d.Z. nachgetr.
1153: ouch ü.d.Z. nachgetr.; vor hab gestr. [hår]
1157: vor Erdtrich ras. ouch

Sy tribind kein Abgötterey:
Wöllind nit holtz vnd stein anbätten /
1160   Den Tufel in die härren tretten.
    Sy habind z'samen gschwören all /
(Gott geb wie 's Ẅwer gnaden gfall)
Von irem Gott nit z' fallen ab.
    Dann sin volck sich verbunnden hab
1165   Kein frömbde Gött ze bätten an /
Durchächten ouch Dhein Christenman.
    Christen sich sin' fry offentlich
On zag bekennend s' vestigklich.
    Der vrsach halb sy gwicchen syend:
1170   Irn Gott wöllind s' nit haben z' Fyend.
    Sy syend pflichtig ghorsam z' sin
Vil mee Gott / dann dem Keiser min.
    Das thůn ich Ẅch (herr) zeigen an.
Ir mögend wyter rât d'rumb han.

            Maximianus.

1175   Ey das sind doch verzwyflet Christen /
Wie deckend sy irn schalck mit listen?
    Bin ich verschmächt / vnd ouch min Gött?
Sind wir ihnn worden zů eim gspött?
    By Hercules / gwâr söllend s' werden   S. 62
1180   Das mine Gött allhie vff erden /
    Vnd ouch im himmel habind gwallt /
Ir vnbill z' recchen manigfallt.-
    Sy müßend mine Götter bkennen /
Vnd sölte sie s' hellsch füwr verbrennen.
1185   Es b'darf nit vil des râtens meer:
Macchend üch Ẅf / zůr gegenweer /
Mit spießen / vnd ouch hallebarten:
Thůnd vff ir antwort flyßig warten.

            Panerherr.

Das wâr das best: vnd ouch min rât

1179-82: a.r.R. Maximianus Herculius. vel Herculeus
                testatur Hercu lem.
    1179:   abweichende Kustode Bey Hercules
    1188:   danach zwei Zeilen frei gelassen

1190   Wie Ʊwer gnad erteilet hat.
      Ze förchten ist verrâterey /
      Sy habind gmaccht ein bsonndre kry:
      Das sy zûn Fynden werdind stân:
      Vnd ihnen hellfen vnns erschlâhn /
1195   Die wyl sy wüßend vnsre practik.

          Veldhouptman.

      Ia zwâr / das ist doch eben d' gattig.
        Sy müßend etwas han im sinn:
      Ich bsorg / es stäck ein bútz darinn.

          Maximianus.

      Min houptman / Laß dir seer sin gâch
1200   Ze ylen bhennds den schälcken nâch
      Mit dim heerzüg. Nun merck mich eben.
        Heiß sie den Göttern Wychrouch geben.
      Vnd thûnd sy das nit rösch / vnd gschwinnd /   S. 63
      Schlach ie dem zehnden ab sin grinnd.
1205   Das wird dann ein ghorsamme mâcchen /
      Vnd richtig schlicchten vnsre sâcchen.
        Wöllend sy aber nüt d'rumb geben /
      By miner huld / Laß keinen leben.

          Veldhouptman.

      Gnâdigster herr / wir gond gern d'ran /
1210   D' sacch sol nit lenger mee anstân.

        Der Keiser gât zornmütig in
            sin zâlt.

          S C E N A. VII.

        Lalus schalcks Narr.
      - V / - V / - V /- V / - V / ⁔ V .
      V - / V - / V - /V - / V - / V - /

      Trochaici et Iambici alterni: Senarij

  Ä min Ätti Keiser / gstell dich nit so grâm /
      Bis nit so gâch / laß dich den zorn nit Ʊberwinnden.

1210g: <u>Hs.</u> Troch. et Iamb.

Laß din kyb / vnd bis darfür gůt Popelman.

    Du magst dem handel wol ein anders mittel finnden.

1215   Bis doch gůtig / milt / vnd gnädig dinem gsinnd.

    Thů gmach mit ihnn. Es sol dich siccher nimmer grüwen.

Wenn du dine liebsten Frünnd wilt macchen z' Fynd /

    Wer wôtt dir fürter dienen / oder mee vertrüwen?

Laß doch nur die armen Tropfen noch by leben.

1220   Din hertz das wäre herter dann ein Kisligstein /

So d' sie deße b'roubtest / das d' ihnn nit magst geben.

    Ä nun / thů 's best / sust můstu kriegen vast allein.S.64

Gwüßlich wirdst kein huld / noch gunst mee han so bhennd /

    Wenn d' also trutzlich dinen Söldnern zwüschen d' bein /

1225   On genád / die köpff wilt legen gäch vnd streng.

    Du můst nit stäts vff dim handuesten Kyb beharren /

Láß dir gůtlich brecchen ab / din grimmen zorn /

    Vor grôßer witz sust grâtest mir zů einem Narren.

Iá darzů so dörfft es dich wol grüwen morn.

        Er schwingt sich vmm vom Keiser.

1230   Ahá. Nun sey Gott g'lobt / deß bin ich aber frô /

Dás ich nit můß grôße witz ietzunder tryben.

    Wenn ich mich ouch so můßig / seltzam gstellte' alsô:

Môchte (sammer Gôni) niemand vor mir blyben.

    Dann wás vns Grobianen troumt / vnn kumpt inn grinnd /

1235   Was ein ieder denckt im sinn / vnn ihm laßt gfallen /

    Das můß in aller gäche strüttig zůgan gschwinnd /

Sust so byßt ihn 's Würmlin / Ʋberloufft ihm d' Gallen.

    Den z'mál kein mäßer ist (für wâr) das rücher schirt /

(Ist noch hüttigs tags / ein alt gesprocchen wort)

1240   Dann so ein grober Knortz / vnd buwr zům herren wird.

Er vermeint / es sôll ihm alls gân richtig fort

    Was er in sinem thummen sinn ist heben an /

Vnd mit sinem gschwinnden Bůch erdencken kan.

1222: über kriegen vast allein <u>nicht gestr.</u> den
      <u>krieg</u> versehn
1228: <u>über</u> sust grâtest <u>nicht gestr.</u> wirdst du
      <u>und</u> str. mit
1229: so ü.d.Z. nachgetr.; grüwen <u>aus</u> gerüwen
1229a: sich <u>ü.d.Z. nachgetr.</u>

Ha há/ ha ha / he he: Ich můß offt sinen lacchen:

1245   Wenn er v̊f sitzt / vnd dem Esel d' můter ryt:

Denn thůt min Gyg ihn wider hurtig macchen /

Bis er hat verwůtet / vnd der zorn ihm g'lyt.

Sust hát man an ihm niemmer / weder liebs noch gůts:

Henckt das můl / zerbleckt die zån / glych wie ein hund.

1250   In ihm stǎckt frylich nit vil kurtzwyl / frǒud /   S. 65

noch můts.

Dǒrfft ichs iehn / So ist er nit durch inhin gsunnd.

Sin schützlich gsiccht / sin grumsen / bocchen / rußen /

brantzen

Mácchet das ihn schücht / vnd haßet iederman:

Wer sott gern willig sin / nach sinem reyen z' dantzen?

1255   Ich han kurtzlich noch gesehn den lieben tag /

Das er nit was so kǒgg / vnd ouch so kostlich Man:

Ia / das ében dér Maximian nit pflag

Des hǒchen Brácchts / vnn gwallts / den er thůt tryben

nun:

Glych als ób er wǎr von s'rǒmschen Adels gschleccht:

1260   Ist dóch nur vß Pannonien eins buwren Sun.

Fůret denocht so ein grůsam trutzlichs gbreccht.

Apostrophe ad Caesarem.

Du witt die Lüt vmbringen laßen / durch gewallt /

Kein vfrechten / frommen / neben dir gedólen.

Gelt / gelt / denck min darby / dir wird die geiß

ouch bzalt

1265   Das du letstlich grǒßes vnglück wirdst erholen.

Din stoltzer / grimmer gwallt / sol niemmer werden alt /

In die lennge mag er nit bestân vff erden.-

Es wird dir noch die leyde zyt bekommen wol /

Das du rüsten wirdst / vnd knüpfen eim den strangen /

1270   Vermeinend' dich sin Alefantz / vnd listen vol /

Wirdstu letstlich selber můßen d'ran erhangen.

Denn wirdst du ein belonung finden also bar.

Sǒmlichs magst der tagen einest wol vernemmen /

1253: schücht aus schückt

1260: über Pannonien nicht gestr. Vngeren har

1271/72: a.1.R. vide Volattera [com] fol 269.

1272: du ü.d.Z. nachgetr.; finden nach Rasur ü.d.Z.

Das weiß ich. Zwyflet mir daran nit vmb ein hâr.

1275 Dann so wird man dir din wilde lichtlich demmen.

Das schweer ich dir gar hôch / By miner Kappen /
Was ich dir hie sag / das sol dir werden wâr.

Lüg ich dir dann / So halt mich für ein Lappen /
Oder für ein Gutzgouch / vnd Stocknarren gar.-

S C E N A. VIII.   S. 66

Veldhouptman. Panerherr.

1280 Wolûf / wolan / Ir mine reiser /
Wir wöllend ghorsam sin dem Keiser.
Kômpt schnäll mit mir. Wolhâr vnd d'ran:
In hûffen wennd wir dapfer schlahn /
Wer wöll den Keiser han in hulden /

1285 Der sol kein Christenman gedulden.

Panerherr

Ia / Lieber houptman / hurtig d'ran /
An mir sol es dhein mangel han.
Wir ziehnd mit üch / bis in den tod:
Nun frölich ûf / es hat kein nôt.

1290 Ir knecht / Nun sind eins früschen mûts /
Wir werdend gwünnen hüt vil gûts.
Vor hannden ist ein grôße püt:
Derhalben thûnd wie fromm Kriegslüt.
Min Paner thûn ich ietzt erschwingen /

1295 Wol hâr / nun laßt üch weidlich lingen.

Veldhouptman.

Ir trummen schlacher / schlachend d'rûf:
So kommend wir dest ehe ze hûff.
Ziehend in der ordnung
vff Agaunum zû / vff
die Thebaeisch Legion
mitt Trummen vnd pfyffen.

MVSICA. Si opus sit.

Trummeter.

1280: vgl. Anm. zu 1067

ACTUS QUARTVS.   S. 67

SCENA I

Maximianus. Marschalck. Bischof.

Müßt dann min Gött sin also gschmächt

Durch diß meineidig / eerlos gschlecht?

1300 Ei pfúcch der schannd / sol ich das dulden /

Das / die mich soltind han in hulden /

Mich vnd die Götter min vernüten?

Ich hett's nie trüwet disen Lüten

Das sy sich hettind von mir gwenndt:

1305 Ich meint / ich hett sie bas erkennt.

Dann do s' mit vnns in Syria

Hand g'reiset vnd in Persia /

Gar ritterlich sy sich erzeigt.

Deßhalb wir gegen ihnen gneigt /

1310 Alln vnser flyß da angewendt

Z' beschryben die / vß Orient.

By miner Crôn / Ich hett nit gloubt /

Disre sin so gar ertoubt /

Das s' mich / vnd d' Götter hettind gschendt.

1315 Der Tüfel müß sie han verblendt

Das sy von vnns sind abgewicchen.

Marschalck.

Herr. D' knecht / die hannd sie bald erstricchen.

Laßt ietzund faren ⱴwern zôrn.

Der sacch wir warten wölln bis morn /

1320 Wie es ihnn werd ergân. Vilicht

Wir bald der mären werdend b'riccht.

Bischof.   S. 68

Herr Keiser / Laßt ⱴch das nit irren

Der Göttern Festtag ze verwirren.

Habt ir / ihnn z' gfallen / gůten můt:

1325 Die Gött hand üch in trüwer hůt:

1298: Initiale rot
1321: aus Werdend wir bald der mären b'riccht.;
durch Streichung von Werdend, Wir aus wir, Ein-
fügung von werdend ü.d.Z. vor b'riccht.

Irn lob wir söllend fü[rt]er meeren /
Mit dantzen / fecchten sie vereeren:
In lobgesang / vnd Seitenspil
Den tag vertryben mit kurtzwyl:
1330   Dar zů wir all hie sind bereitt /
Nach vrallter harkommenheit.
     Das mag den himmlischen ångnem sin.
Ergebt doch ůwern willen d'rin.

          Maximianus.

Wolan / Der Göttern Lob sol für sich gôn.
1335   Die Söldner sind doch nun daruón:
Sy werdend disre Wiccht eriagen /
Vnd die ergryffen by dem kragen.
     Man wird die öden Lûren finden /:
Wårind s' iocch in Pilappen hinden
1340   So mögend s' vns entrünnen nit.
     Doch wöllend wir 's lân blyben hütt.
Min Götter werdend recchen mich.
Das trüw ich ihnen sicherlich.
     Derhalben farend fort mit flyß /
1345   Erzeigt den Göttern eer vnd prys
Mit aller kurtzwyl die ir können
Das will ich üch vast wol vergönnen.
Dann was den selben bschicht zů eeren /   S. 69
Deß wöllend wir vnns keins wegs sperren.
1350   Mit fechten mögt ir kurtzwyl han /
Da thůnd ir vnns ein gfallen an.
Mit Dantzen mögend ir hofieren /
Zům Seitenspil fry iübilieren:
Ouch prysen sie mit lobgesang /
1355   Damitt der Gottsdienst für sich gang.

       Setzt sich vff ein Seßel nider.
        Schouwt dem Spil zů.

1326: a.l.R. fürter als Verdeutlichung des in der
       Zeile verschriebenen Wortes.
1356: Initiale rot

S C E N A. II.

Bischof. Salius Choregus.

Nun rüstend üch ir Iungen Herren
   Ze dantzen fry / den Göttern z' eeren.
Vff das nit vnser gmůt allein /
Sonders all vnser fleisch / vnd gbein
1360   Ihn lob vnd eer bewysen thůi:
Da keerend an alln flyß / vnd můi.
   Dem nach sölt ir ihnn fecchten z' gfallen:
Zů letst ouch ůwer stimm erschallen
Mitt fryem můt in Lobgesang.
1365   Secht zů / das 's hurtig für sich gang.

Salius Choregus Platzmeister

Herr laßend d' sacch an mich:
Wir wöllend 's alls thůn fürderlich.
Ze dantzen sind wir grüstt allzyt
Hieran sol vnns verhindren nüt.

S C E N A. III.

Platzmeister zů den Spillüten.

1370   Hui pfiffend vnss ůf / fry Cantzleysch.
Wir wöllend dantzen gůt Caldeysch.
   Wir Iungen sönnd den vorzug haben
Mit springen / vnd mit vmmher traben.
   Die alten wennd wir růwig laßen.
1375   Sy söllend denn zům Lobgsang Baßen.
   Nun laßend d' trummen wol erklingen /
Damit wir könnind hurtig springen.

   Die. 6. Iungen Salij dantzend
V V / V V / V V / V V / V V / V V / V V

Singulatim saltant / ancylia in sinistris /
hastilia in dextris portantes / tripudiantes /
et incuruantes se subinde ad Statuas Iouis
et Martis.   Pyrriche Saltatio [celerima]

- V / - V / - V / - V . Trochaïci.

1364: über fryem nicht gestr. früschem

S. 70

Ander dantz.
Cascus Salius / ein alter.

Langsam bin ich mit den tritt /
Denocht z' dantzen ist min sitt:
1380 Vff dem platz ich vmbher schlychen /
Ob ich schon můß schnůfen / kychen.
  Nun wol hãr vnd d'ran / Ir alten /
Mars der vest / sõll vnser walten.

    Senili et lento greßu.
- - / V V - / - - / V V - . -

    Dritt dantz.
   Lalus Narr. Vnd ein Mõrin
    Aethiopißa saltant.

    Lalus.
  Ietzt will ich ouch ein dentzli haben /
1385 Vnd vff dem platz hie vmmher traben.
  Min' künst will ich probieren hie   S. 71
Was ich mit springen g'ůbt hab ie.

    Zů der Mõrin.
Min frõwli fin. versag mir nit
Ein Dentzli / darumb ich dich pitt.

    Aethiopißa

1390 Wolan min fryer gouggelman
  Ich faren willig mit dir dran.
  Laß dir nun Lale redlich lingen /
Ich will dir hurtig gnůg zůspringen.

    Lalus.

  Wolûf: du solt dich nit lang bdencken /
1395 Din fůßli fry soltu erschwencken.
  Iû. Gůter můt ist halber lyb.

    Maccht ein põßli.

Pfiff ûf. Des gschwãtzs ich nit vil tryb.

1390-93: mit Verwz. + vor V. 1386 nachgetr.
1392: Lale a.l.R. mit Verwz. ⌒ nachgetr.

Primó Separatim tripudiant.
Post congreßum iunctim. postremó
rursum separatim.

    Narr / nach dem Dantz.   S. 72

Mir ist so grüselichen heiß:
Das mir angwünnt der durstig schweiß.
1400 Nún ätti Truchsäs lieber thů das best.
Das ich ein trünckli hab / vnd dine gest.

    Truchsäß.

Heiß du mir den hofmeister kon.
Du můst din teil ouch han daruon.

    Narr.

Ich bin si gar ze friden wol
1405 Das mir ze trincken werden sol.
    Zů Hofmeister.

Hofmeister komm zům Truchsäß bhennd
Dann er nach Dir mich hat gesendt.

    Hofmeister

Ich komm eins wegs. Se trinck das ûs
So wird ein voller brůder drůs:

    Narr.

1410 Ahá. Ietz leb ich wol im sûs.
Kum Frôuwli fin /
Wir wend zum wyn.
Es gilt dir eins garûs.

    Aethiopißa

Ich halt dirs wie ein Bus.

    Truchseß.

1415 Hofmeister thů vns rüsten zů
Ein trunck / vnd etwas guts darzů.

1401: vor hab gestr. [wins]
1408: Ich aus H [..] ; Das ûs über gestr. wol bhennd
1411-14: nach V. 1420 nachgetr. und mit Verwz. + hier-
      her gestellt.

Hofmeister.

Herr was ich hab / sy vngespart.
Die fleschen sind ietzt vff der fart.
Ich will üch etwas mee har bringen.
1420   sind hurtig nun / vnd gůter dingen.

      Fecchtend nach dem Danzen.   S. 71

        S C E N A. IIII.   S. 74

      Pancratiastes Salius.

Nun wölln wir an das Fechten stân.
  D'rumb tritt ich hie hâr vff den plân.
Wer lust hab. Der trett hie zům zil.

      Maximian Keiser Sedens.

Zům Fecchten vnd zům Ritterspil
1425   Frey gaben / Cleinod gib ich vil.
Keinr der sich dapfer wâgen ist
  Sol vnbegâbt sin diser frist.

- V / - V - V - V -   Trochaïci
V - V - V - V -   Iambici

      Pancratiastes. Trochaïci Iambici alterni.

Grôßen danck habt / mein gnâdigster herr:
  Wir wöllend vns befleißen seer:
1430   Ritterlich hie zů erzaigen heütt:
  Vmb euwre gnad z' uerdienen disre peüt.

      Thůt reuerentz. macchet ein
          Fecchtboßen.

D'weil nun Kaiserliche Maiestât
  Marti dem Streitbarn Gott ze preys
Grôße peütt vnns z' kempfen fürgstellt hat:
1435   Befrâuwt es mich / mit hôchstem fleyß
Ritterliche wâffen / vnd ouch weer

1420a: danach auf S. 71 der Hs. SCENA.IIII.+ vide Nota
1420b/c: Hs. + Fechtspil. SCENA IIII.
1420c: vgl. Anm. zu 423a
1427a: Hs. Troch
1427b: aus V - V - - V V - ; Hs. Iamb.
1427c: Hs. Troch. Iamb.

Ze ůben. D'rumb wer bgirig sey
Redlich zů bekriegen gůt vnd eer /
Sol fůgen sich angends hẻr bey:
1440 Dann ich z'mâl mich offentlich hie stell /   S. 75
    Ein ieden ritterlich z' bestân /
Sey gleych Ritter / Grâf: old wer der well.
    Nun huy. Wol hẻr / hie steet der Man.
Mit dem Schwertt / Spieß / Kolben / oder sunst /
1445   (Wie man 's bgẻrt) bin ich beraitt
Allhie zů bewysen all mein kunst.
      Antagonistes Salius

Diß gfellt mir in Sonnderhait:
Kain kampf versag ich bey meim ayd.
Gantz berait zůr gegenweer /
1450   Ze fechten bin ich lustig seer /
Naß old trückhen / wie man will
    Halt ich's allweg für mein kurtzwyl.

  1 Schwertt.   Pancratiastes.
    Nun wolan. Das Wertt ich greiffen an.

      Antagonistes.

So sey. Ich waiß dich wol z' bestân:

    Ietzt fechtend sy.
    Nach dem / sol von ferrem ghẻrt werden
     zů Agauno / ein getümmer der ersten Deci-
    mation.

  2 Spieß.   Pancratiastes.
1455 Wer nun lustig sey zum Spieß
    Dem beütt' ich auß / on widerdrieß.

    1451: trückhen aus trüchen

Antagonistes.

Darzů saum ich mich nit lang.
   Mir ist gar angnem Spieß vnd stang.

Fechtend.

Dem nach sol ghört werden das getümmer der
   andern Decimation Agauni.

3 Tusegken fechten. Fechter.   S. 76

So einr freidig ist d' Tusågken z' bstân
1460   Der komme har vff disen plan.

Widerfechter.

Ich gewunn dir diß wol an:
   Ein Lust mit dir ich z' fecchten han.

4 Kolbenstryt. Pancratiastes

So einr freydig ist zům Kolbenstryt
   Der trett herfür / vnd saum sich nüt.

Antagonistes. .

1465   Diß ist Herculis vralter kampf / vnd strauß:
   Seer freysam gib ich dir hart manchen bauß.

Lårmen

Z'letst nach dem kolbenstryt sol in Agauno
ein großer lermen gschlagen werden. mitt pfiffen /
trummen / vnd wåffen. Zů der Thebæern
vnderlegung. ouch Trummeten / Gschütz -

S C E N A. V.

Salius praecentor. Chorus.
Ietzt lônd vns dem Gott Iuppiter z' Lob frôlich singen /

1458d-1462: nach V. 1470d nachgetr. und mit
      Verwz. * hierher gestellt.
1458d: a.r.R. Für den Kolben stryt
1462a: Hs. 3
1464: Danach eine Zeile frei
1464a: links neben der Sprecherbezeichnung - V - V
      rechts neben der Sprecherbezeichnung - V - V - V
1466: Danach drei Zeilen frei
1466c: nachgetragen pfiffen
1466e: nachgetragen ouch Trummeten / Gschütz -
1466e: Danach drei Zeilen frei
1466f: Hs. SCENA. V. rechts daneben Senarij Senger

Mit iubilieren / vnsre stimmen thun erclingen.
   Ich sing ừch vor: Ir Iungen herren stimmend zừ:
1470 Mit lûtem schall min stimm ich nun erheben thừ.

   Singt den Tenor in iedem versu vor.
Die andren Succentores singend vnd repe-
   tierend die mit vier stimmen
      Wie volgt.
  Chorus Chorego praecinente Sequitur.   S. 71
    Hymnus Ioui optimo Maximo.
     Singt vor / allein:

 * Dich Iuppiter / all D' Wellt hohe prysen sol.
 * Dann diner Gottheit himel vnd erd ist vol.
 * Din ist der gwallt / vnd ouch die herrschafft:
 * Dir wonet by / Sige / tugend vnd krafft.

1475 * 2. Der Göttern Vatter thừt man dich nennen recht   S. 78
 * Vff erd der mentschen Künge / glych iedem g'reccht
 *   Du höchster Gott in 's himels thrône
 *   Vnns diner herd / gnediglich verschône.

 * 3. Dinr hilff ein schyne zeigstu in sonderheit:
1480 * Gibst mừt zum stryt: vnd dapfere bstenndigkeit.
 *   All vnsre Fyend bist vertringen:
 *   D'rumm wir in eeren dir opfer bringen.

 * 4. Verlych dem Keiser Sig ừber alle fynd
 * Die vnbestenndig vom Stabe gfallen sind:
1485 * Sich selbs vom Rych hand abgerißen:
 * Der vngehorsame sich beflißen.

 * 5. Bis vnns erhören in dinem höchsten thrôn /
 * Der d' Risen thetest nider in d' erde schlân /
 * Die dir den himel warend stürmen:
1490 * Hast sie gegeben ein âß der würmen.

 * 6. Lob / eer / vnd pryse / sey dir in eewigkeit
 * Gesagt / zừ danck dinr lûteren miltigkeit

  1470d: a.r.R. verte folium
     In der Hs. folgen auf S. 77 die Noten im
     Discant und Tenor jeweils mit dem Text der
     ersten Strophe.
  1471: vgl. Anm. zu 1067
  1475, 1479, 1483, 1487, 1491: vgl. Anm. zu 423a

Gib gsunnde tag zů allen stunnden /
Das wir in dim Lobe stâts befunnden: -

Hymnus Gradiuo Marti.   S. 79
Vorsenger

1495   Nun wennd wir ietzund an von hinnen keeren:
Martem den starcken Gott mit gsang vereeren.

       uis multa grandis:

* Mars du strytbarer held / strennger vnd edler Gott:
* Din großmechtige hilf / fertige diner rott.
* Du gibst Dapfere mannheit
1500   * Thůst bystannde der grechtigkeit.

* 2. Durch din gôttliche krafft / d' Rômer an ire Fynd
* Sich wâgend one zag / die ze bestryten gschwind.
*   Deß s' dir gaben in danckbarkeit
* Allzyt z' opferen sind bereitt.

1505   * 3. Vß dir Romulus ist / mannlicher art gebôrn:
* Von dem Rôma der Wellt houpte dir vserkôrn.
*   D'rumb thust meeren ir herrlicheit /
* Ir rům waret in eewigkeit.

* 4. Dem Keiser lobesan gib sine Fynd ze hand:
1510   * Macch standthafft sine kneccht z' thůn ihnen
                                         widerstannd.
*   Lob / prys eere dir er vergiltt /
* Schenckt dir harniste / gweer / vnd schilt.

* 5. Sigrycher herr Mars / nim diß gesang ze gůt:
* Vnns (din Sâmen) erhallt / fürter in trüwer hůt:
1515   *   Din nam hohe gebrisen werd
* Durch din diener vff aller Erd. - -

1494: Hiernach folgt in der Hs. der Text der ersten
      Strophe mit den Noten im Bassus.
1497: vgl. Anm. zu 1067
1516: In der Hs. folgen auf S. 80 die Noten im Discant
      und Baß jeweils mit dem Text der ersten Strophe.
      Die letzten vier der fünfzeiligen Notenlinien
      sind leer.

SCENA. VI.   S. 82

Maximian beschlüßt das opfer.
vnd lob der Göttern / knüwend
ann Statuam Iouis.

Dich höchster Iupiter ich bitt
    Bis vnser gbätt erhören hütt.
Erzeig vnns din allmechtigkeit /
1520 So lob ich dich in eewigkeit.
    Wenn ich ansige minem Fynd /
So schlachte ich dir ein schneewyß rind
In dinem Tempel lobesan:
Die höchste püt solt von mir han.
1525 2   O Mars / sighaffter / strennger Gott
Laß vns nit kommen hie zů spott /
Wir sind din sâmen vnd din gschleccht.
    3   O Hercules bystand mir g'reccht:
Verlych das ich dir mit künheit
1530 Groß thaten nachthůi vnd Mannheit.
    4   Gib yn / vns / Bacche / můt zům stryt /
Der d' hast all Wellt erobert wyt
Mit dapferkeit. Thů vns bystân /
Din Fest wir iârlich sind begân.
1535 5   Apollo hilf mir recchen d' Fynnd:
Mit dinen pfyln erschieß sie gschwinnd.
    Vulcáne / wapne du vns vest /   S. 83
Mit diner kunst thů vnns das best.
    Mercúri du sinnrycher Gott
1540 Mitteil din wytz vnns diner rott.
    Du můter aller Göttern größ
Cybéle / macch vns siges gnöß.
    Ir Göttin all / von edler art
1545 Iuno / Venus / Minerua zart /
    Diana du vil reine magt /

1516a: Hs. SCENA. VI daneben Votum Maximianj.
       Vor 1516a noch einmal der Text der fünften
       Strophe (V.1513-1516); diese gestrichen
1517: a.l.R. Verwz. ✕
1541: a.r.R. Magna mater Deorum
1525, 1528, 1531, 1535: vgl. Anm. zu 423a

```
        Ouch Vesta / maccht vns vnuerzagt /
        Das wir den Fyend mögind bstryten /
        Vnd mit Triumph zů Rôm inryten.
           Ich g'lob üch allen opfer z' geben
1550    Iårlich die wyl ich hab das leben.
```

    q   Bischof ad Maximianum   S. 81

```
    q Herr der Keiser / Gond nun in dem friden hin:
        Die hohen Gôtt / werdt üch allzyt bystenndig sin: -
        Vil des Sigs ir söllend haben Ʊwre tag:
        Als ich im opfern alle zeichen gspüren mag.

                Lalus post conclusionem.
                        Ad Deos.

1555    O Iuppiter / Mars / Hercules / Vnd Bacche min
           Helffend dem Narren vmb ein süßes trünckli wyn.
        Apollo gůt / Vulcane starck: Mercuri gschwind
        Thůnd stüwr vnd hilff / das ich ein beßern herren find.
        Der nit so grüselich so strenng vnd kybig sey:
1560    Wie wett ich denn so frölich üch z' lob singen fry.
           Ir Gottin all / die sind von hoher edler art:
        Vergönnend mir ze sin by schönem Fröwlin zart.
        Das ich allzyt by ihnen mög gůter dingen sin
        Ia lubeli låbeli macchen / vnd gůt bůbli sin.
1565    Ich g'lob üch allen z' opfern ein gůt feißes schwyn.
        Nun thůt das best / erhörend doch das gbåtte min /
        Ich will allzyt der üwer sin.

                Zühet iederman in sin                    S. 83
                        ort.
```

```
1550:  u.d.Z. nachgetragen Bischof concludit vide
       supra Herr der Keiser. - Vide suprà Lali uotum
1550a: ü.d.Z. Conclusio sacrificii post Maximian
       uotum ut infra. Verwz. ✂
       u.d.Z. post uotum absolutum
1554:  u.d.Z. Volgt (wie ob stat) des Narren Spruch ⊕
       O Iuppiter Mars -
1554a: a.l.R. ⊕
1557:  gschwind aus gschwing
1558:  über beßern nicht gestr. miltern ; find aus fing
1559:  so vor strenng u.d.Z. nachgetr.
1562:  sin aus zin
1565:  allen aus zllen
1566:  erhörend doch das gbåtte min / u.d.Z. gestr.
       vnd låt mich üch empfolhen sin.
```

Herold   Apologos.

Verspriccht diewyl / vnd verantwortet
    warumb / diß heidnisch Abgöttisch
        opfer dem volck vorgespilt.

Ir frommen Christen / wie ir hie versammlet sind /
Fürneme / wyse herren / darzů gůte frünnd:
1570 Ich hoff / Es sey hie keiner vnder allen
Dem diß vorgespilte handlung söll mißfallen /
Darumb das wir für ougen gstellt der heidenschafft
Abgötterey / sampt alter römschen priesterschafft:
    Die erstlich von Numa Pompilio vfgesetzt /
1575 In hohem wert bynn Römern lange zyt geschetzt
Vor Christi gburt / wol ab den sibenhundert Iaren /
Wie man vß Tito Liuió mag thůn erfaren.
    Ist nit der meinung hie der Iugend fürgestellt /   S. 84
Das einchem Christen / diser grüwel glieben sölt /
1580 Von sinem Gott / Heiland / vnd schöpfer abzestân /
Vnd frömbde / stumme / tüflisch Götzen bätten an:
Wie dann die blinnden heiden lange zyt gethan /
Vom bösen geist verstrickt / in aberglouben kôn.
    Dem sy mit opfer / lob / vnd gbätt gar empsig hand
1585 Gedienet / vnd für iren rechten Gott erkannt:
    Den wâren Gott des himmels / vnd der erden wyt /
Ouch iren schöpfer vor ihm gantz geachtet nüt.
  q   Sölchs sey ferr / ferr von vns die Christen wöllend
                                              sin /.
Vil mee sönnd wir diß nemmen zů eim bispil fin /
1590 Den herren Gott von hertzen allzyt z' růffen an:
Sin göttlichs gheiß / vnd gbotte stäts vor ougen ha[n]
Ihn alle tag des läbens brysen / loben / eeren:
All hoffnung / trôst: all sinn / gedancken zu ihm
                                              keeren.
    Da b'trachten wie die heidenschafft so ordenlich
1595 Ire opfer / gbätt vollbrâcht mit andacht lobenklich.

1572: für verbessert aus [...]
1588: Hs. Abschnittszeichen in der Kolumne

Darzu mit künscheit / reinigkeit ir' Götter meer
In höherer accht gehan / erzeigt ouch größere eer /
Dann ietzt wir kalten Christen (leider) Gott bewysen
                          sind:
Welchs höchlich an vnns ist z'erbarmen (lieben kinnd).
1600 q   Dann d' Gottsforcht in der Wellt so gar erlöschen
                          ist /
Das niemand recchten andâcht mee hat diser frist
Zům Gottswôrt / vnd gebâtt / noch zů keim Gottsdienst
                          mee /
Wir lebend gottlos / glych wie 's vnuernünfftig vech /
In allem wollust / eßen / trincken / vnkünscheit:
1605   Man achtet nit mee /Liebe / trüw / noch grechtigkeit:
Es giltet wenig d' frombkheit / vnd einfeltigkeit:
All laster gond im schwanck / hochmůt / eergytigkeit:
Verbunst / nyd / haß / betrug / falsch alefantzikeit / S.85
Gyt / braccht / list / eigennutz / vntrüw / vorteiligkeit
1610 Sind vnder geistlichen / vnd weltlichen gemein.
   Niemand beflyßt sich meer der zucht / vnd künscheit
                         rein
Wir sind all abgetretten von dem recchten weg.
Es sind gar wenig wandlen ůbern schmâlen steg
Der Tugend / Gottsforcht / trüw / vnd einigkeit /:
1615 All Wellt ist gneigt vff 's bôs / vnd ytelkheit.
   Darumb darf niemand sich verwunndern seer /
Warumb vnns Gott der herr sin straff / ie lenger ie meer
Vil kranckheit / Pestilentz / Krieg / thüire zů sey sennden
Diewyl wir nit von Sünnd vnd lastern vnns abwennden:
1620 Nit würckend bůß / noch vmb verzyhung ihn ankeerend.
   Nun sôlchs beuilch' ich denen so am Cantzel leerend.
Dann vnser fürsatz ist / ze tringen zů dem ennd:
Den letsten Actum wir ietzunder vor vnns hennd.
Darinn ir wyter hôren werdend / vnd verston /
1625 Wie sant Mauritzen heilige gsellschafft sey vmbkôn:

1598: kalten ü.d.Z. nachgetr.
1600: Hs. Abschnittszeichen in der Kolumne
1611: künscheit rein u.d.Z.

Wie Christenlich sy vor Abgötterey sich gweert:
Zu letst / vmb Christi willen / hab' ir blůt verreert.
   Dem wöllind ir / ein halbes stünndlin (on verdruß)
Früntlich zůlosen / das wir kommind zů dem bschluß.

Musica.
Gaudent in coelis. quinque Archidelt.

A C T V S   Q V I N T U S .   S. 86

Redeunt e' cruenta uictoria
de Thebaeis Caesariani
milites

Trummeten. Trummen vnd pfyffen vber veld.
Gand vor / zwen Iung kriegsmann ieder ein kopf an
sinem schwert   signum duplicis decimationis.

S C E N A . I.

Veldhouptman. Maximianus /
  Thraso ein kriegsman. Panerherr.
    Trabant. - -

Veldhouptman

1630   Herr Keiser / ůwer gbott / vnd gheiß
      Hannd wir vollbrâcht vff diser reiß.
    Als wir dann die Thebæer funnden
    Nach dem wir sie hand thůn erkunnden.
      Vnd erstlich die anhůbend z' frâgen /
1635   Ob sy den Göttern opfer tragen /
    Vnd by den selben wöltind schweeren:
      Do warend sy sich grülich sperren:
      Sy globtend ehe den Tod ze lyden /
    Ob s' wöltend Gott irn herren myden:
1640   Den sy für all' Wellt vserkôren.
      Ein Eyd habind sy Christo gschwôren

1626: nach sy rasiert sich
1629: Danach fünf Zeilen frei
1629b: Hs. 5
1629h/i: nachgetr.; von Gand bis schwert eine Zeile
1630: Initiale rot

Dhein falsche Götter vor ihm z' han /
Dhein Creatûr ouch bätten an /
Welchs dann ein grüwel sey vor Gott /
1645   Der alle ding erschaffen hot.
    Vmb Christi willen syend s' b'reitt
Ze lyden / ouch vmb d' g'recchtigkeit.
    Sy habind Vwer Maiestat   S. 87
Bis har gedient / on arge that:
1650   Ouch gholffen bschützen Römsche Lannd /
Gethan der grechtigkeit bystand.
    Ir lyb / vnd leben habind s' g'wâgt:
So wärind sy noch vnuerzagt /
Darzů ouch willig z' dienen üch /
1655   Wo ir nit gmacchet sie so schüch
Durch Vwer keiserlich Edict
Das ihnn in's Låger zůgeschickt /
    Den leyden Götzen opfer z' bringen:
Vnd sie vom Christenglouben z' dringen.
1660   So aber Vwre grimmigkeit
Vns hab beuolhen disen bscheid /
Mit pyn / vnd marter darzů zwingen
Gottlosen grüwel ze vollbringen /
    So syend s' g'rüst / ehe all ze sterben /
1665   Ein beßers leben zů erwerben /
By irem Gott sin eewigklich.
    Da selbst vermög kein wüterich
Noch kein Tyrann sie dannen tryben:
Da hin stannd' all ir sinn ze blyben.
1670   Nach dem wir nun / nach Vwerm gbott
Versůch gethan (on allen spott)
Mit schräcken sie darzů ze nöten /
Oder wir wöltind s' all ertödten:
Vermantend sie mit trôuw / vnd pitt
1675   Vom römschen Rych abz'fallen nit:
Sy söltind d' Götter han in hulden

1655: so ü.d.Z. nachgetr.

Vnd ůwre Maiestat gedulden /
So wurdind s' angnem kriegslüt sin /   S. 88
Wenn s' nur den willen gĕbind d'ryn.
1680   Ich gsach da aber nit ein Man
Der von sinr meinung ab wĕlt stân:
Nit hettind sy sich g'wenckt darab.
   Deshalb / ich zwurest gheißen hab
Dem zehenden ie sin houpt abschlagen:
1685 (Welchs sy gar lützel warend klagen)
Sy forchtend sich nit ab den dingen /
Sy stetend für ein andern tringen.
   Ein ieder gern der erst wăr gsin /
Dhein marter schüchtend sy / noch pyn.
1690   So vast lieb hand sy iren Gott:
Was wir ihnn trŏuwtend / war ein spott.
   Zů letst (als sy nit abstân wellen)
Hand wir sie z'rings vmb thun vmbstellen
Mit roß vnd Man / sie all vmbgeben.
1695   Gar wenig wir hand laßen leben /
Die ab dem plân entwicchen sind /
Vnd sich daruon gmaccht gschwinnd.

                    Maximianus.

Grŏß danck soltu von mir erlangen.
   Es ist nach minem willen gangen:
1700 In eewigkeit ich's nit vergiß /
Des bis derhalben gentzlich gwüß.
   Der Schlacht sold sol dir werden bzalt:
Solt wyter kôn an hohen gwallt /
In große eer / von diser frist /
1705 Die wyl d' ein trüwer amptman bist.

                    Thraso / ein kriegsman.   S. 89

Ich wünsch (herr Keiser) üch all's gŭts:
   Wir hand verderbt vil Christenblŭts /. -
q Mit Mauritzen fünftusend Mann

1708: Hs. Abschnittszeichen in der Kolumne

Sind da vmbkommen vff dem plan.
1710 Sy sind erschlagen / vnd erstocchen /
Wir hand ihnn gschôren naß / vnd trocchen.
Sy ligend dôrt vff grüner heyd
Der hunnden aaß / der Vöglen weyd:
Da ist ihnn worden barer lôn.
1715 Es sind gar wenig kôn daruon.
Diß fennli gwân ich an dem stryt:
Das schenck ich ⱱch zů einer püt.
Sampt des houptmans Mauritzen Schilt /
Ủwr gnad mir es wol widergillt.

          Maximian.

1720 Danck hab / du bist eins kriegsmans wärt.
Ir hand all g'than: wie's min hertz bgärt.
In gnaden wölln wir's vmb dich b'dencken:
Vnd dir dafür ein Lehen schencken.

          Aquilifer Panerherr. Fenner
Min herr / Wer g'sach doch ie der Lüten?
1725 Als wir mit ihnen woltend stryten /
Dó stŭndend sy glych vnuerzagt.
Wârlich wir hettend keinen g'iagt /
Wenn sy vns wöllen widerstân.
Ir gweer sy ließend willig gan:
1730 Ir' harnist zogend s' selber ûs /   S. 90
Der bitter Tod thet ihnn kein grûs.
Keinr wider vns sin hand nie regkt:
Fry willigklich sy d' hälls dargstreckt.
Mit dem hannd wir den stryt gewunnen.
1735 Vast wenig sind daruon entrunnen.
Man wird irn aber noch wol innen:
Dann sy sind nit so wyt von hinnen.

          Maximian.

Wer mir die Lüt nur kônnte zeigen /
Dem wölt ich gen ein rock für eigen.

1731: unter thet nicht gestr. war

1740 Ich hab geschworn / by miner Crôn
Dhein Christen fürthin z' leben lon /
Wo ich die ienen mag bekommen:
Sol keiner hieby sind vsgnommen:
Er widerrüffe dann sin meinung /
1745 Vnd halte mit den Göttern einung.

   Trabant. Dromo

Dört gsehn ich kommen hår ein Man /
Der weißt vilicht etwas daruon:
 Den will ich heißen zůher kommen /
So er von ihnen üt vernommen.

   S C E N A. II.

  Trabant. Viator Lannfarer.

1750 Min lieber poß / wo kompstu hår?
Was sagstu vns für nüwe mår?
 Min herr / der Keiser / laßt dich frågen /
Ob dir nit bgegnet seind diß tagen
Verloffne Kriegslütt in dem Lannde?

  Viator Landfarer / Krätzentrager.

1755 Gut gsell das sag ich dir zů hannde.
 Ich gân mit dir zům Keiser gern /   S. 91
Das ich ihn b'richte diser mårn.
 Ich hoff er werd sich wol bedencken /
Vnd mir / vff's mindst / ein röcklin schencken.

   S C E N A. III.

  Dromo. Maximianus. Viator.
   Cantzler. Hofmeister.

   Dromo Trabant.

1760 Herr. Diser Man kan zeigen an /
 Vmb das ir vor ein frag hand gthân.

1749b: über Lannfarer nachgetr. Hodoeporus.
1759c: vor Hofmeister gestr. Marschalck.

Maximian.

Sag (gůter Fründ) was nüwer mẻr
Bringst vnns hie? old wo kompstu hẻr?

Viator Landfarer.

Gnẻdigster herr / Das will ich sagen
1765   Ich bin hẻr kôn in disen tagen /
Als ich durch's ẻrgôuw bin gefaren /
(Welchs hat sin namen von der Aaren)
    Am selben fluß / da ligt ein Statt
Die / Solothurn / den namen hat.
1770   Ein alte veste schynt es sin:
On gferd do kam ich ouch da hin:
    Ligt vnden am berg / Iurten gnannt
Der bis gen Genff ist wol bekannt.
    Den berg man da nennt / Wißenstein /
1775 Wol oben an dem Houwenstein.
    Da selbst hab ich vernommen mẻr:
Wie das / ein hûff dar kommen wẻr /
Die wẻrind gsin veldflüchtig Lüt /   S. 92
Welch' vff den Gȯttern haltind nüt.
1780 Den Christenglouben predigend sy /
Vnd touffend alles volck hieby.
    Das Landvolck züche ihnen nach /
Ir Leer z' empfahen sey ihnn gâch.
    Victor vnd Vrsus sind sy g'nennet /
1785 Nit weiß ich / ob ir dise kennet:
    Im rôten veld / ein crütz ist wyß /
Fůrend s' zȯm zeichen / nit on brys.
    By sechs vnd sechtzig sind der gsellen.
Weiß niemand wo sy z'letst ûswellen.

Maximian.

1790 Ich ghȯr / Es sind die rechten knaben /
Die vß dem garn hand wȯllen traben.
    Sy werdend aber wol verstrickt /

1772: a.r.R. Iura mons

Wann man ein bottschafft ylends schickt.

 D'rumb / Cantzler / Gschwinnd dem Vogte schryb /
1795 Dem Hyrtaco: das er d' sacch tryb:
(zů Solothurn er Amptman ist)
Das er die bůben fach' mit list:
Dhein flyß / noch kosten thůie sparen /
Bis das er s' mag by eim erfaren.
1800 Zůr Göttern opfer soll er s' zwingen /
Old sie all sprengen ⱱber d' klingen.
 Kein pyn / noch marter vnderlân.
Er sol ouch keinen laßen gân
Er thůi sich dann zůn Göttern wennden.

   Cantzler zů dem Hofmeister.

1805 Ir mögend nach dem botten sennden.

    Hofmeister.   S. 93

Den wird ich bald han funnden:
 Ich gsich ihn schôn dört vnden.

    S C E N A. I I I I.

  Hofmeister. Eurybates löuffer.
     Cantzler.

q Hofmeister.

Los hie / du vnser trüwer Bott
Zum Cantzler schnäll dich fůgen sott:
1810 Der wird dir gen Instruction
Wohin du ylends můßest gân.

q Eurybates Löuffer.

Das thun ich gern. Es ist min freid

1804a: Hofmeister <u>auf ras.</u> Marschalck
1805: <u>über</u> botten <u>nicht gestr.</u> Löuffer
1805a: <u>aus</u> Marschalck. oder Hofmeister<u>;</u> <u>dann</u>
   Marschalck <u>gestr.</u>
1807b: Hofmeister <u>ü.d.Z.</u> nach Rasur von Marschalck
1807d: Hs. <u>Abschnittszeichen in der Kolumne.</u>
1808: <u>Initiale rot</u>
1811a: Hs. <u>Abschnittszeichen in der Kolumne</u>
1813a: Hs. <u>Abschnittszeichen in der Kolumne</u>

Ze wandlen / so ich hab bescheid.

q   Cantzler vor s' Keisers zält.

Nun rüst dich flux: du müst daruon /
1815   In schnäller yl gen Solothurn gân
Zů Hyrtaco dem Vogte gschwinnd.
Des Keisers grüß ihm z'erst verkünnd.
Vnd gib ihm disen brief behennd
Mit trüwen in sin eigne hennd.
1820   Dann es stond d'rinn gar ernstlich sacchen
Darab der Vogt gwüß nit wird lacchen.
Da selbst bis warten so vil tag
Bis bschicht was diser brief vermag.
Wilt nun ein trüwer diener sin /
1825   So sorg das gheiß des Herren min.
Bring vns der Sacch ein wâren b'riccht
Ob aller hanndel sey geschliccht.

Eurybates Löuffer.   S. 94

Min herr / das will ich vast wol ennden:
Vnd hierinn allen flyß anwennden.

Fart hiemit daruon / mit sinem
        spießlin.

q   S C E N A. V. et ultima.

Maximianus. Marschalck.
Veldhouptman. Trummeter.

1830   Sid all min sacchen hannd fürgang:
B'dunckt mich / das man nit warte lang /
Die bösen Buwren ouch ze demmen /
Sie wider vnder 's Iocch bezemmen:
Welch' abgeworffen sich mit gwallt /
1835   Gen vnns empöret mancher gstallt.

1820: Dann verbessert aus dari; d'rinn aus darinn
1829: Vnd verbessert aus [...]
1829c: Hs. Abschnittszeichen in der Kolumne
1830: Initiale rot.

So sy berichtet werdend z'wâr /
Wie wir mit der Thebæer schar
Verschônet habind / mögind s' dencken
Wir werdind ihnen ouch nüt schencken.
1840　　Derhalb vnns gfallt sie z' gryffen an
Vff morn: D'rumb rüst' sich iederman.
　　Wir wöllend vff den vorteil züchen /
Ob wir sie möchtind morn erstrychen.

Marschalck

Mir gfallt diß meinung gentzlich wol /
1845　Das iederman hütt ûf sin sol:
Damit wir d' rǎnck für louffen syend /
Vngwarnter sacch angryffind d' fyend.

Strategus Veldhouptman.

S. 95

Es ist min Meinung ouch fürwâr /
Das man gestrackts an d' Fyend far /
1850　Ehe sich die Buwren mögind bsammlen
In d' ordnung: das wir sie behammlen.
　　Wir mochtend sie gar bald zertrennen
Wenn wir in d' ordnung thetend rennen:
Die vngeübten groben knecht
1855　Mit gschwindigkeit vmbgebind recht.
Dann sy nit vil der kriegen g'triben /
Sind in der sacch nit wol durchtriben.
　　Darumb wir sie bald habend g'zempt /
Vnd iren stoltzen mût gedempt.
1860　Besonnder so s' vernemmend dise mǎr /
Das wir so starcke Ritter hǎr
In 's Lannd gefürt / vnd bstritten hannd /
So werdend s' ouch vfgen das Lannd.

Maximian zům Trumméter.

Trumméter hörsts? Sûm dich nit lang:
1865　In allem Lǎger vmbher gang /

1865: Lǎger aus lǎger

Rŭff ûs / Das ieder sey gerüst
An d' Fynd ze ziehn in kurtzer frist.
Wenn man zum andern mâl schlacht d' Trummen /
Das ieder sŏll zům panner kummen.

    Trumméter.

1870 Herr Keiser / aller gnädigster herr /
Nach Ûwerm gheiß ich ietzt hin keer.
Gantz flyßig will ich d' sacch vollennden /
Ze hof mich richtigs widerumb wennden.

      Blâst im Låger vmmher vnd   S. 96
        rŭft ûs.

Also ir kneccht: vnd lieben herren /
1875 Die vnder 's Keisers Paner ghören:
  Ann fynd ze ziehen sey ieder g'rŭst:
Man wird ûf sin in kurtzer frist.
  Wenn man zům andern mal schlacht d' Trummen
Sol ieder vff den platz thůn kummen.

    Ietzt trummend sy all Ûber veld.
    Darnâch klenckt der Trummeter.

    Trummeter.

1880 q Sind still. vnd hörend noch wol gschwinnd /
Was üch der herold mee uerkünnd.

    Herold. Epilogus.
    Hypercalectici et acatalectici Dimetri

Ir habend ghört (geliebten Frommen)
  Wie die Thebæer sind vmmkommen /:
Die dann für Christi Iesu namen
1885 Ir blůt vergoßen hand allsamen

1869: sŏll zům panner u.d.Z. für ras. yff den platz
1873a: abweichende Reklamante Fart im låger
1879-1871: a.l.R. quer zum Schriftbild mit Verweisungs-
      zeichen nachgetr.
1880: Hs. Abschnittszeichen in der Kolumne
1881a: a.r.R. Bschluß
1881b: Hs. Hypercatalect. et acatalect. Dim.
1882: Initiale rot

In Wallis an des Rhodans stromm /
Sant Mauritz / sampt sinr gsellschafft fromm:
    Im himmel die sich ietzund fröuwen /
Sind siccher vor Tyrannen tröuwen.

1890   In welchen die namhafftsten waren
Die wir by vnsrer zyt erfaren /
Sant Exuperius / Candidus /
Vitalis / Innocentius.

    Agaunum was das ort genannt /
1895 Vom großen Felsen wytbekannt:
Daran noch 's Closter hangen ist /
Welchs z' Sant Mauritz heißt diser frist.
Da sy / durch Gott / vff ebnem Veld
Ze sterben habend vßerwellt.

1900 Ir Seelen hand durch dultigkeit
Erreicht die eewig säligkeit /
Da sy hand stäte wunn / vnd fröud.

    Ire Lychnam aber sind zerströuwt /
Sind ligend bliben vff der heid
1905 Der Vöglen spys: der Thieren weid:
Bis sy mit waßerwällen gschwinnd
Des fluß Rhodans / mit grien deckt sind.

   q   Bald nach zweihundert / zwentzig Iaren
Wolt Gott der herr / sie offenbaren:
1910   Als Simon 's Kunigs in Burgund
Gebrüder / er sampt Küng Sigmund
Zů Sant Mauritz das Münster drât
An gsagter flů gestifftet hat /
In obgemeldter heiligen eere /
1915 Begabt mit gůt / vnd fryheit seere /
Zů Kunigs Clodowii tagen
In Frankrych / als die gschrifften sagen.

S. 97

1894: Agaunum verbessert aus Aganum ; a.l.R. Agaunum.
1896: a.l.R. Gaun ein Felß. flů.
1906/07: a.l.R. Passi circâ 288
1908: Hs. Abschnittszeichen in der Kolumne.
1908/09: a.l.R. Anno dominj. 512
1910: a.l.R. Nauclerus

        Gott gab Theodôro durch sin gŭte /
        (Genannt Sant Ioder) in sin gmŭte /
1920   Der do in Wallis Bischof was /
        zŭ Martinach / old z' Sitten sas:
        Mit Maximi des Bischofs rât
        Der z' Genf do z' mâl das Bistumb hat.
          Die sŭchtend ernstlich z' rings herumb /
1925   Durch Gotts ingeben diß heilgthumb
        Am gstad des Rhodans / bis es gfunnden.
          Groß wunnder war man da erkunnden.
        Der Lychnam Innocentij
        Ist schwümmend funden ouch darby
1930   Im fluß / noch gantz / vnd vnuerwăsen: S. 98
          Vil krancker thetend alda gnăsen:
        Den blinnden widerkam das gsiccht:
        Den Krüpplen wardend d' bein geschlicchtt:
        Die zung ward vfgelŏst den stummen:
1935   Die ôren afgethan den thummen.
        Die bseßnen wardend g'ledigt gar:
          Das Landvolck lüff mit hûffen dar.
        Mit reuerentz man sie erhebt /
        Man rüstet herrlich zŭ ir bgrebt.
1940   In 's Münster man sie bstattet fyn /
        Mit pomp / proceß / man s' b'leitet yn.
   q   Hernach erst by drühundert Iaren
        Ist Carolus der Grôß / dar gfaren
        Diß heiligen Thebæŭr bsŭcht /
1945   Dem Gottshûs rennt / vnd güllt berŭcht:
        Mit priuilegien hôch begabt.
          Altherus hieß do z'mal der apt

    1918: <u>a.l.R.</u> Theodôrus
    1921: <u>a.r.R.</u> Sedunum
    1923: <u>a.r.R.</u> Geneua
    1926: <u>über</u> gstad <u>nicht gestr.</u> port
    1939: zŭ <u>ü.d.Z. nachgetr.</u>
    1942: <u>Abschnittszeichen in der Kolumne Hs.</u>
    1942: <u>a.l.R.</u> circà Annum. 800
    1943/44: <u>a.r.R.</u> Carolus magnus
    1947: <u>vor</u> hieß <u>Verwz.</u> + ; <u>a.l.R.</u> at + Alteus

- 83 -

Der drißgist / so fürgsetzt ist worden
Dem Closter / in Sant Bendicts orden:
1950   Der was ouch Bischof in dem Lannd.

Demnach / Ludwig der fromm genannt /
(Sin gotsforcht brâcht ihm disen rům)
Der 's Küngrych erbt / vnd 's Keiserthům
Von Carolo sim vatter grôß /
1955   Hatt s' vmmgwendt in Canonicos /
Die Regulares gheißen worden /
Also vertuschet ward der Orden.

Wie dann da selbst noch hütt by tag
Irn zwenvnddryßg man ghaben mag /
1960   Die Gott sȫnnd dienen mit andacht /
Vff das die stifftung werd vollbrâcht.

Nun wyter sȫlt' ich zeigen an /
So Ŵwer Lieb / Patientz wȫlt han /
Vnd fürter hȫren / on verdruß /
1965   Von diser gsellschafft zů dem bschluß.

Das namlich vil Thebæer meer
Von 's heiligen Mauritzen heer
Gewȧsen vß der Legion
Die nit in Wallis vmb sind kôn.

1970   Dann etlich in dem nachzug bliben /
Hernach vom Keiser ouch vf g'riben.

Ein teil hand sust die flucht genommen /
Sind doch dem Wůtrich nit entrunnen.

Ouch vil sind zogen an den Rhyn /
1975   On zwyfel d' pȧß da z' nemmen yn
Vß dz Keisers gheiß / die ze verwâren /
Das niemand mȫcht in Galliam faren:
Die Sachser vnd die Francken z' hindren /

S. 99

1949: in Sant Bendicts ü.d.Z. für ras. Benedictis
1951-53: a.r.R. Ludo- uicus pius.
1955/56: a.r.R. Canonici regu lares. 32.
1962: Abschnittszeichen in der Kolumne Hs.
1972: teil ü.d.Z. nachgetr.
1975: On zwyfel auf Rasur
1976: Vß dz auf Rasur

Armoricam die thetend blünndren.

1980   Old glych Carausium z' vertryben
Der dz Land sim selbst da thet zůschryben.
Old sunst durch schickung Gotts vilicht
In andre gegne ir reis gericchtt
Vff das vsgspreitt wurd Gottes wort:

1985   Durch irn tod gheilget manches ort.

1   Thyrsus der erste houptman gnannt   S. 100
Vß diser Legion gesandt
Hat etlich hundert mit sich gnommen /
Ist z' Trier in Gallien vmbkommen.

1990 2   Secundus ist der ander gwäsen
Der mocht nit vor dem Tod genäsen.
    Der selbig gůtig / fromm houptman
Ist z' Vintimilen abgethan /
Zwüschen der Statt Marsilia /

1995   Vnd Gennouw in Liguria.

3   Sant Bonifacius / der dritt /
Dryhundert knecht ouch fůret mitt:
Mitt Thyrso sind sy gmartret z' Trier
Vom Gallier Landuogt Rictiouier:

2000   Den gar gesendt Maximian
Vmbz'bringen dise Christen mann:
Ia sampt dem Rât / vnd Burgerschafft /
Welch' ouch dem Christenglouben bhafft,
    Dann der Tyrann Maximian

2005   Hat ein edict vslaßen gan /
Die von Thebaea all ze tödten /
Old zů der Göttern opfer nöten.
Ia gar dhein Christen laßen läben /
Der sinem gbott war widersträben.

2010   Sant Gereon gen Cöln am Rhyn

1981: a.l.R. ✱
1982: a.l.R. [1] OO
1994: Zwüschen auf Rasur
1995: Vnd Gennouw auf Rasur
1998/99: a.r.R. Rictiouarrana persecutio.

Mit siner Burß ist gzogen hin
Dryhundert / vnnd achtzehen gsellen:
Der Ächter thet s' ouch bald vmbstellen.
   Sant Cassius der frysam held   S. 101
2015 Florentius hie by gezellt
Sind z' Bonn am Rhyn ob Cöln erschlagen
Mit siben gsellen / thůt man sagen.
   Malôsus vnd ouch Victor gůt
Zů Troy am Rhyn versachend d' hůt
2020 Mit sampt dryhundert / drißig knecchten /
Da selbst was man sie ouch durchächten.
   Victor der sighafft / vnd Sant Vrs
Sampt irer ritterlichen Burß
Selbs sechs vnd sechtzgist sind entwicchen
2025 Vß sant Mauritzen Läger gstricchen:
Ze Solothurn hie gmartret worden
Als sy s' volck bkeert zům Christen orden.
Wie ir vff morn werdt wyter hören:
Dann wir vnns zů dem bschluß sind keeren.
2030   Noch ist ein andrer Victor gsin
Z' Marsilien gerichtet hin
Vom Keiser selbs Maximian
Als er in Africam fůr an.
Die Gentianer z' gryffen an.
2035   Zů Meiland sind ouch etlich bliben /
Wie Sant Ambrosius beschriben /
Solůtor / Aduentitius.
   Auentor vnd Octauius

2011/12: Vsuardus ait. 360 a.r.R.
2013: a.l.R. Rictiouarus
2014: a.l.R. 7
2016: ob verbessert aus [...]
2028/29: zwischen V. 2027 und 2030 in kleiner
          Schrift nachgetr.
2028: nach ir ras.
2030-32: a.l.R. Antoninus pr (aus lib.)l hist. tit. 8.
             ca. 1 § 2
2032-34: a.r.R. mit Verweisungsstrich zu V. 2034
          Quinquagenarij Quingentiani die funnffzig
          järigen röuber

Z' Taurin im Augstal hand ir b'grebt
2040 Zů Hallouw ouch man etlich ghebt.
   Zů Bergomen im Wălischen Lannd
Ist Alexander wol bekannt.
Anthonius hie by gemeldt
Ouch Theminus darzů gezellt.
2045 Vnd andre / die vnzalich sind /   S. 102
Dern aller namen ich nit finnd:
Darzů all z' nennen nit gebürt
Die in Italien sind ermürdt.
   Verena die vil reine magt
2050 Mit sant Mauritzen /vnuerzagt
Ist vß Thebæa zogen har:
Ze Sŏlŏthurn hie gwont manches Iar.
Zů Zurzach hat s' ir lăben gschlißen /
In Gotts dienst sich gar empsig gflißen.
2055   Gen Zürich ist Sant Felix kôn
Mit Regula sinr schwŏster schôn /
Sampt Exuperantio dem werden /:
Ir blůt vergoßend s' hie vff erden /
In süttigs ŏl / vnd băcch gesetzt
2060 Darus sy gangen vnuerletzt.
Von Decio dem Landuogt z' letzst /
(Ouch durch Maximian gehetzt)
Enthouptet. Da s' erreicht die Crôn /
Von Iesu Christo rychen lôn.
2065   Der wŏll sin heilgen Geist vnns geben /
Das wir nachvolgind irem leben:
Hiedurch erlangind d' săligkeit.
Welche vns durch ir allmechtigkeit
Verlych' die heilg Dryfaltigkeit
2070 Von ietzund an in eewigkeit.
   Dern sey lob / eer / vnd prys allzyt.
Im himmel / vnd vff erden wyt.

2054: In aus Im ; Gotts aus Gottes
2059: a.r.R. pix.
2072: Hs. bis V. 2073 zwei Zeilen frei
      a.l.R. 190

A
M E N   I. Carp.

Letst Herold.   S. 103

Peroratio. Parasceue ad sequen
          tem diem.

Trochaici Iambici alterni / Senarij

      Losend wyter / eerende herren / gůte frünnd
2075   Vernemmend flyßig von mir / was ich üch verkünnd.
      Morn (mit Gots hilff) z' spilen wir fürgnommen hand
         Sant Vrsen g'schicht / des heilgen Martyrers wolbekannt/
      Vnsers heilgen Patrônen diser Statt.
         Wer darzů Lust / vnd gnad zů z' gsehn / vnd z' hŏren hat/
2080   Fůg sich morgens vmb die Acchte ûr herbey /
         Mit ernst ze mercken / was eim Christen z' lernen sey.
      Hie mit / hand diß mâls / an vnserm thůn / für gůt.
         Vff morn man erst / der zuccht vnd eeren dancken thůt.
      Ir Trummêter blasend ûf / wir gond daruon.
2085   Damit wer großen Durst hab / noch zům win mŏg kôn.

                    Acta feliciter 6 Calend. Septembris die
                    dominica anno 1581. Vff Ruffini

2073d: Hs. Troch. Iamb.
2078: über heiligen nicht gestr. herrlichen
2079: vor z' gsehn gestr. sehen ; z' hŏren aus hŏren
2081: über ze mercken nicht gestr. z' vernemmen.
2084: über gond nicht gestr. ziehnd
2085: Hiernach bis Acta feliciter ff. .. zwei Zeilen
      frei.

Ordo. S. 1

Prologi.

Hyrtacus cum Senatu.

Vrsus cum socijs.

00.5 Plebecula.

Guardi.

Tortores.

Sprecchende Persônen in Sant   S. 2
Vrsen Spil.

00.10 + 1 Prologus. Erst Herold.   Hans Locher +

2. Argument spreccher.   Frantz Knopf

3. Hyrtăcus Landvogt zu Solothurn. Anthoni Hafner.

+ 4. Symbûlus / sin Statthalter.   Stoffel Cůni. +

5 Eurybates des Keisers bott uß Wallis. Ůli Hăni.

00.15 + 6 Parmeno des Hyrtaci Weibel.   Claus Knopf.

7 Glabrio / sin Landschryber.   Thoman von Viuis.

8 Guardihouptman des Landuogts   h. Jacob Walier.

+ 9 Audentius Lütiner   Vrs Prăter.

10 Rottmeister / sampt der Guardi. Cůnrad Suri.

00.20 11 ⎤ 1 ⎤   Stephan Starck   5.Peter Pfiffer goldsch [..]

12 ⎱ 2 ⎰ Sŏldner Rudolph Roli   6 Werli Brunner

13 ⎰ 3 ⎰   Joachim Růdolph.

14 ⎦ 4 ⎦   Abraham Kerler Vrenmacher

15 Lycobates Spăcher. Vrs Dill dischmacher.

00.25   Christen.

16 Gerontius ein alter   Georg Gotthard schloßer ⎤
bekeerter Christ.   ⎥

00.10: Hans Locher + über gestr. Victor Hugi.
       nach Herold. die Ziffer 36
00.11: nach spreccher. die Ziffer 86
00.12: nach Solothurn. die Ziffer 460
       Anthoni Hafner u.d.Z.
00.13: a.l.R. Obijt anno 1583. 4 die Augusti
00.19: Suri u.d.Z.

```
        17 Christiana sin frouw       Vrs Bader              ⎫
        18 Sedulia iungfrouw.         Georg Ziegler Ludis Sun │
00.30   19 Lugentius Landtman         Jacob Hediger  schãrer   ⎬
        20 Thaumantius. Landtman      Ludi Ziegler   schnider ⎭
        q    Engel bi der Gfengnus trõstende:
             bim fũwr zũsprende ab der hõhe.   Melcher Bader.

        q    Christus in den Wolcken.        Thoman Hafner glaser.

00.35   21.S.Vrsus. 363. houptman           Victor Hugi.      S. 3
        22 S.Victor.310. Houptman            Hieronimus Kallenberg
        23 S.Constantius. Victoris Fenner.   Vrs Saler
        24 S.Valerius. Vrsi Fenner.          Anthoni Schwaller
        25 S.Florentinus.                    Ṽli von Arx
00.40   26.S.Crescentius               +     Daniel Tulliker
        27.S.Feruentius.                     Wilhelm Tugginer

             vnd andre

             Tüfel vß dem Abgott             Jacob Tschibolet.

                    Tortores. Schergen.
00.45               vnd etliche mee.
        Carcerarius.                         Vrs Frõlicher
        Carbonius.                           Caspar Peter

                    ⎧ 1 Furius            Marx Heffti. +
             Nachrich⎨ 2 Fuscus           Jacki Müntschi.
              ter    ⎩ 3.Seruilius        Werli Türck.
00.50
                    ⎧ Coruinus            Mauritz Eicholtzer
             Bũben  ⎨ Cloacius.           Burcki Müntschi
                    ⎩ Liuidus.            Anthoni Dinckel.
```

00.28: Vrs Bader ü.d.Z. für ras. Jacob Gabolet
00.29: Georg Ziegler Ludis Sun u.d.Z.
00.28/29: a.r.R. zur Klammer bekeerte landtlüt zũm
          Christenglouben. sampt anderm landuõlckli.
00.32/34: Hs. Abschnittszeichen in der Kolumne
00.35-41: Die Namen der Darsteller stehen in der Hs. a.l.R.
00.36: Hs. Hieron.
00.38: Hs. Anth.
00.43: Hs. zweizeilig a.r.R. neben V. 00.40
00.46: Hs. rechts neben V.00.45
00.48: a.l.R. +
00.51-53: Hs. rechts neben V. 00.48-50

Griecht

00.55	1 Symbulus	T	+ Stoffel Cůni
	2 Synesius.	T	Hans Lang
	3 Eleutherius.	T	+ Niclaus Dägischer
	4 Epitímus.	T	Hans Dürr
	5 Parrhesius	T	Jacob Thoman
00.60	6 Thrasibûlus	T	Frantz Frank +
	7 Eristhenes.	Θ	Vrs Juncker.
	8 Dorophagus	Θ	Jacob Stadler. +
	9 Sobarus	Θ	+ Anthoni Michel. Gipser.
	10 Synedrus	Θ	Hans Frolicher.
00.65	11 Leptophron.	Θ	+ Vli Franck
	12 Philaetius	Θ	Vrs Pflůger.

Hyrtacus spriccht vs
die Vrteil. Θ

Epilogus. D. Archigrammaticus. Johann Jacob von Stâl.
00.70   Et Calliopeus. idem.

00.55: Vgl. Anm. zu V.4052a
00.55-66: Die zwölf Sprecherbezeichnungen sind in der Hs.
zweispaltig angeordnet, die Rollen 1,3,5,7,9,11
auf der linken, die übrigen auf der rechten
Seite. Die Namen der Darsteller sind jeweils an
den linken bzw. rechten Seitenrand gerückt.
00.55: + ü.d.Z.
00.56: + ü.d.Z.
00.63: Hs. Darstellername zweizeilig
00.66: Philaetius über gestr. Vrs Pflůger
00.69: Hs. A' chigram. Jo. Jac.

VRSINA TRAGOEDIA.
Sant Vrsen Spil. –

PROLOGVS. Erst Herold.

Senarij Iambici. acatalectici et catalectici:

V - / V - / V - / V - / V - / V - /
V - / V - / V - / V - / V - / - /

Hochwirdig / hochgeborn/: Streng / edel / wys / fromm /vest
Eerwirdig / hochgleert: Edel / Strenng / fromm / eerenuest /
Großgünstig herren : Liebe frünnd: ouch frömbde Gest:
Mit sinem eerentitel hiemit ieder gnannt.
2090   Es ist vilicht vff dise stunnd nit allen bkannt /
Warumb mit sölchem Pomp / vnd ouch proceßion
In kriegischer becleidung wir har syend kön.
     Hierumb sol ich's mit kurtzen worten zeigen an /
So ferr / das on gschwätz / ieder mit zucht still wöll stan.

2095   Wir hand vff disen tag vnns fürgenommen
D' histori / vnd Legénd der heilgen frommen
Patrônen vnd schirmherren diser alten Statt /
Mit welcher heiligthúmb sie Gott begâbet hat /
Vch vorzespilen / vnd für ougen z' stellen /
2100 Sant Vrsen / vnd Sant Victorn / sampt irn gsellen:
     Vorab zů Lob vnd prys Gott vnserm herren /
Ouch sinen werden himelfürsten z' eeren:
Zů vorbild / vnnd nachvolg der kůnen Iugend:
Das si sich fürter mee beflyß der Tugend:
2105 So s' ir inbilden der heilgen Marter gschicht: S. 6
Die selbig stâts für ougen stellt: darûs nimpt b'riccht
In 's wâren Gottes willen allezyt z' strâben /:
Hie / vnd ouch dôrt z' vollfůren ein Gotsâligs lâben.
     Zů krieg vnd stryt für's Vatterlannd sey g'rüst vnd

                                                  b'reitt /

00.74: Hs. acatal. et catal.
2086: Alternativentwurf; Hs. wys / fromm / vest
       korrigiert aus fromm / vnd best
2087: Initiale rot
2103: vnnd auf Rasur
2108: Gotsâligs aus sâligs

2110   Z' bystân dem Christenglouben / vnd der grechtigkeit.
Nit zůn Gottlosen Fürsten sich gesellen /
Noch fräflich wider Christenblůt sich z' stellen.
    Diß sind mir denn wωl / recht Sant Vrsen knaben /
Wenn sy ein sŏlchen weg sind inher traben:
2115   Wie disre fromme heilgen Martyrer gethân /
Die eer / vnd gůt: ouch lyb vnd låben d'rob hand g'lân.
    Welch' hie zů Solothurn gemartret worden /
Als sy vsgkündt im Lannd den Christenorden.
    Wie aber sy in disers Lannd harkommen /
2120   Sŏlt ir ietz dan vernemmen / gliebten / frommen.
Mit trungenlicher pitt / das ir mit gantzem flyß
Vnd lust / dem Spil zůlosen wŏllind / stiller wys.

q   Iung Herold / Argumentator. Senarij

    Nun loßt / ir herren / lieben frünnd: vnd schwygend still:
    Diß spils innhallt / ich kurtzlich üch erzellen will.

             Argumentum.

2125   Als vom Keisĕr MāximiaḤ
    (Den der bŏs Geist gefochten an)
Mauritius der fromme Held /
Sampt sinen gsellen / vff fryem veld
By fünftusend Thebaeer / gschwind
2130   Erwürgt: vnd schantlich vmmbrâcht sind /
Agaunum do der platz was gnannt: S. 7
(Ietzt z' Sant Mauritz / im Wallis Lannd)
    Was noch ein heilger hûff vor hannden /
Der zŏch hinweg gĕn disern Lannden /
2135   Sant Vrsus / namlich / vnd Victor /
By sechs vnd sechzig Mann ongfâr.
    Do sy nun von Agauno gwicchen /
Sind sy imm Lannd hie / ummher gstricchen:

2122a: <u>Hs. Abschnittszeichen in der Kolumne</u>
2123: <u>Initiale rot</u>
2124a: <u>Hs. rechts neben</u> Argumentum. Dimetri Iamb.
               v - / v - / v - / v -<u>;vgl.Anm.z.423a</u>
2125: <u>Initiale rot</u>; nach vom <u>ü.d.Z.</u> dem

Leertend das volck den Christenglouben:
2140 Niemand das sin sy thetend rouben.
    Welch' Gott gar g'ordnet durch sin gůte:
Gén Salothurn verlangt ir gmůte.
    Da stůnd do z'mâl ein alte Veste
Des römschen g'walts / für frömbde Geste:
‑2145 Vor zyt ein wytberůmpte Statt /
Vnlang nach Trier s' irn Vrsprung hat:
Schier by zweytusend Iaren gstannden
Vor Christi gburt: Do noch vorhannden
By leben Abrahâm: Als Lot
2150 Von Gott vsgfůrt vß fůwres nôt
Do Sodoma zů äschen brán
Wie d' Chronica sind zeigen an.
q   Zůr selben zyt der Küng Türich /
    (Der ouch fundiert die Statt Zürich)
2155 Mit sinen Belgern / vnd Heldwallern
Vil Stett ôffnet nach sinem gfallen.
Buwt hie ihm z' lust / ein Saal vnd thurn /
Da hår diß Statt gnennt Salothurn.
Zurich (wie ghört) was irn verwandt:
2160 Trier / Solothurn ir schwöster nannt.
Rôm sie / als ire gspilen eeret
Do der Heluetiern rům sich meeret.
Hernach vonn Burgern selbs zerstört   S. 8
Als dz gantz Heluetien sich empört /
2165 Mit wyb / vnd Kinnd ze ziehen hin /
Das fruchtbar Gallien z' nemmen yn.
    Welchs bschéhn umb 's fünf vnd fünfzgist Iar

2146: a.r.R. 2000
2149-52: a.r.R. Thuricum regem ferunt condidiße
        Treuiros Trôuwer Thuricum Zürich Salodorum
        Turichsburg straß burg.
2153: Hs. Abschnittszeichen in der Kolumne
      über Türich Arelaten Rex
2154: a.r.R. vide Nauclerum fol. 842; über Zürich
      minus oppidum in Bur gundia
      a.l.R. Die kleine Statt Zürich; Fortsetzung:
2155: a.l.R. in Burgundia
2167: a.l.R. 55°

Vor 's herren Gburtt: bzügt Caesar clâr:
　　Nachdem sy zwölf ir Stetten bhennd /
2170　Vierhundert Dörffer ouch verbrennt /
　　Damitt irn keiner hinder sich
　　Ze ziehen heim vermäße sich.
　　　Als ihnen nun der anschlag fält /
　　Do Caesar Iulius ihnn gstrält:
2175　Vnd sy sich ihm ergeben hannd /
　　Schickt er sie wider heim zů Lannd.
　　　Landuogt er ihnen setzt da hin:
　　Gebôt ihnn widrumb z' wonen yn /
　　Die Stett vnd Flecken in irm Lannd /
2180　Welch sy zů vor zerstöret hannd.
　　　Zwâr also wider g'vffnet ist
　　Salothurn diß Statt der selben frist /
　　Ein Castrum / oder Vicus gnennt /
　　Der Römern bherrschung zůgewendt. -
2185　Do nun die heilge / fromme Burß
　　Sant Victor / vnd sin gspan Sant Vrs
　　Mit iren gsellen da hin kommen /
　　Hatt's bald Maximian vernommen.
　　　Dem Vogt alda geschriben bhennd /
2190　(Des nam was Hyrtacus genennt)
　　Mit lieb / old pyn sie darzů tringen /　　　　　S. 9
　　Sin stummen Götzen opfer z' bringen:
　　　Welchs sy sich gwidrigt gantz vnd gar /
　　Sinr Göttern schand g'maccht offenbar.
2195　　Als er ihnn nun vil plâg ang'than /
　　Mit Kolben / knütlen s' laßen schlahn:
　　Ouch wölln durch 's füwr vmbringen die /
　　Vff Hermes bůl verbrennen hie:
　　Hat Gott doch sie verlaßen nie:

2189: geschriben <u>korrigiert aus</u> [...]
2196: <u>a.l.R.</u> das <u>Hermeszeichen (Kerykeion mit dem</u>
　　　<u>8förmig verschlungenen Ende)</u> ☿
2198: <u>zwischen V. 2197 und 2199 nachgetr.</u>
　　　<u>a.l.R.</u> Hermetis collis
　　　<u>a.r.R.</u> Hermes Bůl

2200	Von himmel sonderlich erclärt:
	Ir' widersächer g'rürt vff d' Erd.
	Z' letst sie der Vogt enthoupten ließ:
	Ir' lyb in d' Aaren stürtzen hieß.
q	Do thet Gott aber wunnderthât:
2205	Ein ieder sin houpt g'tragen hat
	In sinen hennden bis and's ennd
	Da sy irn Geist Gott vfgen hennd.
	Am selben ort die Christen haben
	Ir' Lychnam bstattet / vnd begraben /
2210	Da ietzt Sant Peters Capell stât /
	Wie man die hernach funnden hat.
	zů Gott ir Seelen fürend hin:
	Groß wunnder ward erzeigt in ihnn:
	Wie ir zů ennd werdt wyter hören.
2215	Gott wöll sin gnad hütt zů vns keeren
	Das wir diß Spil zů sim lob wennden.
	Der thůi vns sin hilff darzů sennden. -
	Das wir das selbig glücklich ennden. Amen.

Musica.
Die Trummeter ein lied.

TRAGOEDIAE VRSINAE
ACTVS PRIMVS.

S. 10

Scena. I.

Hyrtacus Landuogt.

Symbûlus sin Statthalter.

	Ein schwären Troum hab ich dis nacht
2220	Gehabt. Als ich nun bin erwaccht /
	Gelägen an mim Beth allein /
	Hat in mir zittert all min gbein.
	Der angstig schweis ist mir vsgangen:
	Nach hällem tag thet mich belangen.

2204: Hs. Abschnittszeichen in der Kolumne
2218: nach V. 2217 nachgetr.
2219: Initiale rot

2225   Dhein růw noch rast ich mee hab ghan
        Bis der lieb tag gefangen an.
          Mir troumt. Wie ich / vnd d' Ieger min
        Vff's g'iegt wẽrind gefaren hin:
          Als ich imm hatz allein da wẽr /
2230   Do kẽmind g'loffen gen mir hẽr
        Vil wilder Thieren in das g'iegt:
        Darunder sich besonnder regt
        Ein großer Bẽr / der brummt gen mir:
        Gẽch mich an z' gryffen was sin bgir.
2235   Min leithund ich thet hetzen an:
        Mit ihm ze ringen er began.
          Ich hürnt min Ieger in dem Thán
        (Dann ich mocht s' nit allein bestân)
        Das sy mir hilff bewysind bhennd
2240   Damitt ich nit da wurd geschendt.
          In dem vngstům wẽtter (sich)   S. 11
        Von heiterm himmel kam vff mich /.
        Schlůg mich ze boden / das mir gschwannd:
        Ich mocht nit růren fůs noch hand.
2245   In onmacht lag ich lange wyl
        Bis mich min Ieger in der yl
        Erblicktend ligen also schwacch:
        Vnd mich erlabtend nach vnd nach /
        Das ich zu mir selbs / widerkommen /
2250   Vnd min krafft widerumb genommen.
          Diß troums ich seer angsthafftig bin:
        Betrůbt mir all min gmůt / vnd sinn.
          Das můß ich dir /Symbůle / klagen:
        Vnd dich vmb rât deß halber fragen.
2255   D'rumb / lieber / gib mir kurtzen b'riccht /
        Was bdüten mẽchte diß gesiccht.

    q   Symbůlus

        Es b'dütet frẽmbde Gest viliccht /

2241: über (sich) nicht gestr. ecce
2256a: Hs. Abschnittszeichen in der Kolumne

Darab ir üch nit werdend fröuwen:
Das zeigt Ůch an / des Bären tröuwen.
2260   Wie wól ich vff Tröum nit vil halten:
Sind sy doch hochgeaccht den alten:
Gerâtend offt / on alls gefâr /
Das die zů zyten werdend wâr.
    Laßt üch darab nit grûsen seer:
2265 Faßt ouch das nit zů hertzen meer.
    Es mag üch nit vil schadens bringen:
Sind nur / der sacch halb / gůter dingen.

SCENA. II.   S. 12

    Eurybates / des Keisers bott zů Hyrtaco gesandt.
    Parmeno / des Hyrtaci weibel / Praeco.

        Eurybates.

Vil bin ich g'reiset hin vnd hår /
    Sind doch min glider nie so schwår
2270 Von müde worden / als diß môl.
    D'rumb fröuwt's mich vß der mâßen wol /
Das min tagreis nit ferr mee ist.
    Solothurn gesehn ich diser Frist.
Ich hoff / ich werd bald sin am ennd
2275 Da mich der Keiser hin gesendt.
    Befunnd ich nur ein gůten frünnd /
Der mich zům Vogt bald wysen künnt.
        Parmeno.
Was Manns kompt vnns dört g'loffen hâr?
Es ist ein frömbder Bott für wâr:
2280: Der bringt / on zwyfel / nüwe mår.
    Gůt gsell wô ůs? wo kompstu hâr?
Was bringst vns gůts? was ist vor hannden?
Mich bdunckt / du kömpst vß frömbden Lannden.

        Eurybates.
Du bkompst mir reccht / min lieber Man.

2268: Initiale rot

2285   Ich bitt dich / thů mir zeigen an /
       Wô ich Vogt Hyrtăcum mȇg finnden.
          Ich sol ihm nüwe mȃr verkünnden /
       Von Keiserlicher Maiestat /
       Die mich hie har gesenndet hat
2290   Gen Solothurn vß Wallis Lannd /   S. 13
       Da wir vil Christen vmbrȃcht hannd /
       Fünftusend Mann in einer Schlaccht /
       Daruon ettlich hinweg sich gmaccht.
          D'rumb ich zum Vogt begȇr in yl:
2295   Hernach ich dir mee zellen will /
       So ich die bottschafft vsg'riccht han /
       Welch' ernstlich ligt dem Keiser an.

                   Parmeno.

       Komm mit mir bald: ich dir ihn zeig:
       Gantz früntlich gegen ihm dich neig.
2300   Hie stȃt er bim Statthalter sin:
       Zeig an ihm den beuelche din.

                   SCENA. III
          Eurybates. Hyrtăcus. Glabrio
              schriber. Symbûlus.

       Fürnȃmer Herr / Ich bring üch gůts /
          Vom Keiser Maximian sin grůtz.
       Ouch disern brief schickt er darbey /
2305   Z' vernemmen was sin meinung sey.

                   Hyrtăcus.

       Hab' danck der fromme Keiser min:
       Gůtwillig in sim dienst ich bin.

              Zů dem Schryber.

       Seh / Schryber / Lis den brief in yl /
       So ghȇr ich was der Keiser will.

          Glabrio der Schryber lißt.   S. 14

       2302: Initiale rot; über Fürnȃmer nicht gestr.
                   Eernuester

2310   Wir Keiser / der Maximian
          Embietend vnserm Amptemann
          Zů Solothurn / dem Hyrtăco
          Gunst / gnad / vnd vnsern grůß darzů /
          Was wir ouch gůts vermögen sind /
2315   Beuôr / getrüwer / Lieber fründ /
             Diewyl du / Ampts halb / vnns verpficcht:
          (Als dir in wüßen ist vilicht)
          Sid maln vns Diocletian
          Ein gsellen 's Rychs hat gnommen an:
2320   So wöllest vnns ze gfallen thůn
          (D'ran magst von vnns erlangen sůn)
          Vnsern beuelch gestrackts vollennden
          Der Göttern vneer ab ze wennden.
             Wir hand ein Legion angnommen /
2325   Die vß Thebaea har ist kommen /
          Mit vns zů reisen in diß Lannd /
          Dem Buwren Bundtschůch z' widerstannd:
             Welch' dz Christenthůmb genommen an
          Vnd vnsern Göttern schmaach angthan:
2330   D'rumb wir s' erschlagen / vnd ertödet /
          Vonn Christen 's Läger gar erödet:
             Vsgnommen die / so vnns entwicchen /
          Vnd heimlich vß dem Läger gschlicchen.
             Dern söllend etlich / die vns btrogen /
2235   In din verwaltung sin gezogen:
          By sechs vnd sechtzig kůner Dägen /
          Die d' wellt verfůrend vnder wågen.
             Im Lannd sy vmmher zühend leeren /   S. 15
          Das volck zů Christo sy verkeeren.
2340   Ir houptlüt Vrs / vnd Victor sind:
          Lůg wô man disre gsellschafft finnd.
             Ein wyßes Crütz fůrn sy zum zeichen:
          Keer flyß an / das man s' mög erreicchen.
             Der selben laß nit einen leben /
2345   Wenn s' nit den Göttern opfer geben.
             Wölln s' nit abstân von irem glouben /

All marter / pyn wir dir erlouben
Ihnn anzethůn die d' magst erdencken:
Gar nit ein myt solt ihnen schencken.
2350　　　Hieran thůst vnns ein grôß gefallen:
Darzů den werden Göttern allen.
　　In welcher schirm wir setzend dich.
Verschaff diß fortgån fürderlich.
Gegeben z' Octodur in Wallis
2355　Den zwen vnd zwentzgisten Septembris:
　　Nach dem Rôm gstannden ist die Statt /
Tusend drißg achte man zellen that.
　　　　Maximianus Herculius / mit
　　　　Diocletiano Rômischer Keiser /
2360　　　allzyt meerer des Rychs.

　　　　　Hyrtacus

Des Keisers brief hannd wir verstannden.
Wie wöllend wir d' sacch nemmen z' hannden?

q　　　　　Symbůlus

Herr. Diß ist nit ein kleinfůg ding:
Darumb sönd ir's nit wâgen g'ring.
2365　Man sol sie dilgken vß dem Lannd /　　　　　S. 16
So s' fůgend vnsern Göttern schannd.
　　Ir sönnd ihnn stellen vff ir lâben
Die wyl sy bharrlich wider strâben
Der Religion / vnd 's Keisers Mâccht /
2370　Verfůrend 's volck mit falschem Brâccht.
　　Wenn man sie wurd fürfáren lân
So môcht das regiment nit bstân.
　　Nun hannd hierinn nit lengern rât /
Das üch die sacch nit werd ze spât.

　　　　Hyrtacus zů dem Weibel

2375　Heiß mir hârkôn den Guardi houptman /
Sampt sinen Söldnern von stunnd an.

2356: Rôm gstannden ist auf Rasur
2362a: Hs. Abschnittszeichen in der Kolumne.

Parmeno weibel

Sy werdend sin vor hannden glych /
Ich lůge wo ich sie bestrych.

    Vor dem platz
    des füwrs findt
    er sie jn Stockers hus

Parmeno zům houptmann.

Herr houptman / zům Vogt sônnd ir gan
2380 Mit üwrer Guardi von Stunnd an.

    Houptman.

Sag dem Vogt / ich komme glych:
Ich welle nit lang sumen mich.

    SCENA. IIII.

    Hyrtacus. Guardihouptman.

Komm houptman / vnd ir sôldner fry /
    Vernemmend was min meinung sey.
2385 Gond hin mit ůwern wâffen bhennd /
    Ersůchend alle ort / vnd ennd.
    Durchgond in vnserm gbiet all rick /
Nempt kettinen mit üch / vnd strick.
    Ein volck ist kon in vnsre hannd /
2390 Das bringt ein nüwen glouben z' Lannd.
    Ir zeichen ist ein Crütz ist wyß /
Daruf hannd accht mit allem flyß /
By sechs vnd sechtzig sind der knaben: S. 17
Vom Keiser thetend s' heimlich traben.
2395 Die vß Thebaea kommen har
Victor vnd Vrsus / sampt ir schar.
    Die fahend all / vnd bindend s' wol:
Nit einer ůch entrünnen sol.
    Mit schlân ir ihnen nüt sônd schônen:

2378a: nach vor ü.d.Z. nicht gestr. by
2378a-c: Hs. a.R.R. nachgetr.
2378d-2382: nach V.2392 mit Verwz. nachgetr.
    und hierher gestellt.
2383: Initiale rot
2389: hannd aus Land
2393: der ü.d.Z. nachgetr.

2400 Hierumb will ich üch wol belônen.
  Nun bringend mir sie all gefangen
  So wird üch gůter sold verlangen.

   Guardihouptman.

  Herr Vogt / sind ir nur wol ze můt:
  Ich hoff / die sacch sŏll werden gůt.
2405 Ich will ihnn 's rŏßli z' louffen macchen /
  Das sy nit werdend vil d'ran lacchen:
   Wir wennd ihnn tag / vnd naccht nach strychen /
  Sy mŏgend vns nit wol entwychen.

q Zühet mit den sŏldnern d'ran.

   SCENA. V.

   Parmeno. Eurybates
  Los lieber Bott / sag mir nun hãr
2410 Was weistu mee für nüwer mãr?
  Was hat den Keiser gfocchten an
  Das er vmbrâcht so manchen Man?
   Was hand sy gthan? das sag du mir.

   Eurybates.

  Das will ich gern erzellen dir:
2415 Sid dem du hast darzů begir.
  Als wir von Rôm vszogen waren
  Durch 's Alpgebirg in Wallis gfaren:
  Vnd z' Octodûr vnns glãgert hand /
  Die Buwren z' demmen in dem Lannd.
2420 Do hat Maximian vernon /
  Das die Thebaïsch Legion
  (Welch' har berůfft vß Orient)
  Den Christenlichen glouben bkennt:
   D'rumb er ein grôß Fest angericcht /
2425 Gebotten alln die ihm verpflicct
  By iren Eyden / d' Gŏtt z' vereeren /
  Zů denen ouch ein Eyd ze schweeren:
  Ze widerstân den Christen allen

S. 18

2408a: <u>Hs. Abschnittszeichen in der Kolumne</u>
2409: <u>Initiale rot</u>

Die von den Römern ab gefallen:
2430 Ia / sölche Lüt verdilgken gar.
 Des wurdend die Thebæer gwar /
Woltend des Festtags nit erwarten:
 Glych gen Agaunum sy sich karten /:
Das sy nit müßtind opfer bringen /
2435 Vnd helffen d' Christenlüt vertringen.
 Do nun der Keiser sölchs vernam /
Brân er in zorn vf / seer grûsam:
Zwang sie den Göttern opfer z' tragen /
Old ie dem zehenden 's houpt abschlagen.
2440 Welchs sy gar wenig thetend clagen:
Ein ieder selbs dar hûb sin kragen.
Zu letst / als sy nit abstân wellen /
Ließ er die z' rings vmb / thûn vmbstellen.
 Sin kriegsvolck alles hetzt er an /
2445 Mit roß vnd Man / sie all z' erschlahn.
 Doch hand sich ettlich gmaccht daruon /   S. 19
Des halb ich ietzund har bin kôn.

    Parmeno.

Ich han deß gnûg. Komm mit mir hin /
Dich will ich fûren zû dem wyn:
2450 Da wennd wir gûte bûbly sin.

    Eurybates

Ich volg. Dann ich seer durstig bin.

q Musica. Praeparate corda uestra
   Deo. quattuor Claudin.

   ACTVS SECVNDVS.

    SCENA. I.

  Vrsus. Victor. Populus.
   Vrsi predig zû dem volck.

2429: ab ü.d.Z. nachgetr.
2435: vertringen aus vmbringen
2451a: Hs. Abschnittszeichen in der Kolumne
2451b: Hs. 40r
2452: Initiale rot

Min liebes völckli / güte frünnd
  Wie ir allhie versammlet sind /
Den friden Gottes wünsch ich allen /
2455 Zů welchen vnsre Leer ist schallen:
Die wir vß brüderlicher trüw
Vch ietzt fürhalten sind als nüw:
  Welch' üch vorhin ist vnerhört /
Dadurch zům rechten Gott ir bkeert /
2460 In sinem willen mögind stråben
Erlangen ein Gottsåligs låben.
  Der selbig wöll sin gnad Vch sennden
Von Sünnd / vnd lastern abzewennden:
Darinn ir vß vnwüßenheit
2465 Der göttlichen gerechtigkeit
In irrsal lange zyt gestannden /
Inn stricken 's bösen Geists / vnd bannden.
  Der d' Wellt só gröblich hat verblendt /
Vom wåren Gottsdienst abgewendt:
2470 In grusamliche Abgötterey
Ingfürt / vnd ouch in büberey:
Das man keinr Sünnd meer achten ist /
Durch sine tück / vnd tusendlist.
  Ach mine fürgeliebten kinnd /
2475 Mich bdůret / üch ze sin so blinnd /
Das ir die Abgött båttend an
Von denn ir doch kein hilff mögt han.
  Ir sůchend hilff by holtz / vnd steine /
By welchen ir befindend keine.
2480 By stummen Götzen ir tröst sůchen /
Die können Vch gar nüt gerůchen.
  Sy habend ougen / müler / ören /
Die ihnn geschnitzt die blinnden Doren:
Kan doch keinr reden / sehen hören:
2485 Der Tüfel ist Vch durch sie bdören:
Er redt vß ihnn / thůt üch betriegen /
Nach siner alten art / vil liegen.
  Er macht Vch kranck / krumm / lam / vnd ellend:
Wann ir dann gsundheit haben wellend /
2490 So müßend ir ihn båtten an /

S. 20

Dann ist er Gott / so er helffen kan.
Damit mag er üch zů ihm bringen / .   S. '21
Von 's wâren Gotts erkantnus tringen.
    Den Iuppiter ir rüffend an:
2495 Vnd Martem ouch / den rouwen Man:
Mercurium / vnd der schwärmern meer /
Den allen ir gend göttlich eer /
Welch' sterblich Lüt vff erden gwäsen /
Vor denen niemand mögen gnäsen.
2500   Sy hand betrogen biderb lüt:
Frommkheit by ihnn hat golten nüt.
    Bráccht / hoffart / Eebrúch / vnkünscheit /
In spys / vnd tranck vnmäßigkeit /
Nyd / haß / krieg / btrug / vnd arger list /
2505 (Glych als noch d'Wellt thůt diser frist)
Ist allzyt gsin ir göttlichs wäsen /
Wie man mag binn Poëten läsen:
Die ir gspött stäts mit ihnen gtriben /
Als sy ir büberey beschriben:
2510 Sie vnderm schyn des lobs verachtet.
    Sölchs hand die Sophi ouch betrachtet /
Die durch vernunfft hannd mögen sehen
Wô här Influß des gstirns mög bschechen:
Ouch täglich würkung der Natûren /
2515 Wer bschaffen hab all creatûren.
    Wer alle ding so ordenlich
Gemaccht hab / vnd so wäsenlich.
    Nun sagend mir doch (lieben frünnd)
Ist einr so naswys / vnd so gschwinnd:
2520   Wer was Gott vor dem Iupiter?
Wer ist do gsin des himmels herr?
Wer hat do Sonn vnd Mon g'regiert?   S. 22
Wer hat die Wellt so schön geziert
Mit sternen / liechtern / loub / vnd gras /
2525 Mit boumen / früchten ehe er was?
    Wer hat do d' füwrin Strâl geschoßen /
Ehe ihn Saturnus gzügt / vnd goßen?

2511: <u>nach</u> hand <u>ras.</u> [...]

      Vß dem ir werdend bkennen / das
      Vber die Wällt ein herscher was /
2530 Ehe Iupiter / vnd andre Gött
      Gsin: die vnns Christen sind ein gspött.
        Die Wellt ist vor gestanden lang
      Vor vwrer Götzen anefang /
      Ob den drütusend Iaren z'wâr.
2535 Ist aber durch den Sindfluß gar
      Vstilgket alles das gelebt
      Vff erden / vnd im lufft geschwebt.
        Vsgnommen Noë mit sim gsinnd /
      Dern acht persônen bhalten sind:
2540 Die Gott von waßers nôt was redten /
      Darumb das sy sin willen theten.
        Ein große Arch / er buwen hieß /
      Daryn er spys insammlen ließ:
      Ouch allerley Thier / par / vnd par:
2545 Das nit die Wellt zergienge gar.
        Die hat Gott / in der Arch erhalten /
      Verschlôs sie dryn: thet irer walten.
      Vntz das die sträff vmb d' Sünnd vollenndet:
      Sin zorn von Adams gschlecht abwenndet.
2550 Derhalb so laßt vch wysen recht:
      sind nit fürthin der bôsheit kneccht.
      Laßt üch von vwerm troum abwennden /   S. 23
      Gond nit / glych wie der blinnd / ann wennden.
        Nit gond in der gottlosen weg /
2555 Träffend vil ehe den schmálen steg
      Der Tugend / gottsforcht / gûten wanndels:
        Beladend üch nit mee des hanndels
      Der tüflischen Abgötterey:
      Vil ehe scháff't üch von Sünnden frey.
2560 Gloubt vil meer an den wâren GOTT /
      Der d' Wellt vß nütt erschaffen hot /
      Der eewig ist / vor aller Wällt /
      Ehe er vfgspannen 's himmels zâllt.
        Der Sonn vnd Mon / ouch 's Firmamént

2542: a.r.R. Arca Noë
2551: a.r.R. 100

2565 Darzů all sternen: d' Element
Beschaffen hat nit on geferd
Das füwr / Lufft / waßer / vnd die Erd:
Ouch loub vnd gras: die früccht der erden
Dem mentschen z' gůt ht laßen werden.
2570 Der spyst vnd neert alls was da lebt
Vff erd: im lufft / vnd waßer schwebt.
Den selben Gott thůnd bätten an.
Dhein andre Götter will er han
Vor ihm. Dan er ist Gott allein:
2575 Ein reiner Geist / on fleisch / vnd bein.
On anfang ist er / vnd on ennd:
All' ding schlůßt er in sine hennd.
Er ist der höchst / gantz vnermeßlich:
Allmechtig / eewig / vnuergeßlich:
2580 Allwüßend / heilig / wunderbarlich:
Barmhertzig / gnädig / vnd vertraglich.
Der nit den tod des Sünders bgärt /
Sonnder der läbe / vnd gbeßert werd.
D'rumb keerend üch zů Gott dem hernn /
2585 Der wird üch gnädigklich erhören.
Bekennend ihn von gantzem hertzen:
Hand vber vwre Sünden schmertzen.
Hand rüw / vnd leid / vnd würckend bůß /
Für Gott den herrn fallend z' fůß:
2590 Der kan vch was üch nöt ist geben /
Darzů nach dem / ein eewigs leben /
By siner heilgen Englen schar
Im himel: sag ich üch fürwâr.
Wer diß begärt in Gottes namen /
2595 Der sprächh von hertzen mit mir Amen.

Spriccht alles volck. Amen.
Gerontius ein alter vß der
Schar des bekeerten Volcks.

Wolan / Ir lieben Gottes frünnd /
Ir mögt erkennen / das wir blinnd /

2595: a.l.R. 144.

S. 24

Vnd ouch von Gott abgfůret sind
Z' Abgŏtterey vom bŏsen geist:
2600 In schwǎre Sünd / vnd laster gfallen /
Welchs vnns von hertzen leid ist allen.
   Was sŏnnd wir aber glouben mee /
Das wir Gott gfallind dester ehe?

       Vrsus.

Victor / Gib ihnen wyter bscheid
2605 Vom glouben / vnsrer Seelen weid.

    Victor legt die 12 artickel ús /   S. 25
     des Christlichen gloubens.

Deß will ich ůch gůtwillig b'richten /
Vnd vß mir selber nüt erdichten.
  Diß stuck stond wol eim Christen an /
Die er stǎts sol in gdǎchtnus han:
2610 Vnd die / fry willig bkennen /
So mag man ihn Christglŏubig nennen.
 1 Wir glouben sŏnnd an einen Gott /
Der himel / vnd Erdtrich bschaffen hat /
Der eewig / vnd allmecchtig ist.
2615 2 Vnd an sin Sun / herrn Iesum Christ /
Der von Gott Vatter eingebŏren /
Vor der Wellt anfang vserkŏren /
Vß 's Vatters schoos / substantz / vnd wǎsen /
On einche můter gbŏren gwǎsen.
2620   Der nit erschaffen / nit gemacht:
Mit Gott sim Vatter glycher Mǎccht /
Vß Gott ein wǎrer Gott geborn /
Ein Liecht vom hǎllen Liecht erkŏrn:
Glych eewig mit sim Vatter gůt:
2625 Der durch ihn all ding macchen thůt.
   Welcher z' erlŏsen mentschlichs gschlecht /
Sich willig gmaccht zů einem knecht /
(Vom tôd z' erredten vns ellenden /

2599: geist <u>auf ras.</u> [Fynd]
2606: ich ü.d.Z. nachgetr.
2611: <u>danach ca. 1 cm Abstand zur nächsten Zeile</u>

Vß d's Tüfels racchen / gwalt / vnd hennden:
2630 Deß wir vß d'z ersten Vatters fal
Adams / sind eigen gsin zemâl.)
Ist vß der schôs sins Vatters kommen   S. 26
Von himel h'rab / d' menscheit angnommen
Zůr Gottheit / von einr Maget zart /
2635 Maria gnennt / von edler art /
Die on Manns sâmen hat gebôren /
(Doch d' Iungfrowschafft keins wegs verlôren)
Vom heilgen Geist ihn hat empfangen /
Als d's höchsten Gotts krafft sie vmbfangen.
2640 4 Gern hat er den schmächlichsten tod
(Vff das er unns erlôßt' vß nôt)
Für vnsre Sünnd / am Crütz erlitten /
Den Tüfel / Tod / vnd hell bestritten.
5 Dahin abgfarn durch göttlich' mäccht /
2645 Dem Fyend glegt sin gwallt / vnd bräccht:
Die Seeln erlôßt vß 's Tüfels bannden.
Vom grab am dritten tag erstannden
Mit großem Sig / vnd herrlicheit /
Triumph vnd glast der göttlicheit.
2650 6 Nach viertzig tagen z' himel gfâren
Mit der gefangnen Seelen schâren.
Da sitzt er zů sins Vatters g'rechten /.
Wird iedem helffen zů dem recchten /
7 So er wird kon am Iüngsten tag /
2655 Verhôrn vnd ricchten alle clag
Vber die lebenden / vnd todten /
Ein ieden blônen nach sin thâten.
Die gůtts gwürckt / eewig wunn vnd freid /
Den bôsen aber eewigs leid
2660 In abgrund der grûsammen hellen /
Da z' bliben Lucifers gesellen.
Da wird sin eewig angst vnd nôt /   S. 27
Die nit verzeert wird durch den Tôd.

2629: d's aus dz
2639: d's höchsten Gottes krafft auf ras.
     [sie des höchsten krafft] , sie ü.d.Z.
     vor vmbfangen eingefügt.

       Daruor der gnädig Gott vnns bhüte /
2665   Durch sin barmhertzigkeit / vnd güte.
     8   Noch flüßt vom Vatter / vnd dem Son
       Der heilig Geist / die dritt person
       Der hochheiligsten Dryfaltigkeit /
       Glycher substantz / vnd herrlicheit:
2670   Mit ihnen beiden glycher Maccht /
       Durch den all gschöpfft sind lebhafft gmaccht.
       Der ouch kein ennd noch anfang het:
       Der durch d' Propheten hat geredt.
       All dry ein einiger Gott / vnd herr.
2675   Durch den gschöpfft himel / erd / vnd Meer:
       Vnd alles was darinnen ist.
     9   Ouch bkennen sol ein rechten Christ
       Ein heilge Apostolische Gmein /
       Sammlung der Heilgen vber ein:
2680   Welch d' christenliche Kirch genennt.
    10   Die ouch den heilgen Touff bekennt /
       Gibt den zů ábwäschung der Sünnden
       Durch rüw / vnd glouben iren kinnden.
    11   Das wir am Iüngsten tag erstân /
2685   Mit lyb vnd Seel inwerdind gan
    12   In 's eewig läben / welchs bereitt
       Den grechten ist in eewigkeit.
       Das geb vns durch ir gütigkeit
       Die heiligste Dryfaltigkeit. Amen.
2690   D'wyl ir nun b'gärend sälig z' werden: S. 28
       Sönnd ir vor an getouffet werden
       In namen der Dryeinigkeit
       Gott Vatters / Sons / vnd heilgen Geists.
       Dann keiner d' säligkeit erloufft /
2695   Er gloube dann / vnd werd getoufft.

          Das Völckli. Gerontius.

       Wir bgärend das von hertzen seer:
       Vnns gliebet vwre trüwe leer.

2689: heiligste Dryfaltigkeit <u>auf Rasur</u>

Victor.

So rüffend Gott von hertzen an /
Das er üch trüwlich by wöll stån.
2700 Vnns sin miltrychs verheißen leiste /
Ze sennden sinen heilgen Geiste.
    Nun fallend nider vff die knüw:
Bekennend ůwre Sünnd mit rüw /
So werdend s' üch verzigen sin:
2705 Des gib ich üch die trüwe min.
    Sprecchend mir nach die offne schuld /
Das ir erwerbind Gottes huld.

        Offene schuld. Confiteor.

Ich armer Sünder / mich bekenn
Dem herren Gott / sin heiligen
2710 Das ich min tag vil gsündet han
Mit sinnen / reden / thůn / vnd lån:
In hoffart / Gyt / zorn / vnkünscheit /
Mit nyd / haß / tragkheit / freßigkeit:
    Das ist mir leid. Genad ich bgär:
2715 Dann mir min mißthat obligt schwår.
    Von hertzen ich verzych mim Fynd /
Das ich vor Gott ouch gnad befind. Amen

        Wünscht ihnen Absolution.   S. 29

Der gnådig Gott thůi sich erbarmen
Vber vns ellenden vnd armen:
2720 Verzyhè vns vnsre mißethåt:
Stell' vns in der vnschulden ståt /
Vff erd hie in sim willen z' ſtråben:
Nach dem z' erlangen 's ewig låben.

        Das volckle spricht. Amen.
        Victor toufft die vile des
        Volcks mit dem Wichwadel -

Die wyl Ir nun mit ernst / vnd andacht bgåren sind
2725 Den heilgen Touff / dardurch ir werdend Gottes kinnd:
So touffè ich Man / vnd Wyb / all sampt / vnd sunnder

2721: stell' aus stelle

Die disers heilig waßer b'rŭrt ietzunder:

In namen Gotts / des Vatters / Sons / vnd heilgen Geists.

Welchs gnad / frid / segen / lieb entzünnd in üch

                                   sin gneist.

2730   Vnd sey üch allen sampt verzyhen ŭwre Sünnd:

        Das ir nun fürthin blyben mögind Gottes frünnd.

           Dem Tŭfel / Wellt / vnd geilen fleisch absagen z'hannd:

        Styff vntz an 's ennd des lebens ihnn thŭn widerstannd.

           Diß wöll verlychen üch die heilg Dryeinigkeit:

2735   Die schaffe in üch in allem gŭten bstendigkeit.

                    Amen.

        Stond ŭf. Gond in dem friden hin:

        Der herr wöll üwer gleitsman sin.

           Nun hinfür goumend üch vor Sünnd:

2740   Gedenckt / ŭch ietzt sin Gottes kinnd.

                Das Volck.

        Der gŭtig Gott / üch b'lŏnen thŭi

        Die trüwe leer / arbeit / vnd mŭi.

           Der selbig vnns sin gnad uerlych /

        Das wir teil habind in sim Rych.

2745   Noch ein stuck wir von üch begåren /   S. 30

        Deß wöllind ir vns früntlich gwåren.

        Wie man das gbått zu Gott söll ricchten.

                Victor.

        Das thŭnd wir gern / vß trüw / vnd pflicchten.

           Christus hat selbs by sinem leben

2750   Diß kurtze form sin Iungern geben:

           Die er ihnn muntlich vor erzellt:

        Vff siben puncten kurtzlich gstellt.

             Vatter vnser.

    1 Ô herr Gott / Vnser Vatter gŭt /

        Der in den himmlen wonen thŭst.

2755   Din hocher Nam geheilget sey

        In aller wyten Wellte frey.

    2   Din eewig Rych vns komme zŭ /

        Vff das din heilge Kirch hab rŭw.

    3.   Din göttlich gheiß in vnns erfüll /

2760   Das wie im himmel bschăch din will.
    4. Hŭtt vnser tăglich brôt vnns gib:
    In vnns spys / trenck' (herr) Seel vnd Lyb /
    5. Ouch vnsre schuld thŭ vnns vergén /
    Als wir ouch vnsern schuldneren.
2765 6. Laß vnns nit in versŭchnus fallen.
    7 Weer alles vbel von unns allen.
    Dann zwâr / das Rych / krafft / herrlichkeit
    Ist din (ô Gott) in eewigkeit. Amen.

        Aue Maria.

    Gegrŭßt bis du / der gnaden vol
2770 Maria / Gott mit dir sin sol.
    Hochg'lobt du in den Wybern bist:
    Ouch dins lybs fruccht herr Iesu Christ.
        Amen.

        SCENA. II.

        Lycobates Spăcher.

    Hoho. Herbey. Da schmŏcken ich den brâten reccht.
2775 Hie findend wir das ellend / fûl / verfŭrisch gschleccht.

        Loufft widerumb hinder sich
        zŭ dem houptman.

    Herr houptman / kompt mit mir / Vnd gryffend d' keiben a[n.]
    Sy predigend hie: verfŭrend alt / iung: wyb vnd Man.
        SCENA. III.

        Gwardihouptman.   Sant Vrsus.
        Audentius Lütiner.Sant Victor.
        Rottmeister.   Vier Sŏldner.
        Sant Constantius Victors Fenner.

    Wô ûs? wo an / Ir stoltzen knaben?
     Was thŭnd ir im Lannd vmmher traben?
2780 Old sind ir ouch by sinnen reccht
    Das ir hie fŭrend sŏlchs gebrăccht

2757/2759/2761/
2763/2765/2766: Ziffer in der Kolumne
2777a: Hs. a.r.R. Inquiruntur Sancti
2778: Initiale rot

Mit fennlin / spießen / hallebarten?

Worûf sind ir doch iemer warten?

   Wer hat üch geben disen gwallt /

2785   Das ir vnder der reisern gstallt

Falschlich das völckle sind verkeeren /

Vnd sie ein nüwen glouben leeren?

   Sind ir von der Thebæer schár /

Vß Wallis die entloffen har /

2790   Heimlich vß 's Keisers lâger gschlîchen /

Von vwern gsellen vnredlich gwicchen?

   Das sönd ir vnns da sagen schnäll /

Ir kommend sunst in vngefell.

Dann Hyrtacus / der Landvogt / b'hennd   S. 32

2795   Zû üch vnns hie har hat gesendt.

              Vrsus

   Ia z'wâr / wir sind Thebaïsch Mann /

Dem Keiser woltend wir bystân:

Vermeintend sin krieg wäre g'reccht /:

D'rumb er vns bschickt / wâr' alls schnûr schlecht

2800   Do wolt er vns zûn Götzen zwingen

Ioui vnd Marti opfer z' bringen /.

   Den selben grüwel sind wir gwicchen /

Vnd mit einandern dannen gstricchen /

Sind nit vom Keiser schandtlich gflochen.

q   Audentius Lütiner.

2805   Gond fort / Ir mine gsellen / nâchen.

q   Guardihouptman.

   Ir werdend üch all geben gfangen:

Wir wennd nit vil mit vch hie brangen.

   Zûm Vogt ir müßend mit vnns gân:

Vnd vwre lucken selbs verstân:

2810   Mit bscheidner antwort üch versprecchen /

Das er nit mûß den Keiser recchen.

Der ihm diß tag ein scharpf Edict

2783: ir ü.d.Z. nachgetr.
2804a/2805a/
2815a   : Hs. Abschnittszeichen in der Kolumne

Von ſwertwegen zůgeschickt.
    Darumb ergebend ůch mit willen /
2815   So mögend ir des Vogts zorn stillen.

q   Audentius.

Nun hui wolan. Gond hurtig d'ran:
Ir sönnd ůch nit lang bsinnen:
Mit vnns mům̈t ir von hinnen:
Thůnd ir das willig / ist 's mit heil: S. 33
2820   Wô nit: so thůnd wir vnsern teil:
Vnd gryffend ůch als Fyend an /
Die wir vermeinend wol z' bestân

         Victor.

So ůch vom Vogt empfolhen ist /
Ihm vns für z' stellen diser frist:
2825   Dhein ſsred wöllend wir da han.
Wir sind geneigt mit ůch ze gan
Für ſwern Vogt / ihm z' geben bscheid.
Wir bgårend niemand z' thůn kein leid:
    Ir legtind sunst an vns kein hannd
2830   So wir thůn wöltend widerstannd.

        Rottmeister.

So d' gsichst das 's anderst nit mag sin /
Ergibstu reccht den willen d'ryn:
    Die wyl du vnns nit magst entfliehen /
Wiltu din sacch in milte ziehen.
2835   Es hilft dich nüt din gdultigkeit /
Du mům̈t mit vns / vnd wår 's dir leid.
    Es bschirmt dich nüt: du mům̈t daran /
Vnd sölte dich 's Neufage angân.
    Do du nit anderst woltest kriegen
2840   So hettst da heim wol gweert der fliegen.
    Woltst 's Keisers Fynd mit flüchen bstân /
Hetst wol da heim din harnist g'lân.

2818: Hs. vor V. 2819 am Seitenanfang (S. 33) über
      der Kolumne Capiuntur Sancti
2829: an ü.d.Z. nachgetr.

1   Erst söldner.

Ir poßen / wie gfallt üch die reis?
    Wir wennd üch tryben ůs den schweis:
2845   Vch bzaln mit barem knüttelsold /
Dem ir nit werdend lycham hold.

        Der ander soldner / redt den   S. 34
        Fenner Constantium an.

Du wirdst mir ietzt din Fennli lân /
Ich kan vil bas darmit vmbgân.
    Du thůst dich eben d'runder sprüßen /
2850   Als ob du wöltst in d' hosen schyßen.

        Dritt söldner.

Ir schälck / nun gangend nachher bhennd /
Das üch bocks blitzg vnd marter schennd.

        Vierdt söldner.

Lůg zů / wie der schnaufkiengal schleicht:
Ich main ich můß in b'hören beicht.

        S. Constantius Fenner.

2855   All üwer grimmkheit / schmâch / vnd spott
Verzyhe üch der gůtig Gott.
    Ouch ůwer flůchen / lestern / schelten
Sönd wir mit senfte widergelten.
    Vollbrâcht an vns werd Gottes will.
2860   Vilicht ist ietzt hie vnser zil.

        Funfft Söldner

Du poß / du wirdst ietzund min eigner gfangner sin.
Din fennli sol für hin sin in dem dienste min.

        Der Sechst.

Nun thůnd sie mit dem Seil vnd kettinen vmmringen /
Gond redlich nahen / lond üch weidlich lingen.

2842a: Hs. Ziffer in der Kolumne
       Hs. a.r.R. neben V.2842a und 2843
       Ducuntur ad praesidem.
2860a-2864: nach V. 2868 nachgetr. und mit Verwz. +
            hierher gestellt

SCENA. IIII.

Das Völckle erclagt sich.
Sedulia ein Christin. Thaumantius
ein bekeerter Christ.

2865　　Das müß / im himel / Gott erbarmen:
　　　　　Wee vns ellenden / armen.
　　　　Vnns sind entfůrt die heilgen frommen /
　　　　Die vß Gotts ordnung zů vns kommen:
　　　　Vns trüwlich vnderriccht / vnd gleert /　　　　　　　　S. 35
2870　　Von der Abgötterei bekeert:
　　　　Der herr sey g'lobt in eewigkeit:
　　　　　Der selb geb ihnen dapferkeit
　　　　Vor'm Vogt sich eerbarlich z' versprecchen:
　　　　Er wölle bald ir vnfal recchen.

　　　　　Thaumantius einer vß der
　　　　　　glöubigen schár.

2875　　Ich will ihnn allgmacchst ziehen nach /
　　　　Vnd lůgen was man mit ihnn macch.
　　　　　Ich hoff zů Gott / er werd sie bhůten /
　　　　Wie grimm die wilden Töubrich wůten.

　　　　　SCENA. V.

q　　　　Gwardihouptman. Hyrtăcus.

　　　　Wir bringend üch (herr Vogt) die reiser /
2880　　　Die abgewicchen von dem Keiser /
　　　　Nach üwerm gheiß hie all bi einem:
　　　　　Wir habend da verschönet keinem:
　　　　Sonder sie all / hăr brăcht gefangen.
　　　　Mich bdunckt / sy bgărind schon der stangen.

　　　　　Hyrtacus.

2885　　Laß mir sie einswegs kommen har /
　　　　Das ich irn hanndel recht erfar.

　　　　　Gwardihouptman

　　　　Von stunnd an werdend s' sin vor hannden /

2865: Initiale rot
2878b: Hs. Abschnittszeichen in der Kolumne
2879: Initiale rot

Als bald wirs glöst hannd vß den bannden.

SCENA. VI.   S. 36

Hyrtacus. Vrsus. Victor. Symbûlus.
Constantius.

Hyrtacus nach dem die Thebaeer
ihm fürgstellt.

Was thûnd (ir reiser) hie im Lannd?
2890   Was zyhend ir üch / das ir hannd
So grôße schmâch / vnd schand inglegt /
Des Keisers zorn gén üch bewegt?
    Das ir ein gbott / vnd gheiß veráccht
Vnd üch selbs / an ihm trüwlos g'maccht?
2895 Darzû die vnsterblichen Gôtt
Vernütet / vnd die gmaccht zûm gspôtt?
    Sind ir von stammen wolgeboren
Für andre Kriegslüt vserkoren /
Als mich bedunckt an ûwrer gstallt /
2900   Wie kompts das ir des Keisers gwallt
So fräuenlich sind widerstân?
    Des ir doch großen gnieß wurdt han /
Wenn ir ihm ghorsamkheit erzeigtend:
Vnd üch (als gbürlich) vor ihm neigtend /
2905 Sin gheiß / vnd willen ze vollbringen:
    Dann wurd er üch hoch anhin bringen
In grôße eer / vnd hochen gwallt:
Do wurd üch dann der dienst bezallt.
    Dann welcher nit flatieren kan
2910 Mag wol hinder der thüren stân.
    Wer ietzt nit kan kramantzes vil
Nit gwunnens gen in iedem spil:
    Wer nit kan glatt der Kûtzen strychen /   S. 37
Vil fäderläsen / vnd hällschlychen:

2888: unter der Seite 35 links neben der Kustode
      SCENA. VI.: Praesentantur Hyr taco
2889: Initiale rot
2911: Wer ietzt auf ras. [Welcher]
2912: zwischen gen und in 1,5 cm Abstand
      Hs. vor V. 2913 am Seitenanfang (S.37)
      über der Kolumne Sistuntur Hyrtaco

2915   Nit nach dem wind den mantel hencken

Deß thůt man wenig z' gůten dencken.

    Darumb stand ab / noch hütt by tag /

Die wyl 's die zyt erlyden mag:

Vnd widerrůffend ůwer leer:

2920   Ein ieder sich zůn Göttern keer /

Erbiet ihnn lob / vnd eer / bringe ouch

Ihnn zů eim opfer dar Wychrouch.

    Versůn sich mit ihnn: bätt sie an /

So mögt ir 's Keisers hulden bhan:

2925 In sinen dienste wider kommen.

    Wolan / erzeig't üch als die frommen /

Vnd volgend doch ietzt minem rât:

    Ich hilff' üch widerumb inn stât.

Das will ich üch verheißen han.

2930   Nun zeigt ouch üwer meinung an.

q   Vrsus.

    So ienen billich / z' volgen dir /

Min lieber Vogt / so thetend 's wir.

    Dann als din red vnns thůt ansehen /

Thetst gern din best (das můß ich iehen)

2935 Z' versůnen vnns in's Keisers huld /

So wir d'ran trůgind etwas schuld.

    Glych aber / wie die Sonne clâr

Zů wider ist der finstre gar:

    Glychsam als z'mâl der hälle tag

2940 Die dunckle naccht nit dulden mag:

    Als ferr von vnns ist Orient

Die hi wonend in Occident:

    Wie wyt die hell vom himelrych /   S. 38

So ferr ist (gloub mir sicherlich)

2945 Des Keisers blinnde Abgötterey /

Vnd tüflische Apostützlerey

Von 's wâren Gottes gsunnder leer:

Welchem allein ghört göttlich' eer.

2930a: Hs. Abschnittszeichen in der Kolumne

2943: ü.d.Z. Simul sorbere / et flare perdifficile:
            Pariterque binos demereri principes.

Dem wir vnns eigen gantz ergeben
2950 In sinem heilgen willen z' leben.
Ich kan nit zweien herren dienen /
Die sich zesamen züchend nienen.
So ich eintweders einen lieben /
Thůt es den andern seer betrieben.
2955 Lieb ich den andern denn für ŭs /
So zürnt 's der erst / vnd stôßt mich ŭs.
Also kan ich nit Gott mim herren
Anhangen / vnd die Abgồtt eeren.
Des allerhồchsten gbott verlân /
2960 Vnd 's Tüfels reyen nemmen an.
Dann / Wem zimpt sich mee ghorsam z' sin
Mim Gott? oder dem Keiser din?
Es ist nur ein Gott der natûren /
Der bschaffen alle creatûren
2965 Durch Iesum Christum sinen Son /
Welcher erlüchtet Sonn vnd Mon:
Ouch d' Sternen in dem Firmament.
Ihm sind gehorsam d' Element:
Die winnd / blitzg / Donnder ghorchend ihm /
2970 Das vngestům Meer gehồrt sin stimm.
Er ist Gott sinem Vatter glych /
Ein Künig ŭber alle Rych.
Sin Künigrych / vnd regimént   S. 39
Wird eewiglich nit nemmen ennd.
2975 Dem selben z' dienen hand wir gschwồren /
Ia Iesum Christum vserkồren.
Dem wir von kindtheit ŭf ergeben /
Nach ihm ze ricchten vnser leben.
Zů Thebis in Aegypterlannd /
2980 Da hằr wir vnsern vrsprung hand /
Erbồrn von gůtem stammen har /
Der ritterschafft ergeben z'wằr:
Darinn wir vnsre Iugend gschlißen /
Der Gotsforcht vnns darby geflißen /
2985 Der Tugend vnd der bscheidenheit /

2960: reyen ü.d.Z. für gestr. orden

Der mäßigkeit / vnd grecchtigkeit.
   Da hår wir vnns verpflichtet hannd
Ze bschirmen helffen Stett vnd Lannd
Vor Ůbertrang / vnd Fyends gwallt
2990   Sind hingefaren sȯlcher gstallt
In frȯmbde Lannd mit gantzem heer
In Syriam wol Ůber Meer.
   Z' Hierusalem wir vnderwegen
Der heilgen ritterschafft gepflegen /:
2995   Da nach dem Touff vereinbart worden /
Versprocchen Christo Ritters orden /
   Nach welchem wir vnns Christen nennend:
Christum wir vnuerholen bkennend.
   Hannd nüt dest minder gthan die fart /
3000   Sind z' reis gezogen vngespart
Den Fursten z' dienen: doch so ferr
Wir nit vercleinertend Gottes eer.
   Wir hand den Keisern z' Rȯm bishar   S. 40
In kriegen g'dienet etlich Iar:
3005   Ihnn gholffen bhalten ire Lannd
In orient mit gweerter hand.
   Vil Stett / Prouintzen / wider bkommen /
Die ihnen d' Persier ingenommen.
   Wie Keiser Diocletian
3010   Noch weißt / vnd mancher biderman /
Der mit vnns g'reiset in dem Lannd.
   Der selbig hat nach vns gesandt /
Als Keiser Carus allda gstorben
Hat Diocletian geworben
3015   Nach vns / welche er gen Rȯm bescheiden
Dahin wir kommen warn mit freiden
Vß Syrien ein Legion
Ihm z' helffen sine fyend z' bston.
   Mit vnns schickt er Maximian /
3020   (Den er zům gsellen gnommen an)
Die Buwren z' demmen hie im Lannd
Die sich vom Rych abgworffen hand.

3020: gsellen auf ras. [Keiser]

Do aber wir in Wallis kommen /
Hat Maximian ihm fürgenommen
3025 Vns z' zwingen / by den Göttern z' schweeren:
Vnd sie mit vnserm opfer eeren:
Z' veruolgen ouch die Christenlüt.
Das hand wir wöllen halten nüt.
Ist nie inn kriegen gar vnd gantz
3030 Gewäsen vnser ordinantz.
Als wir geschücht d' Abgötterey: S. 41
Vnd g'zogen in eim hüffen fry
Daruon / mit gantzer Legion:
Sind wir hin gen Agaunum kôn.
3035 Der Keiser ließ vnns bald nachfrägen
Warumb wir vß dem Läger g'zogen.
Do nun Mauritz der küne held /
Der obrist houptman in dem veld /
Vns sine Ritter / christenlich
3040 Gestercktt: versprocchen vns / vnd sich.
Ist seer erzürnt Maximian:
Hat ie geköpfft den zehenden Man /
Zůn Götzen vnns hiedurch ze nöten /
Sunst wöll er vnns all laßen tödten.
3045 Sind vnser etlich noch by leben
(Vß gnaden Gottes / vnd ingeben)
Hinweg gewicchen in diß Lannd /
Wie wir dann ietzdan sind vorhannd:
On zwyfel z' heil vnd z' trôst den frommen
3050 Die 's heilig Gottswort hie angnommen /
Das Christi lob werd vsgespreitt
In allem vmbkreis wyt vnd breit.
Wir sind gesinnt by Christo z' blyben:
Von dem mag niemand vns abtryben /
3055 Kein trübsal / angst / noch hungers nôt:
Kein mangel / gfâr / kein schwärt / noch tod.
Kein schmâch / schannd: trôuw / noch süßes singen
Wird von der liebe vns vertringen
Die wir an Christo IESV haben
3060 Durch sin gnâd / vnd miltryche gaben.
D'rumb (Hyrtace) Es ist vmbsunst /   S. 42

Das du gedenckst / des Keisers gunst
Z' erwerben vnns durch din fürpitt.
Stand daruon ab: Wir volgend nit.

Hyrtacus

3065 O Ir verstockten / blinnden Doren
Ir hand verstopfet Ůwre ôren /
Glych als Aspis die gifftig schlang /
Das sy nit hŏr des bschweerers gsang.
Ir thůnd des Keisers gbott nit hŏren /
3070 Die werden Gŏtter entvneeren /
Welch' manches Iar dem Rŏmschen Rych
Grŏß gwallt / vnd eer gfůgt gnädigklich /
Grŏß' Sig / triumpf: vil Lannd / vnd Lüt:
Sŏlch' ir veracchtend: schetzend s' nüt.
3075 Von himmel sy vns sind erhŏren /
Der Rŏmern Fyend z' rugg sy keeren:
Durch ir gŏttlich allmechtigkeit

Glück / heil s' vns reichend vnd gsundheit. -
Herr Iupiter / der hŏchste Gott
3080 Hat vns nie laßen kommen z' spott.
Mercurius durch sine list
Gibt gschwinnde råt zů ieder frist.
Der strytbar Mars durch sin gottheit
Hat vnns ingoßen Mannlicheit
3085 Zům stryt dem Fyend nachzeiagen.
So sind ir Christen glych den zagen
Flüchtig vom stryt: vnd hangend an
Dem g'crützgeten Gott / der üch nit kan /
Noch sich selbs gfristet vor dem Tôd.   S. 43
3090 Er laßt üch stäcken in der nôt.
Was hand ir noch vff Ůwerm Gott?
Er ist doch aller Wellt ein spott /
Ein falscher vnd verfůrscher Man.
Was sind ir ihm nur hangen an?
3095 Verfůrend hiemit andre Lüt /
Das werdend wir vertragen nüt.

3064: a.r.R. 134
3078: s' vns reichend auf ras. [mitteilend]

Victor.

Das wöll der g'reccht Gott niemer meer
Das falsch sin solt CHRIST vnser herr:
Der nie kein args / noch Sünnd gethân:
3100   Dhein frömmerer ist vff Erd nie kôn.
    Die lugendhafften Iuden ihn
Falschlich inn Tôd hand geben hin:
Darumb das er gestrâft ir Sünnd
Sind sy irm heiland worden Fynd.
3105   Es was z'wâr aber Gottes wille /
Vff das er d' gschrifften all erfülle.
    Er ist von himmel abher kôn
Vß Gotts sins eewigen Vatters thrôn
Vff Erd / z' erlôsen mentschlichs gschlecht /:
3110   Der hôchst herr / Gott ist worden knecht.
Gûtwillig sich in Tôd ergeben /
Damit wir arme Sünnder 's leben
Erlangtind widerumb durch ihn /
Welchs der erst mentsch verschütt vorhin.
3115   Widerumb erstanden von dem Tôd /
Er lydt nit mee einch sterblich nôt.
    Durch göttlich Mâcct gen himmel gstigen: S. 44
Am ennd der Wellt wird er ansigen
Alln sinen Fynden: richten die
3120   So ihn veruolget habend hie.
Vfrecht vrteilen zû dem Tôd /
Ia eewigklich zûr helle glût.
    Das wird dir / Hyrtace / zû lon /
Thûst von Abgötterey nit stôn.

Hyrtacus.

3125 Woltst mich erst vff din Sect verkeeren?
Vnd mir min g'liebte Gött entweeren?
    Es wurd die Aar ehe obsich louffen
Ehe ich mich ließ z' eim Christen touffen:
Vnd hangen an dem leiden Gott /
3130 Den 's Iüdisch volck gecrützget hott.
    Min Götter wird mir niemand leiden:
In mir mûßt Lyb vnd Seel ehe scheiden.

Symbûlus ad Constantium.

Sagt an / ir gsellen / mir on spott /
  Was wunnders würckt doch üwer Gott /
3135 Das ir so styff an ihm beharren /
Den d' heiden haltend für ein Narren?
  Die vnsern Gött sind hochgeeert /
In aller Wellt ir lob wird g'meert.
  Irn Maccht / vnd gwallt zů aller zyt
3140 Erscheint sich vff dem Erdkreis wyt.
  All Künig / Keiser / Fürsten / herren
Vrbüttig mit pitt an sie keeren:
Thůnd sie mit hochen gaben eeren.
  Es fallt ihnn z' fůßen iederman.
3145 Dann warumb man sie růffet an /
Sind sy mit ir hilff by vns stân:
In angst / vnd nöten / ouch kranckheit:
In kriegen gennd s' vns bstendigkeit:
Groß glück / wolfart / vnd eer sy geben
3150 Alln denen die sie hoch erheben.
  Derhalb wir d' Götter billich eerend /
zů iren Templen gaben keerend:
Gebend ihnen große püt für eigen.

    S. Constantius Victors Fenner.

Groß wunnder thůt min Gott erzeigen.
3155 Deß will ich üch berichten clâr /
Fürwennden hie kein luge zwâr.
  1   Im namen 's herren Iesu Christ
(Der einig der Wellt heiland ist)
Empfahnd die blinnden ir gesiccht:
3160 2. Den lamen werden d' füß geschliecht:
  3. Den stummen widerkumpt die red:
  4. Den Dummen 's ghörd er g'offnet het:
  5. Die waßersuccht heilt er on krût:
  6. Den Sundersiechen schönt er d' hût.
3165 7. Die bethrisen stond vf zehannd
    Tragend ir beth selb über Lannd.
  8. Die Tüfel vß den bseßnen wychen
    Müßend geschwinnd von dannen strychen.

S. 45

Wo nun der namen Iesu gnempt /
3170 Wird aller Tüflen gwallt gedempt.
 9 Die todten er ouch vferweckt /   S. 46
Vff lange Iar ir leben streckt.
   Ia z'letst am ennd der Wellt wird schallen
Sin stimm den abgestorbnen allen
3175 So lyb / vnnd Seel wird vferstân
Zům g'riccht / dem niemand mag entgân.
   Wenn mit ihm wird all's himmlisch heer
Erschynen in den wolcken ferr /
Z' vrteilen alle mentschen kind
3180 Welch' ie vff erden kommen sind:
   So er die Lemblin / als ein hirt /
Vonn stinckenden Böcken sünndern wird.
   Die gůten so ihn gnommen an
Werdend ein süßen vssprucch han.
3185 Kompt ir fürgliebten in das Rych
Das von mim Vatter b'reitet üch /
Zů dem ir sind für ůs erwellt
Von anbegin der wyten Wellt.
   Zun bösen wird er anderst sagen /
3190 Dann werdend sine Fynd verzagen:
Von größer forcht inschmorren bhennds /
So s' hören werdend den sententz.
   Wycht ir verflůchten ferr von mir
Die bosheit gwürckt ie für vnd für /
3195 Kein frommkheit noch gerechtigkeit.
Erzeigt hand / noch barmhertzigkeit.
   Gond in Abgrunnd / in 's eewig fůwr /
Welchs g'rüst den Tüflen vngehüwr /:
Da sin wird immerwärend pyn /
3200 Kein tod mag sölche nemmen hin.
   Daran gedenckend (lieben frünnd)   S. 47
Bekeerend üch mit ůwrem gsinnd
Zů Christo / welcher üch mag geben
Im himmel d' oben 's eewig leben.
3205 Zům rechten brunnen gond ze trincken /

3196: auf Rasur
3197: a.l.R. Matth. 25.

Der nit mag iemermeer versincken.

Noch vil mee wunnder hat er g'thân /
Dhein zung die gnůg vssprecchen kan.
Dhein gschrifft / noch bůcher mŏchtend faßen
3210 Was wunders er thet ẙber d' mâßen
Do er vff erd noch gwanndlet hie /
Vnd bis zů ennd der Wellt würckt ie.

Ich vnderlaß / das er gspyst hot
Fünftusend Mann mit wenig brôt /
3215 Fünf an der Zal (on wyb vnd kinnd)
Die in der Wůste gsettiget sind.
Daruon zwŏlf kŏrb man thet voll faßen
Der stücklin so s' hand ẙberg'laßen.

Wenn nur die krancken b'schritten hat
Ẅber die gaßen Petri schatt /
3225 Sind s' früsch / vnd gsund von dannen gangen.

Vergiffts tranck / vnd schâdliche schlangen /
Ouch grimme thier hand sie nit g'letzt.
Etlich in süttigs ŏl gesetzt
Sind darůs gangen vnuerseert:
3230 Im füwr ouch bliben nit verzeert.

Etlich so man s' enthouptet hat /
Trůgend ir hŏupter selbs von statt:
Sy hand die todten vferweckt:
Den lamen krüpplen d' bein gestreckt.
3235 Ia alle wunnder nachgethan
Die min Gott ihnen vorgethan.

Noch hüttigs tags / zeigt er grŏß wunnder
Durch sine heiligen / besunnder
Die vesten glouben an ihn hannd.

Ich gschwyg / das er den Iungern sin
3220 Sŏlch krafft ouch hat gegoßen in.
Das wo Sant Pauls schweißtůchli blôß
Die bseßnen b'růrtend / wurdend s' lôß.

Hyrtacus.

3240 Du trybst sŏlche gfeccht / Es ist ein schannd:
Du klapperest vil / sagst hâr din Dannt

3215: a.r.R. Matth. 14.

S. 48

Als ob du warest ein Praedicant.
　Vnd wenn d' noch so vil könntest liegen
Wirdst du mich nit zů dim Gott biegen.
3245　　Ir müßend vnsre Götter eeren /
Sölt üch der hellisch flamm verzeeren.
　Kurtz vmb / Nun rüstend üch in der sacch:
Ob üch werd zůgfůgt vngemacch.

　　　　Victor.

Du wirdst vnns diß nit abertröuwen:
3250　　Wir sind bestendig / als die Löuwen.
　Kein stumme Gött wir bättend an /
Von Christo thůnd wir nit abstân
Ehe wurd ein Ků vff steltzen gân.
D'rumb / Hyrtace / laß nur daruon.

　　　　Hyrtacus.　　　　　　　　　　　　S. 49

3255　Vs / Vß / mit Vwerm stettigen sinn.

　　　　Zů den Schergen.

　Ir Schergen / nemmend s' / werffend s' hin
In d' gfengknus: bindend ihnen bhennd
Mit kettin / gfeßlen / fůß vnd hennd.
　Thůnd ihnn mit kolben d' hůt erbeeren /
3260　Biß sy die Götter lernend eeren.
　Nun legt an sie gůt meisterstreich /
Biß ihnen rugg vnd bůch wird weich.

　　　Die schergen legend die
　　　heiligen in gefencknus. mit
　　　hilff der Söldnern. Dem nach
　　　zuhend die Soldner an ir Statiua
　　　oder Läger.

　　q　　　　MVSICA.

　　　Qui seminant in lachrymis.
　　　Secunda pars Qui parce seminant.

3262c-e: Regieanweisung ab Dem nachgetr.
3262f:　　Hs. Abschnittszeichen in der Kolumne
3262h:　　Hs. 2d ꝑs

ACTVS TERTIVS.   S. 50

SCENA I

Hyrtacus. Symbûlus.

Wie wöllend wir d' sacch gryffen an
    Das wir vorm Keiser mögind bstân?
3265 Wir hand ir antwort ghört all beid
Was sy vnns gebend für bscheid
    Sy sind handuest / lond sich nit wysen /
Allein irn Christum thûnd sy brysen.
    Vff irem kopf sy wöllend bharren:
3270 Thûnd glychsam als eintönig Narren.

Symbûlus.

Ich sag üch das by minem Eyd /
Es wurd mir sin von hertzen leid
Söltend wir töden disre Lüt
Vff die ich arges zwyfle nüt.
3275   Sy sind ansichtig / redlich Mann /
An welchen ich nit spüren kan
Einch btrug / noch falscheit in irm leben:
    Wenn s' nur den Göttern opfer geben /:
Vnd uolgetend des Keisers wort /
3280 So brecht man d' sacch bald an ein ort.
    Wir möchtend s' denn wol ledig laßen
Wenn vns der Keiser nit wurd haßen.
Nach welchen ihm ist hefftig gâch /
Das er mög von ihnn nemmen râch.

Hyrtacus.   S. 51

3285 Es ist vergeben vnd vmb sunst /
Bim Keiser hand sy keinen gunst.
    Sy laßend nit den Christenglouben
Wenn man schon tröuwt / sie s' lebens z' b'rouben.

Symbûlus.

Nach irer sag / kan ich nit weeren
3290 Das sy nit Christum söllind eeren.

3263: Initiale rot .

Die wyl er würckt sölch wunderthat /
Als diser ietz erzellet hat:
Welch ie kein oug nie mee gesehn
Von vnsern Göttern / darf ich iehen.
3295   Er mag glych ouch ein Gott sin wol
Den man gebürlich eeren sol.
    Dann welche Nation vff erd
Ist / die nit sonderlich hab werd
Ein besonderen Gott / für andre ûs?
3300   D'rumb kan ich nit uil macchen d'rûs.
Wår nit des Keisers kyb so grôß /
So ließend wir s' wol ledig / lôß.

                    Hyrtacus.

Des Keisers schryben ist gar strenng /
Es wurd vns in der hût zů enng /
3305 Wenn wir nit thetend sinen willen /
Sin gåchen zorn könnt niemand stillen:
    Ich wurde deß entgelten vil:
Er möcht mir rüsten zů ein spil
Das ich von der Vogtey müßt springen:
3310   Oder mich gar inn 's ellend bringen.
Bôs ist 's mit herren Kirsi z' eßen.   S. 52

                    Symbûlus.

Das hab ich offt vnd dick ermeßen.

                    Hyrtacus.

In mim sinn / bin ich gentzlich bstannden /
Wie man die sacch wöll nemmen z' hannden.
3315   Wenn 's dir als wol gefiel / als mir:
Für d' Götter woltend s' stellen wir.
Ob sy doch ir lob wöltind bkennen /
Vnd ihnen wychrouch z' opfer brennen.
Das man ze letst sie brecht zům seil.

                    Symbûlus.

3320 Wenn sy das thetend / wår's mit heil.

                    Hyrtacus.

Man thût ihn ietzt mit kolben lûsen /

Dardurch ihnn kommen wird ein grůsen:
Das sy z'letst werdend frô vilicht /
So man ihnn macchte gůten b'richt.

Symbůlus.

3325 Des wöllend wir ietz dan erwarten.
Ich wölt das sy sich wider b'karten.

Gond beyd wider in das hûs.

SCENA. II.

Die Schergen schlachend die heiligen
Martyrer by der gfengknus /
Furius. Fuscus. Seruilius. [Cloacius.] Liuidus.
Coruinus. Schergen.
Engel / oder stimm von himel trôstende
die heiligen.
Vrsus.

Ceduntur Sancti   S. 53

q   1 Furius Scherg. 1

Hårr / hårr / Thůt dich der Bugkel iucken?
    So will ich b'ryben dir den rugken /
Das du sie nit vil můst gelachen.

q   2 Fuscus der ander.

3330 Ich will dem ouch sin sächli macchen.
    Laßt vns die Stockfisch wol erbeeren.
So lernend sy die Götter eeren.

q   3 Seruilius der dritt scherg

Den Narren man sol mit kolben lůsen /
Schlahnd d'ryn / das ihnn der grinnd möcht sůsen.
3335 Das sy vor angst sich thůiend bschyßen.
Seh hin. Dich sölt kein flôch mee byßen.

    Schlaht hie mit / ein heilgen z' boden.

3326a: Hs. a.r.R. neben V.3326 und u.d.Z. nachgetr.
3326b: Hs. a.r.R. Verbara Carnificum
3326k u. 3329a: Hs. Abschnittszeichen in der Kolumne
3327: Initiale rot
3332a: Hs. Abschnittszeichen in der Kolumne

Das iucken sȫlt dir sin vergangen /
So mengen pauder hast empfangen.

4. Cloacius.

Botz hell / du můst ouch d' Katzen heben /
3340 Ob es dir glych nit schmȫckt gar eben.
Du můst mir ouch ein pauder halten:
Din Gott wird dich nit mȫgen bhalten.

q   5 Liuidus der 5 scherg

Main muttwilln ich ietzt ouch will lȫschen.
Die haůt můß ich dir wol ertrȫschen /
3345 Mit aichinn federwüschen bürsten.

q   6 Coruinus

Ich werck / das mich anfȃcht ze dürsten.
   Mein glust will ich / ouch an dir bießen /
Sȫlt dich der plitzg / vnd donder schießen.

q   Ietzt kompt ein blitzg von himel
     erlüchtende die Heiligen / vnd
     schlaht ze boden mit strȃl die
     pyniger.

     Ein's Engels stimm vß den wolcken.   S. 54

q Sind vnerschrocken / stond ȗf gschwinnd
3350 Ir frommen / lieben / Gottes frünnd.
   Nun ryßend ȗf / selbs Ȗwre bannd:
Ir sind ledig durch Gottes hannd.
   Gond hin in friden früsch vnd gsunnd:
Gennd Christo lob mit hertz vnd mund.

     Die Thebæer stond ȗf ledig /
     fallend die kettin / vnd gfeßel

3338a-3342: mit Verwz. + nach V. 3348d nachgetr.
3342: u.d.Z. seqt' Liuidus. 5. (aus gestr. Coruinus)
     post huis 6. Coruinus.
3342a: Hs. Abschnittszeichen in der Kolumne
     aus 4 q Liuidus der uierdt scherg
     a.l.R. und ü.d.Z. + 4 Cloacius
3345a: Hs. Abschnittszeichen in der Kolumne
3348a: Hs. Abschnittszeichen in der Kolumne
3348d: Danach über den Kolumnenanfang am oberen Rand
     der neuen Seite: Engel

```
                  von iren hennden / vnd füßen.
       q              Vrsus knüwt nider.
                      Dancket Gott.
                                    "
3355   Hochglobt seyst Gott in Israel:
       Du bist der wâr Emanuel.
         Ô starcker Gott. Ô min heiland
       Vff hütt hast vnns din hilff gesandt.
       Zů trôst vnd schirm vnns dinen knechten:
3360     Verschôn denen / die vnns durchâchten.
       Gib ihnen zů erkennen das:
       Erhallt in gnaden vns fürbas.

       q    Die heiligen gond all ledig vß
               der gfencknus / zů dem volck.

       q    Die Schergen vnd pyniger krüchend
               aller gmacchest dannen / rybend die
               ougen / ghabend sich übel.
```

                         SCENA. III.   S. 55

```
          Gerontius ein alter bkeerter Christ.
          S. Victor.
          Gerontius zů dem volck.

       O Herr / Gott bhůt / was wunnder ding
         Sind zůgefallen vrblützling.
3365   Ein stimm von himel ist gehôrt /
       Mit hâllem glantz hârgfaren dôrt:
       Welch hat getrôst die heilgen Mann /
       Die vnns das Gotswort kund gethan /:
         So d' schôlmen sind hernider gschlagen
3370   Das sy halbtod ab boden lagen.
         Gott sey gelobt zů allen stunnden
       Das disre frommen sind entbunden.

                  Victor zů dem Vôlckli.

       Hand gůt vertrüwen lieben Lüt
       Gott thůt üch offenbaren hütt
```

3354d: Hs. Abschnittszeichen in der Kolumne; e: vgl.Anm.423a
3362a, c: Hs. Abschnittszeichen in der Kolumne
3363: Initiale rot

3375 Sin wunnderwerck durch vns / damit
Vom glouben ir abfallind nit.
Ir werdend noch mee wunnders sechen /
Das Gott durch vns wird laßen bschechen
Ehe wir von üch genommen werden
3380 In 's himels thrôn von diser erden.
Dann vnser ennd ist vnns nit ferr:
Vff disen tag b'rüfft vnns der herr.
Derhalben bharrend bis an d'z ennd:
Das üch von Christo niemand wennd.
3385 Behaltend flyßig vnsre leer:
Hand sorg das üch niemand verkeer /
So wird Gott schicken Üch sin segen:
Deß sôllend ir üch gwüß verwegen.

Gerontius. S. 56

Der miltrych Gott vnns sin gnad sennd:
3390 Von üch ouch allen kummer wennd.

SCENA. IIII.

Hyrtacus sitzt vor sim hûs.
Die Schergen clagend Hyrtaco ire nôt.
Furius. Fuscus. Hyrtacus. Carce-
rarius. Parmeno. Audentius.

Furius erst scherg.

Botz tausend (herr) was sol ich sagen?
Grôß angst vnd nôt mûß ich üch clagen.
Als wir hond d' Christen grausam gschlagen /
Das man s' môcht hon für tod hingtragen:
3395 Die brügel / stâcken / kolben hart
An ihnen gentzlich nicht gespart:
Secht zû / So kompt von himel har
Ein streim gleich als die Sonne clar /
Schlacht z' boden nider vff die erd
3400 Vns üwer sôldner (nit on gferd)

3382: b'rüfft aus brufft
3383: d'z aus 's
3388: Deß aus Des
3390b: Hs. zweizeilig a.r.R. neben F.3390a
3391: Initiale rot

Die ougen wardend vnns verblendt /
Das keiner meer den andern kennt:
In allen glidern gar erschlagen /
Die bein mochtend vns nit meer tragen.
3405   In onmacht warend wir gefallen:
         Es bschach kein leid den Christen allen.
Sy sind gestanden vnuerseert /
Hond d' kettinen / vnd strick zerzert:
Sind ledig vß der gfengknus gangen /
3410   Die wir doch hůltend strenng gefangen.

         Fuscus 2.   S. 57

Herr / sol ich üch nit sagen wunnder?
Ein stimm ist ghȫrt den Christen bsunnder
In einem blitzg von himmel h'rab:
Gar seer wir sind erschrocken d'rab.
3415   Derglychen ist vnns bgegnet nie:
Min lebtag bschach mir nie so wee.

         Hyrtacus

Das sind mir seltzam auentür /
Vnd vß der maßen vngehür:
Das ir all sind hernider glegt:
3420   Vnd d' Christen bliben vnbewegt.
         Eintweders / trybend s' zouberei /
Das sy hingangen ledig / frei:
Old ir hand sie nit gbunnden hart.

         Carcerarius kerkermeister.

Kein strick / noch kettin hand wir gspart.
3425   Darzů sie gschlagen vff den tȏd /
Daruon wir kȏn in sȍlche nȏt /
Das vnser keiner hat vermȫgen
Weder sin hand noch fůs me regen:
So seer sind wir ze boden g'růrt.
3430   Die gfangnen aber sind entfůrt.

         Parmeno loufft har

3410a: vgl. Anm. zu 423a
3430a: a.r.R. weibel

Herr Vogt / Ich hab die Christen funden
Gesund / fry / ledig / vngebunnden
Das völcklin abermals verkeeren:
Das sönd ir ihnen laßen weeren.
3435   Das volck loufft ihnen huffecht nach:
Ist vnser religion ein schmåch.

    Hyrtacus.   S. 58

Ir Söldner ich gebüten üch /
Bringt widerumb die schålck für mich.

    Audentius Lütiner.

Min herr / wir wennd s' nit laßen fliehen /
3440   Bim håar wennd wir / s' ehe zůhar ziehen.

    SENA. V.

    Audentius Lütiner. Lugentius.

Gond bald mit vnns / Ir schantlich Mann:
  Wolhår / Ir müßend aber d'ran.
Ir werdend vns nit allzyt blennden.
Vnd sölt Götz Iuppiter üch schennden.

  Sy fůrend vngestům die Heiligen
   für Hyrtacum zů dem Abgott
    Mercurio.
   Lugentius spriccht zů dem glöu-
    bigen Völckle.

3445   Wer gsach doch ie so grůsam Lüt?
Sy thund ab wunderzeichen nüt.
Barmhertzigkeit ist ihnn vergeßen:
Ich gloub der Tüfel hab sie b'seßen.
  Die gottsforcht hand sy für ein spott:
3450   Das clag ich dir min herr / vnd Gott.
  Wie sönnd wir wyter thůn den sacchen
Wir müßend den Vogt laßen macchen.

3440: wennd aus thůnd
3416a, 3423a, 3430a: vgl. Anm. zu 423a
3441: vgl. Anm. zu V. 1067

SCENA. VI.

Hyrtacus. Victor. Abgott Mercurius.
Carbonius scherg.

Hyrtacus   S. 59

    Was ist's mit üch / Ir öden Christen?
    Was gond ir vmb mit zouberlisten?
3455 Ich wird üch 's lenger nit vertragen.
    Nun merckend eben / was ich sagen.
      Du Victor / vnd din gsellen all /
    Eintweders nemmend vf zůr wal:
      Den höchsten Gott Iouem ze brysen /
3460 Ouch eer Mercurio z' bewysen /.
    Den selben werdt ir opfern bhennd:
  . Ich macche sunst mit üch kurtz ennd.
      All marter / pyn ich üch thůn an
    Welch' man vff erd erdencken kan.

Victor.

3465 Was zwingst vnss dine Götzen z' prysen?
    Die selbs uernichtend vwre wysen?
    Wie man von Socrate thůt lãsen /
    Der über all / der wysest gwãsen.
      Als von ihm din Apollo bzügt /
3470 Der im wyßagen selten lügt:
      Ouch andre Sophi / die erkennt
    Vß 's himels louff / vnd influentz /
      Das gwüßlich wãr des himmels herr /
    Ein höcherer Gott / vorm Iupiter /
3475 Der himmel / erden / lufft / vnd meer /
    Ia alle gschöpfft beweg / vnd neer.
      Was sol ich nun erzellen vil?
    D' Poeten habend größ kurtzwyl /
    Ir affenspil sy mit ihnn trybend /
3480 All' laster sy von Göttern schrybend:
    Vnder dem schyn des lobs / ir schannd
    Die ie din Götzen bgangen hand.
      Din Iupiter / Mercurius /   S. 60

3453: vgl. Anm. zu V. 1067

Apollo / Baccus / Mars / Venus /
3485 Vnd andre / die sich hand vermeßen
Gött sin: ir sterblichkeit vergeßen:
Welch' ir im himmel wånend sin /
Die lydend eewig hellsche pyn.
 Da selbst ist ir göttlicher ståt:
3490 Da büßend sy ir mißethat.
 Ir båttend stumme Götzen an /
Von denen ir kein hilff mögt han /
Holtz / stein / vnd allerlei metall:
Darûs der Tufel Belial
3495 Üch btrügt: antwortet falsch gediccht.
 Des werden dir ietzund bericcht.
Ich will dir diß bwåren fry.
 Nim wår / Wer nun der recht Gott sey.

q   Beschweert den Götzen Mercurium.

Du Götz / Ich bschweer dich by mim Gott /
3500 Der himmel / vnd erden bschaffen hot /
Der d' Wellt regiert durch sinen gwallt /
Das du erzeigest din gestallt:
 Vff das dem Volck werd offenbar
Wie du sie btrogen manches Iar.
3505 Du bist ein Post vß dieffer hell /
Des Belzebubs / vnd Satans gsell.
Im namen Iesu + macch dich dennen:
Vnd thů des Abgots Sûl zertrennen.

q   Der Bös Geist vß dem Abgott.

Ô wee / ô angst / ô Iammer: nôt / ellend klag ich.
3510 Wie bin ich gschendt vff disen tag so ellendklich?

 Der Bös Geist fart uß dem Abgott /   S. 61
  zerbriccht die Sûl / vnd abgott.
   loufft hin vnd hår vff der brügi.

  Daemon.

3495-96: a.l.R. Ad Mer curij Sta tuam
3498a, 3508a: Hs. Abschnittszeichen in der Kolumne
3510a: ü.d.Z. ras. Fuscus der ander scherg
3510a-c: Abweichende Kustode: Der bös geist fart vß der Sûl

Ich armer poß / wo an? wo ûs? wo sol ich hin?

Das ich vff diser erd noch lenger Herr mög sin?

Ich gloub / ich wölle louffen in ein andre Statt /

Da man min falschen btrug noch nie vernommen hat /.

3515 Am selben ort will ich so gwaltig liegen /

Das sich darab die balcken möchtind biegen.

Ich mûß die Wellt noch lange Zyt betriegen.

Hû hû / hû hû: hû hû / hû hû: hû hû / hû hû.

q   Hyrtacus

q Pfey dich / Der wunnder größen schannd /

3520 Die dise schälck vns zůgfůgt hand.

Das üch der Donnder schieß behennd /

Wie hand ir vns so grûsam gschendt?

Strâff Iupiter. Schüß mit dine strâl

Diß falsche zouberer all ze mâl /

3525 Die stoltz / verachtlich / vnd gottlos:

Dilck sie ûs / als die Rysen grôß

Die dich von himel woltend stôßen /

Wo nit din strâl sie hett erschoßen.

O Mercuri du gschwinnder Gott

3530 Dich selbs an ihnen recchen sott /

Die dich so grôblich hand verschmâcht

Din göttlich bildnus z' nüten gmäccht.

O all min Götter / thund mich recchen /

Sunst mûß vor Leid min hertz zerbrecchen.

3535 Ir Schergen / macchend ein grôß füwr /   S. 62

Von holtz vnd bôumen vngehüwr /:

Die wyl sy d' Götter schüchend z' bkennen /

Wird ich sie laßen z' puluer brennen.

Ir Söldner / thûnd sie wol bewaren /

3540 Damit ir keiner môg entfaren.

Sy sönd min Götter nit me tratzen /

3511: über: Ich armer radiert Owee
3518a: Hs. Abschnittszeichen in der Kolumne
3522-24: a.l.R. das Zeichen des Jupiter (Blitz-
bündel)
3524: all ü.d.Z. nachgetr.
3529: über Mercuri nicht gestr. Hermes
nach du ü.d.Z. nicht gestr. vil

Noch eincher wys vns äffen / fatzen.

   Nún rüstend d's füwr / vnd laßt üch lingen.

D'ran müßend s' / söltend sy zerspringen.

      Carbonius Scherg.

3545   Das füwr wennd wir bald g'rüstet han.

    Ir poßen / hui / greifft 's hurtig an.

        Musica.

Domine exaltetur manus tua. ut non

uideant et confundantur zelantes populi tui

et ignis hostes tuos deuoret. -

Secunda pars Possederunt nos domine. -

       ACTVS QVARTVS.   S. 65

        SCENA. I.

    Victor. Vrsus. Constantius.

    Valerius. Florentinus. et

      Crescentius Martyres

        Thebaei.

       Victor.

Ir mine brüder / hörend wol

   Was vns für bsoldung werden sol.

   Dann Hyrtacus ist gar verblenndt /

3550   Kein wunderzeichen ihn abwendt

Von 's Tufels dienst / ob er glych gsiccht /

Das sinen Götzen vnfüg bschiccht

Durch Gottes máccht / Ist ihm dhein grús /

Das er sich bkeer / vnd beßre d'rús:

3555   So wenig als Maximian.

   Der bös Geist thút sie hetzen an.

   Was sol ich daruon sagen vil /

   Zúg'rüst ist Christo selbs sölchs spil /

   Do er gwürckt große wunnderzeichen /:

3560   Mocht d' Iuden darumb nit erweichen

3542: vns ü.d.Z. nachgetr.
3543: d's aus 's
3546e: Hs. 2da
3546e: Danach Rest der Seite leergelassen
3547: vgl. Anm. zu V. 1067

Das sy all gloubtind siner leer:
Veruolgtend ihn ie lenger ie meer.
   Ist solchs dem Meister selbs beschechen /
So söllend wir vns deß versehen /
3565 Ouch sinen stapfen z' volgen nach /
Für ihn ze lyden schannd vnd schmäch:
   Dann ie kein Iunger eincher frist
Vber sin herrn / vnd Meister ist.
   Wir sind nit d'rumb vß Wallis gwichen   S. 66
3570 Von vnsern brüdern hingestricchen /
Den töd vß forcht hiemit z' vermyden /
Vnd nützit durch Gotts eer ze lyden:
   Sonder des höchsten Gottes willen
Durch sine wunnderwerck z' erfüllen /:
3575 Vff das / sin lob gemeeret werd /
Sin nam groß g'maccht vff wyter erd:
   Das wir hie säietend sinen sämen:
Erclärtind sinen heilgen namen /
Hiemit wir hundertfeltige frucht
3580 Dem herren brächtend zů / mit zucht.
   Ir strengen Ritter IESV CHRISTI
Ir wöllend nit zů diser friste
Vast vil bekümmern vwre hertzen /
Noch förchten 's bittern Todes schmertzen:
3585 Laßt üch nit grüsen ab dem füwr:
Der herr wird kommen vnns ze stüwr /
Vnd vns erredten von den flammen:
So Hyrtacus mit sinem stammen
Wird wyter gschenndt vff disen tag.
3590 (Des herren wört diß all's vermag)
Demnach so werdend wir die Crôn
Der säligkeit (der heilgen lôn)
Empfahen durch das glůtig schwärt /
Ingon in d' fröud die eewig wärt. Amen.

         Vrsus.

3595 Wir söllend ia kein schüchen han
Das vns veruolgt der gottlos Man.
   Mir ist im troum dis nacht für kon /   S. 67
Wie du (mîn brüder) meldung g'thon /

Das wir gewünnen d' säligkeit
3600 Durch 's schwärt müßind in gdultigkeit.
Derhalb / Ir brüder in gemein /
Ein ieder macch' sin gwüßne rein /
Vfopfre sich dem herren Gott /
Das er ouch komm zůr heilgen rott.
3605 Diß zyt ist kurtz im iamertal:
Erwellend üch die beste wal.
Ilend zů Christo vnserm herrn /
Der vns zů ihm will nemmen gern /
In sines liebsten Vatters Rych /
3610 Welchs über d' mäßen wunnenklich.
Sind bstenndig in dem Christenglouben:
Nit laßend üch der fröuden b'rouben /
Die ir dört werdend eewig haben
Vß Gottes gnad vnd rychen gaben.

Valerius Vrsi Fenner.

3615 Es ist hie vnser keiner z'wâr
(Min lieber Vrse / vnd Victor)
Der ab dem tod ein schrecken gwünn /
zů Gottes Thrôn stât vnser sinn.
Ich gdenck noch an den nechsten rât
3620 Do Mauritz vns versammlet hat:
Wie wir versprocchen / styff ze halten
Die Christlich leer: Gott wöll si walten.
Durch Gott thůnd wir gern alls verlân:
Wir bgärend ouch in schannden z' stân
3625 Von Christi wegen glych allsamen /
Das gschriben werdind vnsre namen
In 's bůch der lebendigen schar:
Sölchs bgärend wir / sag ich für wâr.

Florentinus.

O höchster Gott / du hast den gwallt
3630 Mit vns ze handlen / wie 's dir gfallt.
Verlych / din willen vns z' verstân:
Wöllst vns in nöten nit uerlân.
Von dinet wegen bin ich b'reitt
Ze lyden / was man mir vfleit /

S. 68

3635 Es sei das fůwr / schwȇrt / oder Crütz:
   Für dich / all marter schetz ich nüts.
   Gern ich verdůsch min zylichs leben /
   Das mir das eewig werd gegeben.

     Crescentius.

   Der hȏch / allmechtig Gott / vnd herr /
3640 Zů dem ich mich / von hertzen keer /
   Wȏll in vns meeren sinen sȇgen /
   Ze wandlen stȇts in sinen wȇgen.
   Vfz'wachsen ouch ie lenger ie meer
   In tugend / gnad / vnd gsunnder leer:
3645 Das wir so vnser ennd vor handen
   Nit werdind iemer eewig z' schannden.
    Mich sol kein ding von Gott abtryben:
   In ihm begȇr ich styff ze blyben.
    Will gern der Wellt ein schouwspil werden /
3650 Ia ouch durchȃcht / verflůcht vff erden:
   Das ich teil hab in Gottes rych.
    Sȏlchs bgȇrt diß gsellschafft alle glych.

 q   Sȏllend sich die heilgen neigen.

      SCENA. II.   S. 69

    Hyrtacus. Symbůlus.

   Ich weiß nit wie ich thůn den sacchen /
    Das wir die Lůren z' schanden macchen.
3655 Wir sind ihnn allen zů eim gspȏtt
   Sid dem sy z' nüt gmaccht vnsre Gȏtt.
    Wenn sy nun trybend zouberey /
   Verschaffend sy sich 's füwrs wol frey.
    Dann bstond wir abermals in schannd /
3660 Werdend veraccht in allem Lannd.

     Symbůlus.

   Grȏß hefftig wunder ich verstȃn /
   Nit weiß ich wie es zů mag gȃn /
   Das sy (wie dann vor ist erzellt)

3652a: <u>Hs. Abschnittszeichen in der Kolumne</u>
3653: <u>vgl. Anm. zu V. 1067</u>

Von irem Christo vserwellt /
3665 Ouch sőlche werck durch ihn sind tryben:
An ihm so vest / vnd bstendig blyben.

   Dann das der glantz von himmel clâr
Die hat erlüchtet offenbar /
Die früsch vnd vnuerseert gestannden
3670 Fry / ledig gangen vß den bannden:
Vnd vnsre diener grőblich gschendt /
Durch disen schyn so gar sind g'blendt /
Vnd vff den tod ze boden gschlagen /
Wie wir sie selber ghőret clagen:
3675 Das gât nit zů mit zouberey.
Stăckt ouch kaum darinn bůberey.

   zů dem das ietzt by sinem Gott /
Victor in angsicht bschwôren hot /
Den Gott / der vff der Sûl gestanden /
3680 Der hinweg gfarn mit grőßen schannden   S. 70
Darzů ir wanndel / züchtigs leben
Thůnd hierinn gůt anzeigung geben
Das ir Gott grőßer sey in Maccht
Dann vnsre Gotter hochgeacht.
3685   Darumb für wâr / Ich kan nit râten
Vff sőlche große wunderthaten /
Das sy den tod habind verschuldt:
   Wărind sy nur in's Keisers huld.
Die wyl ihmm aber ist so gâch
3690 Von ihnen strenng zu nemmen râch.
Vnd sy keinswegs doch volgen wennd /
So setz ich d' sacch in Ůwre hennd.

         Hyrtacus.

Sy můßend in dem füwr verbrünnen /
Sy thůiend dann mit gwallt entrünnen.
3695   Ir zouberwerck wird sie nit fristen:
Wir wennd sie z'letst wol Ůberlisten.

3680: Der über gestr. Ouch
3681: über züchtigs nicht gestr. eerbars
3686: sőlche über gestrichen disre

SCENA. III.

Carbonius. Hyrtacus.

Carbonius Schür den brannd

Herr Vogt / wir hannd das füwr angmaccht
  Es brünnt so fast / das 's alles kraccht.

Hyrtacus.

  Ir knecht / Die schälck mir fürend har /
3700 Das man der sacchen werde gwar /
  Ob sy sich z'letst / doch wöllind bkeeren
  Die vnsterblichen Gött vereeren /.
    Ein gteilts will ich ihnn ietzt vfgeben /   S. 71
  Sunst müß es kosten sie ir leben.

SCENA. IIII.

Hyrtacus. S. Crescentius.
Carbonius. Fuscus.
Engel vß den wolcken.
S. Vrsus. Christus.

Hyrtacus.

3705 Nun hörend kurtz vmb / woran 's ist.
    Ir mögend nit han lenger frist.
  Ich wird üch d' zouberlist vertryben /
  Old es müß keiner lebend blyben.
    Mit kurtzen worten zeig ich's an:
3710 Ir müßend Christenglouben lân:
  Ein widerrüff den Götzen thun /
  Wo ir von mir wölt haben sůn.
    So ir ihnn nit werdt opfer geben /
  Sönnd ir verwürckt han ůwer leben.
3715   Ir mögend vns nit meer entrünnen:
  In disem füwr müßt ir verbrünnen.

S. Crescentius.

Din bocchen / trutzen ist vmb sust
Zům widerrüff hand wir kein lust:

3697: vgl. Anm. zu V. 1067
3705: vgl. Anm. zu V. 1067

Wir stond nit ab von vnserm Gott
3720   Der lyb vnd Seel vnns bschaffen hot.
     Din Gött sind Tüfel vß der helle.
     Wer an sie gloubt / der ist ir gselle.
     Wirdst mit ihnn lyden hellsche pyn /   S. 72
     Da legist dann din vnglouben hin /
3725   Vnd gloubest an herrn Iesum Christ
     Der vnser trôst / vnd heiland ist.
       Ehe wir den selben wöllind lân
     Ehe thůnd wir in 's füwr selber gan:
     Ein gnem brandopfer Gottes z' werden /
3730   Dann handlen wider Gott vff erden.

    q   Hyrtacus.

     Hinweg mit üch / Ir falschen Christen /:
     Ir suchend vil geschwinnder listen /
     Die üch nit mögend kommen z' stüwr /.
       Hui / nempt sie hin / werfft s' in das füwr.

    q   Carbonius Schür den brannd

3735   Ia Herr / Sy müßend hütt verbrünnen:
       Denn erst werdend sy gwar / vnd innen /
     Wenn hût / vnd haar ihnn ab wird gan /
     Wie ihnen ir Gott z' hilff wird kôn.

              Fuscus der ander Scherg / zů Vrso.

     Du bist so blaw / Ich mein dich früre /
3740   Komm mit mir zů eim gůten füwre.
     Da ist's so grausamlichen heiß:
     Ich gloub / dir werd ûsgan der schweis.
       Wenn du da selbst nit witt erwarmen /
     So můß 's Götz Iupiter erbarmen.

    q   Die Schergen ergryffend Vrsum /
       Victorem / vnd andre / sie in das füwr
       ze werffen. So schlacht das wätter in
       das füwr vnd löscht es. Die strâl trifft Hyrtacum
       zů boden nider.

3730a, 3734a: Hs. Abschnittszeichen in der Kolumne
3738a: vgl. Anm. zu 423a
3744a: Hs. Abschnittszeichen in der Kolumne

In dem die wyl Hyrtacus in
    ommaccht vff dem boden ligt / vnd hindangetragen
    spricht ein Engel zů den Heilgen
      vß den wolcken. vnd knüwend die Heilgen nider.

3745   Sind ghertzt / Ir lieben Gottes frünnd:
        Gott hat ⱴch bhůtt / das ir nit sind
    In disem füwr zů ǎschen gbrennt /
    Die wyl ir ihn fry willig bkennt /
    Vnd wöllen an die marter gon.
3750   Hütt wird üch bzallt der eewig lôn.
    Der Martrer krôn / Ir werdt erstrǎben:
    Von mund vffarn in's eewig lǎben.
    In d' wunnsam frôud / vnd sǎligkeit /
    Welch den erwellten ist bereitt.
3755   Darumb beharrend bis in 's ennd:
    Der herr ⱴch gnad / vnd stercke sennd.

            Vrsus fallt vff sine knüw.

    Ô Gott. Grôß danck sey dir geseit /
    Das du erzeigt barmhertzigkeit /
    Vnd trôst / durch dinen Engel clâr
3760 Vnns diner wolbetruwten schâr.
        Ach herr / du bist der weg / das leben /
    Du hast vnns Lyb vnd Seel gegeben.
        Die einig warheit 's Vatters bist
    Du min hoffnung Herr Iesu Christ.
3765   Zeig vnns din weg: für vnns din strâß:
    Miltrycher Gott / vns nit verlâß.
        Sterck vnser hertz / gmůt / sinn vnd denck /
    Das vnser keiner von dir wennck.
        In vnserm lyden gib vnns gdult /
3770 Verzych vnns / herr / all vnser schuld.
    Laß vnns dins bittern lydens gnießen.
    Wir bgǎrend vnser blůt z' vergießen

3744f: ü.d.Z. nicht gestr. Engel
3744h-i: Regieanweisung ab zu den Heilgen und
        ab vnd knüwend die Heilgen nider. nachge-
        tragen; nach wolcken nicht gestr. z.
        Ab zu rechts neben V.3744 h-i und V.3745.
3756a: vgl. Anm. zu 423a

Vmb dines heilgen namens willen:
Gib / herr / din gheiß / vnd gbott z' erfüllen.

3775   Nim lyb vnd Seel zům opfer ůf:
Gib vns ze sin der sålig hůff /
Das wir din heilig angsicht såhind /
Lob / eer / vnd prys eewig veriåhind.
Bis gnådig (herr) ouch vnserm Fynd /

3780   Von welchem wir durchåchtet sind.
Min Gott / diß vőlcklin ouch bewaar /
Welchs hůffechtig in einer schár
zů dir ist bkeert durch vnser Leer.
Ach heilgster Gott / Ich bitt dich seer

3785   Laß Solothurn der Statt / vnd Lannd
Din heilgen namen werden bkannt.
Din Geist / frid / gnad sennd diserm ôrt /
Ze thůn allzyt nach dinem wôrt.
In recchtem waarem glouben z' bstân /

3790   Kein zyt vom Gottsdienst ab ze lân.
Statt / Lannd erhallt in dinem segen:
Gwår die ir's gbåtts von minet wegen.
Wenn s' dich in nőten růffend an /
Wőllst s' in din schirm beuolhen han:

3795   Vnd geben krafft ir Fyend z' bston /
Wie Iosue vnd Gedeon.
Min herr / min Gott / erhôr min stimm:
Vff disen tag vnns zů dir nim.

Christus erschynt ihm in
den wolcken.

Kompt ir geliebten in min Rych /   S. 75
3800   Welchs von mim Vatter b'reitet üch.
In kurtzen stunnden wird üch g'langen /
Was ůwer hertz / vnd gmůt ist b'langen.
Darumb sinnd mannlich zů dem stryt /
Ir werdt erfechten gůte püt.

3805   Din trüw fürpitt will ich erhôren /
Ia dinen namen / Vrse / meeren.
Wer in dim namen etwas bgårt
Dem sol es allzyt werden gwårt.
Ein Tempel wird dir gbuwen z' eeren:

3810 Darinn ich ir gbätt will erhören /
Die mich ansüchend durch din namen /
In vestem glouben kommend z'samen /
Vnd mich von hertzen werdend eeren /
Den will ich alln irn vnfal weeren.

3815   Sid du min trüwer diener bist /
Wird Solothurn durch dich han frist:
Vom Fynd wird d' Statt beschirmet zwaar
Ob glych frömbd / heimsch sich lägert dar.
    Dir wird diß Statt vergäbet werden
3820 So din g'bein wird erhebt vff erden:
    Hernach zů gantzer fryheit kommen /
So sy in bündtnus wird genommen.
    Min stätes opfer sol nit hören /
Ob glych nüw secten sich entbören:
3825   Min schöner roosgart sol rein blyben /
Die distlen / dörn vmb sich vertryben.
    Wenn hoffart / eergyt / eigennutz
Nit tringt vff vnrecht / kyb vnd trutz
    Wenn sy in einfalt bharren thůt /   S. 76
3830 Nach frommkheit riecht irn dapfern můt:
So wird s' in friden lang zyt bliben:
Dhein Fürst noch herr sich an sie ryben.
    Fallt aber die von minem bundt /
Wird ich sie riechten gächling z' grunnd:
3835 Ich thůi dann / Vrse / din pitt eeren.
    Wolan / bald wirdst du zů mir keeren /
Sampt diner frommen ritterschafft:
D'rumb förchtend üch nit: sind mannhafft.

        Vrsus.

Ô herr / din gnädig hilff vnns stüwr:
3840 Laß vns nit kôn in vngehüwr.
Wir gebend vf am letsten ennd
Dir vnsre Geist in dine hennd. Amen.

        SCENA. V.

Hyrtacus. Seruilius Scherg. Symbůlus

3843: vgl. Anm. zu V. 1067

Parmeno. Audentius.

Hyrtăcus.

Ô Mordio: Wie ist mir bschechen?
　Ich hat mich glych des tods versechen /
3845　So hart bin ich ze boden gschlagen.
　Acch wem sol ich doch min nôt clagen?
Wilt du mich Iupiter nit recchen /
So můß min hertz zů stucken brecchen.
　Ô angst vnd nôt / wie schwacch bin ich?
3850　Min liebe knecht erlabend mich:
Mir gschmůchtet / das ich môcct versincken:　　　　S. 77
Ey lieber bringend mir ze trincken.

Serulius Scherg.

Herr / trinckend vß dem flåschlin klein /
Es ist noch wyn drinn / als ich mein:
3855　Vff fürsorg hab ichs zů mir gnommen /
Wo mir ein großer durst wår kommen.

Symbůlus besůcht Hyrtacum.

Min Vogt / wie stâts? Es ist mir leid.

Hyrtacus.

Symbůle / du mir reccht hast gseit.
Ietzt ist mir min troum worden waar /
3860　Der mir diß naccht ward offenbâr.
　Ey Ey. Mag ich dann recchen nit
Die schmâch / vnd schannd / die mir bschîcht hütt?
So můß ich vor leid sterben hie.
Sôlch angst / vnd noot hat ich vor nie.

Symbůlus richtet ihn ûf.

3865　Wolůf. Erfrüschend ửwer hertz
Mit disem trunck / so gligt der schmertz.
Sitzt hie zů mir / bis üch bas wird.

Hyrtacus

Nach dir Symbůle langt min bgird.

3862: vor bschîcht ras. hütt , nach bschîcht
nachgetragen hütt?

Tröst mich / vnd gib mir gůten bscheid /
3870 Das ich vergeß mins hertzens leid.
Min hertz ist nie so schwacch gewäsen.

Symbulus

Min Hyrtace: bald sönnd ir gnäsen:
Ir gspürt des gwaltigen Gottes hannd /
Wie die den Christen thůt bystannd.
3875 Ir gwünnend ihnn mit kyb nichts an:
Vil weger wär's / ir ließind s' gân.
Ich rât / Stond ab von Üwerm grimmen /
Thůnd was sich mag den eeren zimmen.
Nit widerstrâbend Gottes Mâccht /
3880 So wird die sacch zů gůtem brâcht.
Diß fromme Mann laßt ledig hin /
Ir hond daruon vil beßern gwün
Wenn ir sie werdend leben lân.
Ir mögt doch wol binn eeren bstân /
3885 Dem Keiser ein gůt antwort schicken:
Wurd Üwre sacch vil bas sich glücken /
Dann in den Tod ze geben die
So vnns kein arges g'than hand nie.

Hyrtacus

Ich wird dir keins wegs volgen hütt:
3890 Es bschiße mich der wunndig ritt:
Wenn es der Keiser wurd vernemmen
Das ich die nit hett mögen demmen /
Vnd sie so lichtlich ließe gaan /
Möcht ich by minem Eyd nit bstaan.
3895 Hand s' vnns nit angsts gnůg zůgewendt?
Min kneccht / mich / vnd min Götter gschendt?
Irn trutz mag ich nit mee vertragen:
Ich werd sie nemmen by dem kragen:
Die redlifürer mükend d'ran /
3900 Vnd sölte sie all plaag angaan.
Gond ilends (Ir min Söldner) hin
Legt s' widerumb in d' gfengknus in /:
Vnd bringt mir hâr die rechten knaben /
Die vnns diß ellend zů grüst haben /

S. 78

3905   Als Vrsen / Victorn / fünf / old sechs /
           Das vsg'rütt werd diß mißgwechs
              Den selben zühend ab ir waat   S. 79
            Darinn s' erzeigt hand mannlich that:
           Vnd legt ihnn an / zů einer schmâch
3910   Lang wiberkleider / mir zů râch:
            Vnd bindend ihnen wol ir hennd /
           Die will ich laßen ricchten bhennd.
            Die ừbrigen laßt in gfengknus blyben /
           Ob ich 's mit forcht da hin môcht tryben
3915   Den Gôttern widerrůff ze thůn /
           Das sy erlangtind dz Keisers sůn.

                    Symbûlus.

           Wol hin / das kan ich nit gar weeren:
            Die andern môchtend sich bekeeren /
           Vnd an die strâffe stoßen sich /:
3920   Wie wol sy hefftig rüwend mich.
            Min rât wâr aber noch (wie g'redt)
           Das man sie ledig laßen thet.
            An irm tod ich kein schuld will han /
           Mag nit den iamer schouwen an.

                    Gaat hinweg.
               Die Sôldner legend die heiligen
                    wider gfangen.

                Audentius Lütiner

3925   Woluf / Ir mûßend wider d'ran /
            Es wird üch an d' bündtriemen gan.
           Diß wird den Affen leeren gygen /
           Das ir hernach wol werdend schwygen.

                    SCENA. VI.

              Gerontius ein alter bkeerter Christ
                  Christiana sin husfrow.

3906: <u>u.d.Z.</u> Ex historiae textu lect. 5.
             V̅idens impius praeses / sanctos Martyres duplici
                                  miraculorum splendore
             clarificatos / plurimos capite truncari praecepit.
3910: <u>über</u> -kleider <u>nicht gestr.</u> kittel
3916: <u>dz</u> <u>aus ras.</u> 's

Gerontius   S. 80

3930
Man legt die heilgen widerumb gfangen:
   Wie wärs wenn wir heim wärind gangen?
Z' versorgen vnsre gschäfft mithin /
Bis Gott sin mittel sendte d'ryn /
Das dise möchtend ledig werden /
So er s' wölt lenger han vff erden?

3935
   Er hat so mengs mâl sie erredt /
Das ihnn kein marter vnfůg thet:
Sie offt getröst / sin Engel gsendt /
Des füwres quel ihnn abgewendt.

   Er kan sie noch bschirmen mee:

3940
Wenn es ihm gfallt / bschicht ihnn kein wee.
   Vilicht wird Hyrtacus sich bsinnen:
Das er die widerschickt von hinnen:
   Old wird besammlen sinen rât /
So kommend wir dann noch nit z' spât /

3945
Ob wir ein wyl schon ziehend hein /
Bald demnach kommend ŧber ein:
Vff das wir mögind sehen 's ennd
Was Gotts fürordnung ihnn zůwennd.

         Christiana sin frouw.

Wir volgend dir / min lieber Man /:

3950
Gern gond wir mit dir wider d'ran.
   Gott wöll der heilgen Ritter pflägen /
Vnd vns mit ihnen gén sin sägen.

              SCENA. VII.

         Rottmeister. Hyrtacus. Furius.
         Die Sechs heilign Victor. Vrsus. Constantius.
         Valerius. Florentinus. Crescentius. werden
         in langen kitlen dem Hyrtaco praesentiert.
         Welche er den nachrichtern beuilcht z' enthouptn.

q   Rottmeister.   S. 81
    Herr Vogt / wir bringend üch die Mann /

3929: vgl. Anm. zu V. 1067
3952a: Hs. a.r.R. nachgetr. Sex Sancti decollantur
3952g: Hs. Abschnittszeichen in der Kolumne

Wie ir vnns dann beuolhen ghan.

q   Hyrtacus.

3955 Fürend mir s' hår vff disen plân /
    Das ich ihnn gsech die köpf abschlahn.
     Min hertz will ich ob ihnn erkülen:
    Vnd losen / wie sy wöllind brülen.
     Ich opfre s' ûf / Mercurio:
3960 Der wird irs blûts seer werden frô:
    Der lang hochgeerethie zû Lannd /
    Hütt durch sie brâcht in grôße schannd.-

    Spriccht wyter zû den heilgen.

  1 Ir öden Wiccht / Ir hand mich gschendt /
  2 Darzû min' diener ouch verblendt:
3965 3 Verfûrt hond ir das Landvolck gar:
  4.Min' Götter z' nüt gmaccht offenbar:
  5.Von Christo wennd ir üch nit keeren:
  6 Des Keisers gbott sind ir nit hören:
    Deß müßend ir mir d' Katzen heben /
3970 Es mûß üch kosten ûwer leben.

    Beuilcht sie den Nachrichtern.

  Ir nachrichter / vernempt min wort /
  Nempt hin die Böswiccht an ein ort:
  Vnd houwend ihnn den grinnd in's veld:
  Ûch sol d'rumb werden ûwer gelt.

q   Furius oberster nachrichter.

3975 Wir söllend ghorchen ûwerm gheiß:
    Ankeeren wölln wir allen fleiß.-

    Si nemend die Heilgen / bindend
     sie bas / fürends vff den
      richtplatz. Nota.

3953: vgl. Anm. zu V. 1067
3954a: Hs. Abschnittszeichen in der Kolumne
3974a: Hs. Abschnittszeichen in der Kolumne
3976a: Hs. Nemend ; Si nachgetr.
3976c: Nota nachgetr.
3962a, 3970a: vgl. Anm. zu 423a

Der Trumméter blâst ûf. Manet die blöden abzetretten.

Ir lieben wyber / die vilicht ein schräcken möchtend
hie empfâhn /
Ab dem enthoupten / das vorhannden ist / die sönnd
ietzt dannen gân.
Dann wô üch etwas leids bschech / kein schuld wir
wöllend haben dra [n]
3980 Deß will ich üch in allen trüwen vorhin früntlich
gwarnet han.

SCENA. VIII.   S. 82

Furius. Fuscus. Seruilius. hencker.
Hyrtacus Vogt. Coruinus. Cloâcius.
Liuidus henkersbůben.

Furius erst nachrichter.

Hui d'ran. Ir werdend sin im hatz /
Wir trybend mit üch nit uil gschwatz.
Du Fusce / gryff Victorem an:
So will ich hie den Vrsen bstân.

zů S. Vrsen spriccht er.

3985 Wie kompt's / das d' Vrse bist so still?
Das keiner nützit reden will?
Ist üch der has inn bůsen kon /
So es ist an ein treffen gon?
Knüw nider: halt mir dapfer dár.

Enthouptet Vrsum. Spriccht wyter.

3990 Der ist nun grech: Ein andrer hár.
Fuscus zů S. Victorn.

Victor / nun schick dich willig d'rin /
Du sichst wol / das es doch můß sin.
Din zoubren will ich glegen dir /

3976c-3980: ab Nota am unteren Seitenrand nachgetragen
3976d: die ü.d.Z. nachgetr.
3980b: über hencker nicht gestr. Nachricchter
3981: vgl. Anm. zu V. 1067
3988: über ist nicht gestr. thůt
3990: über grech nicht gestr. fort
3976d: vgl. Anm. zu 423a

So ich dir dinen bart abschir.

    Enthouptet ihn.

    Seruilius nimpt Constantium.
    S. Victors Fenner.

3995 Was stoltzen kuncklenfenners bist /
Im langen kittel diser frist?
    Was hilffts / das d' grümpt hast dinen Gott /
Der dich laßt stân in schannd / vnd spott?
Hast ihn so marter wol bewärt?   S. 83
4000 So heiß dich redten vor dem schwärt.

    Enthouptet ihn.

    Furius zů sinen gsellen.

Es ist noch iedem einer grad /
So schickend wir sie dann in's bad.
  Nemm ihm ein ieder einen für /
Der Florentinus gaat mit mir.

    Also enthouptet Furius Florentinum /
    Fuscus Valerium. Seruilius Crescentium.

    Furius nachrichter zům Vogt.

4005 Herr Vogt / hannd wir nach üwerm gbott
Gericcht? das sagend vnns on spott.

    Hyrtacus.

Ir hand gethan min willen gar.
  Ietzt ist min hertz ergetzt fürwâr.

q   Zů den dryen henckersbuben spricht er.

Nempt ire Côrpel / werfft s' in d' Aaren:
4010 So mögend sy gen Zurtzach faren.
Hie mit so kommend wir irn ab:
Die fisch werdend sin ire grab.

    Coruinus ergryfft Vrsi lychnam.

Der ist so kranckhait grausam schwär:
Greiffs an Cloaci / komm hie hâr.

4008a: **Hs. Abschnittszeichen in der Kolumne.**

Cloacius ander bůb.

4015   Getz touffter Iud: Laß mir nur wyl:
Er ist nit z' lupfen in der yl.
  Wir wöllend s' nemmen vff zwen sparren /
So mögend wir 's dest bas erharren.
Seh / Liuide / nim du den kopf.

Liuidus der dritt bůb.

4020   Far hin / du wůster nasentropf.

    Sy tragend die sechs Lychnam   S. 84
    nach ein andern in die Aaren.

    SCENA. VIIII.

    Hyrtacus. Symbulus. Parměno.

    Hyrtacus.

Nun sind d' vfrůrer vast ab strouw
  Die vnns angstattet hannd vnrůw.
Die ƚbringen werdend vilicht
D'ran dencken / vnd annemmen b'riccht.
4025   Symbůlus kompt dört wider har:
Noch einest ich sin rât erfar.
  Symbůle thů din vrteil fellen /
Wie thůnd wir wyter / iren gsellen /
Damit wir kemind ab der sacch?

    Symbůlus.

4030   Es wâr min rât / man thete gmacch:
  Sölch vrteil z' gen vertrybt eim 's lacchen:
Nit z' gâchen ist in disen sacchen.
  Ich ließ zů ihnen schicken mee
In d' gfengknus / das sy sich vor ehe
4035 Besinnen thetend / ob sy doch
Sich bgeben wöltind in das Ioch.

    Hyrtacus.

Ich will's noch einest mit ihnn wâgen /
Vnd durch min botschafft laßen frâgen.
Wenn sy von Christo thetend stân

4021: vgl. Anm. zu V. 1067

4040   So wurdend wir sie ledig lân.

                Beuilcht dem Weibel.

       Du weibel / siben Mann nim mitt

       Vom g'riccht / vnd sûmend üch gar nit /

       Vnd bringend bscheid von gfangnen gschwinnd /   S. 85

       D' wyl iren sechs enthouptet sind /

4045   Ob sy den Göttern opfer geben

       Noch wöltind / hiemit fristen 's leben.

        Thûnd sy das / ist's mit heil: wo nicht /

       So büt den zwölfern zu dem g'riccht:

        Damit durch vrteil werd vernommen

4050   Wie wir der gfangnen rott abkommen.

              Parmeno Weibel.

       Die sacch will ich verwalten wol.

       Vwr veste kein sorg haben sol.

         Sammlet siben mann die mit ihm gond

               MVSICA.

       Anima nostra quinque Gombert

       Vel O Christi miles Hagenwyleri.

         ACTVS QVINTVS.   S. 86

         SCENA I

4040a-4052: a.l.R. Die sibner in den Thurn.

Nach 4052a:	Synesius	Hans Lang
	Eleutherius	Nicli Dägischer
	Epitimus	Hans Dürr.
Sibner.	Parrhesius	Jacki Thoman.
	Thrasibûlus	Frantz Franck
	Leptrophron	Vli Franck.
	Synedrus	Hans Frölicher.

         neben Lang und Daegischer a.r.R. zwei-
         zeilig in die gfeng knus
         vor Hans Dürr gestr. Vrs Frölicher
         darunter gestr. Sobarus Anthoni Michel
         vor Vli Franck. gestr. Christow
                      Lengendorfer
         von Synedrus bis V. 4052b fünf zeilen
         freigelassen.

4052c: Hs. 5 φ; a.l.R. [leod.] alb. 17

Gerontius. Christiana. Lugentius.
Sedulia. Thaumantius. all
bekeerte Christen.

Gerontius

Wir wennd gan lůgen (lieben kinnd)
  Wie 's stån mȫg vmb die Gottes frünnd /
4055 Die Gottsgesandten heilgen kneccht /
Welch' Hyrtacus so grimm durchécht /
Ob er sie ledig wȫlle lån /
Old was er mit ihnn sey anfahn.
  Ist er nit blinnd / so merckt er wol /
4060 Das er sie z'friden laßen sol:
Die wyl er gspürt / das Gottes gwallt
Durch sie erzeigt ist manigfallt.
1 Erclårt hat sie der gȫttlich schyn
  Im kercker do sy hattend pyn:
4065 2 All bannd / vnd kettin sind vfgangen:
3 Die schergen hand ir lôn empfangen /
  Als sy mit blindtheit gschlagen gschwinnd.
  Die heilgen ledig gstannden sind.
4   Der tüflisch Abgott ist zerbrocchen.
4070 5 Gott hat die sinen gwaltig g'rocchen /
Das füwr ist glȫschen / vnd zerstrȫuwt /
  Welchs vnns hat hertzlich wol erfrȫuwt.
6   Der Hyrtacus ist z' boden gschlagen /   S. 87
  Halb tod hat man ihn dannen gtragen.
4075 Nun hat er s' wider gfangen g'leit
Nit weiß ich / was sich mee zůgtreit.

Lugentius

Der Vogt ist ůber sie seer gråtz:
Ein dorn inn ougen sind s' ihm ståts.
  Ich fȫrcht sy müßind 's bad vstragen
4080 Das thůnd wir Gott dem herrn clagen.

Christiana

Wir wyber gond ouch mit üch d'ran /

4053: vgl. Anm. zu V. 1067
4077: <u>vor</u> seer <u>ras.</u> ...

Z' vernemmen wie 's ihnn werd ergân.
    Der gütig Gott geb ihnen z'hannd
Das sy lang lebind hie imm Lannd /
4085   Vns gebend noch vil guter leeren:
Da mit sich 's landvolck alls môg bkeeren.

Lugentius findt das gspor von
blůt vff dem platz.

Acch Gott / acch Gott / was find ich hie?
So grimm bin ich erschrocken nie:
Schouwt / Wie so blůtig ist der plân?
4090   On zwyfel wird's nit reccht zůgan.
    Mir ist empfallen frôud vnd můt.
Sihe. Hie vnd dôrt ist alls voll blůt:
    Ich bsorg / dem Vogt sey gsin so gaach
Das er den heilgen gstellt hab nach /
4095   Vnd etlich glych gnon by dem kragen:
Darumb das er vom wâtter gschlagen.

Christiana

So můß Gott eewigklich erbarmen /
Wie ist so ůbel bschehn vnns armen?
Wor zů ists disen frommen kôn /
4100   Die niemand ie kein leid hond gthon?

Sedulia Maget.   S. 88

Ô wee / das sey Gott trüwlich gclagt /
Wie trôstlos bin ich arme magt?
    Acch / acch / das 's Gott erbarmen můß:
Ir leer was mir für honig süß.
4105   Dern sol ich ietz beroubet sin.
Verlaß mich nit du schôpfer min.

Gerontius.

Hat man s' vmbrâcht / so ist's mir leid:
Gott geb ihnn eewig růw / vnd freid.
    Wo hat man s' aber hingethan.
4110   Das wir dem gspor nach môgend kon?

4098: über ist nicht gestr. wâr

Lugentius

Es wundert mich ouch ỷber d' maaßen:
Wir gond hinỷs vff alle straaßen /
Ob wir irn möchtind werden gwar.

Sedulia.

Thaumantius kompt vnns dört har.
4115 Mich bdunckt er sey verstûnet gar.
Es wird ihm etwas bgegnet sin.

Lugentius.

Hallt still / wir thûnd hie warten sin.
Wir wöllend losen was er sag /
Dann er nützit verschwygen mag.

SCENA. II

Thaumantius. Gerontius. Lugentius.
Christiana. Sedulia.

4120 Was größen wunnders ist beschechen?
    Ich hab's min lebtag nie mee gsehen.
Es ist kein gspenst / noch btrug gesin: S. 89
Mir sind nit gblendt die ougen min.
    Ich will's min gsellen zeigen an /
4125 Ob si deß möchtind wüßen han /
Wer die enthouptet hab so bald:
Man hat / on zwyfel / gtriben gwallt /
D' wyl hütt kein Landtag / noch kein g'riccht /
Gehalten ist / wie gwonlich bschicht.

Lugentius zû dem völckli

4130 Ich hör / Er hat etwas vernon /
Als ich vß siner red verston.

Gerontius.

Ich will ihn z' ersten sprecchen an
    Wo har / Thaumanti / lieber frünnd?
Was bringstu nüws? das sag vnns gschwinnd.

Thaumantius.

4120: vgl. Anm. zu V. 1067

4135 Das sag ich gantz gůtwillig dir /
Sid du zů sölchem hast begir.
   Dŏrt vnden an der Aaren port /
Als ich allda wolt wanndlen fort /
Gesach ich vß dem waßer gaan
4140 Sechs Mann / die warend angethân
Mit langen weißen kleidern (lůg)
Ein ieder in sin hennden trůg
Sin eigen houpt / das ihm abgschlagen /
(Das thet mir min hertz bitter gnagen)
4145   Da selbst sy knüwtend an das Glennd /
Ir hŏupter hůbend s' ůf / vnd d' hennd
Gen himmel wol ein gantze stunnd:
Mit andacht růrtend s' iren munnd:
Als ob s' ir Geist vfgebind Gott:
4150 (Das sag ich üch on allen spott.)
   Dem nach sencktend sy sich vff d' erden.   S. 90
(Ich meinnt mir mǔßt onmecchtig werden) /
Also gieng durch min gbein ein grůs /
Ich bsorgt / es wǎr' ouch vmb mich ůs.

                    Lugentius.

4155 On zwyfel / Sind 's die heilgen Mann /
Die hie ermürdt vff disem plan:
Dem nach in d' Aaren gworffen sind.
   Wir wŏllend guggen wo man s' finnd.
Gott trŏst die lieben Seelen gůt:
4160 Der hallte vnns in siner hůt.

                   Thaumantius

So nun. Ich will üch zeigen bhennd /
Wenn ir ein lust hannd mit mir z' gŏnd.

                    Gerontius.

Wol hin. So kommend mine kinnd /
Wir bsůchend gern die Gottes frünnd:
4165   Dern Seelen ietzt in frŏuden sind /
Dann sy entzuckt sind von dem Fynd.

   4141: a.r.R. kittlen

Sy hand vns sölchs zů vor g'zeigt an /
Das ihnen diß wurd z'hannden gan.

        Thaumantius.

Da ligend s': hand ir' Geist vfgeben
4170   Gott trôst sie all im eewigen leben.
    Diß ort hand s' ihnen selbs erwöllt /
(Wie ich üch dann vorhin gemeldt)
Ze růwen hie in Gott dem Herren /
Darumb mit bgrebtnus sönnd wir s' eeren.

        Christina

4175   Ô Gott sey es gklagt. Du heilger Vrse
Sampt diner vßerwellten Burße /
Sol ich dich sehen so ellendklich
Erwürgt / vnd gschmächt so trutzenlich?

        Sedulia

    Ô was ellenden schouwspils ists?
4180   Was großen leids bschicht vnns der frist?
    Du frommer Victor / vnd din gsellen /
Was hat üch Gott doch zyhen wöllen?
Das er in sölche schmâch üch geben /
Die er sölt lenger laßen leben
4185   Z' trôst vnns wyslosen Schäfflinen?

        Thaumantius.

Es môcht noch einen wunder nen /
Warumb Gott sömlichs ließ beschehen.
    Doch in sin Vrteil ist nit z' reden:
Er laßt lang leben offt die schnöden:
4190   Die g'rechten nimpt er bald da hin:
Diß bschicht all's durch den willen sin.
    Vnd wird hie waar (wie Paulus spriecht)
Des herren wâg / vnd sine g'riecht
Sind nit z' erfaren / noch z' ergründen:
4195   Das gsehnd wir hie an sinen fründen.
Es ist nit gschehn on Gottes raat /

S. 91

4172: ich ü.d.Z. nachgetr.
4179: über schouwspils nicht gestr. anblicks

Der kein vnbill vng'rocchen lât.

   Kein Spatz ist ihm so gar vnwerd /
Das der hinfalle vff die erd

4200   On Gotts nachlaß. Ia vnsre haar
Von Gott sind gzellt / spriccht Christus clâr /
On ihn mögend s' vom houpt nit rysen /
Wie vnns Mattheus thůt bewysen.

   Darumb mag 's also Gott han gfallen
4205   Vilicht zů gůt vnns bkeerten allen /
Mit irem heilgtumb vnns z' begaaben: S. 92
Vnd trôst durch ir fürbittung z' haben.

   Dann waarlich / ich gar zwyfle nit
Das wir (ia) durch ir heilge pitt
4210   Erwerben mögind Gottes huld.
Der wöll vergên vns vnsre schuld
Durch ir verdienst / vnd bitters lyden.

         Sedulia

Ô ellend / iamer / angst / vnd lyden /
Der kummer möccht eim 's hertz zerschnyden /
4215   Das dise lieben / heilgen / frommen
So bald von vnns sind hingenommen.

         Gerontius.

Wie wol s' vns ẁbel rüwend z'wâr /
D' wyl sy by vns gwont bishar /:
Vnd billich b'weinen / klagen die /
4220   Das sy groß pyn erlitten hie:
So sölln wir doch ihnn nit verbünnen
Die fröud / die nimmer mag zerrünnen:
Welch' s' ietzt vor Gottes angsicct clâr
In eewigkeit hand iemerdar.

4225   Ia für vnd für / on vnderlaß
Für vnns nun bittend vmb ablaß
Der Sünnden / vnd für alle nôt.

   Gar kostbarlich z'wâr ist der tôd
Der heilgen / vor Gotts angesicht /
4230   Als wir sind durch den Dauid b'riccht.

4209: heilge aus heilige

Den schatz wir eerlich sͤnnd begraben /
Mit ihnen frͤud im herren haben:
Dann sy hand ire Seelen gwunnen /
Dem strick der Ieger sind s' entrunnen.
4235   Ir lôn ist vor dem herren grôß:
Sy sind nun alles kummers lôß.
Das weinen / trûren hat kein frist   S. 93
By ihnn. Der herr hat 's alls abgwüscht.
Ir namen sind im himel gschriben /
4240   D' wyl sy an Christo bstenndig bliben.
Deß sͤnd wir loben Gott den herren:
Ihn in sin lieben heilgen eeren.
Vnns ouch wie sy inn tod ergeben /
Z' erstryten dͤrt das eewig leben.
4245   Nun d'ran. Was wennd ir lang zͦschouwen?
Bringt darfür schûflen / bickel / houwen:
Wir wͤllend s' bstatten zͦ der erden /
Ehe es der Vogt mͤg innen werden.

Lugentius.

Wir helffend all gͦts willens gern /
4250   Von stunnd an wider har wir keern.

Vergrabend die heilgen.

SCENA. III.

Hyrtacus. Symbûlus. Parmeno.

Hyrtacus.

Es wͣr nun zyt das d' bottschafft kͣm /
Das ich den hanndel reccht vernem.
Was die gefangnen krieglüt seiten /
Da mit wir nit lang mͤßtind beiten.

Symbûlus.

4255   Sy werdend sich nit sûmen lang /
Es sey dann das 's nit reccht zͦgang.

Hyrtacus

4250a: nachgetr.
4251: vgl. Anm. zu V. 1067

Der weibel kumpt allein dŏrt / Sich.

Parmĕno.

Ich kan nit gnŭg verwunndern mich /
Das disre Lüt nit wennd abstân /
4260   Wie strenng man's mitt ihnn ist anfâhn.
Kein trŏw / noch pyn mag sie abtryben: S. 94
Vff irer meinung bstond sy blyben.
   Das will ich dem Vogt zeigen an:
Ich gsehn ihn eben reccht da stân.

        Hyrtacus. stât vor sim hûs
                by sim Statthalter.

4265   Was bringst mir widerumb für bscheid?

        Parmeno.

Das sag ich / herr / by minem Eyd /
Kein stâter Lüt sind mir zŭkommen /
Die ir ding strenger für sich gnommen /
Als diß Thebaeïsch knaben gthân
4270   Wie ir von Sibnern werdt verstân.
   Der halb ich in 's griccht gbotten han /
Das wird sich bsammlen von stunnd an.

        Die Spillüt ein lied.
        Darnach blaßt man vf / zŭm Landtag.
        Gât Hyrtacus in sin hûs.
        Der weibel tribt die gricchts Lüt ze samen

        SECNA. IIII.

        Landtag. oder Gericcht.

Hyrtacus. Symbûlus. Synesius.
Eleutherius. Epitimus. Parrhésius.
Eristhenes. Thrasibûlus. Doróphagus.
Sóbarus. Synedrus. Leptophrôn.
Philaetius. Die zwŏlfer des Grichts.

        Hyrtacus Richter.

4264a-b: Hs. ab stât nachgetr.
4272a-b: Hs. fünfzeilig a.l.R. neben V.4272e nachgetr.
4272c-d: Hs. dreizeilig a.r.R. neben V.4272e-g nachgetr.

Ir wysen herrn / verstond vilicht
  Warumb üch gbotten sey zům G'riccht.
4275 Das namlich mir der Keiser gschriben:
Gar ernstlich ouch hie zů getriben /
Das ich vß sim gheiß gfangen han
Sine vnghorsammen / flüchtig Mann.
Sŏll die zůr Gŏttern opfer zwingen /
4280 Oder sie z' măl all sampt vmmbringen.
  Nun wŏllend diß Thebäische reiser
Keins wegs gehŏrig sin dem Keiser.
  Ouch kan ich sie nit darzů bringen
Mit trŏuw / old pyn / noch süßem singen /
4285 Das sy die Gŏtter wŏllind eeren /
Vnd zů ir Maiestat sich keeren.
  Von irem Christo wennd s' nit laßen.
Die vnsern Gŏtter sind sy haßen:
Hand die vneerlich brâcht zů schanden:
4290 Darumb irn ettlich sind inn bannden.
Verhoffend ir Gott werd sie bhůten /
Wie grimm man wider sie sey wůten.
  Dann wir mit schlahn ihnn nüt angwunnen /
Den Schergen sind s' vom Thurn entrunnen.
4295 Imm füwr wolt ich sie lân verbrennen /
Do was das wătter 's füwr zertrennen.
  Noch eins ich waagen thet mit ihn /
Das mich für dz wegest dunckt im sinn.
  Schůff etlich gschwinnd z' enthoupten lan
4300 Der fürnemsten vff disem plan:
Nach dem sie werffen in die Aaren:
Die Ůbrigen hiemitt z' erfaren /
Ob sy sich wŏltind noch ergeben /
Durch sŏlches redten ires leben.
4305 Vff das hab ich zů ihnen bhennd
Ůwr siben mit dem Weibel gsendt /
Mit allem ernst sie endtlich z' bhŏren /
Ob man sie z' letst noch mŏcht bekeeren:
Ze vollbringen des Keisers gbott.

S. 95

4273: vgl. Anm. zu V. 1067

4310   So macchend sy darûs ein spott:
Vil lieber wöllend s' sterben all /   S. 96
Dann vnsre Gött anbätten z'mâl.
Wie ir mögt wyter zeigen an /
Damit ir sacch / reccht dar werd gthan.
4315   D'rumb râtend nun ir wysen Rât
Wie man den schwären sacchen thät:
Das ich nit vngenad erhol
Des Keisers. Wolan b'tracchtend 's wol.
Symbûle sag din meinung an.

Symbûlus Statthalter. T

4320   Min rât vorhin ich üch gsagt han:
Synesius solt râten an.
Ich schetz diß Männer fromm vnd g'reccht /
Erbôren ouch von edlem gschleccht:
So ist ir leer vff tugend wysen /
4325   Ir frommkheit / gotsforcht ist ze brysen.
Sy bkennend wol nur einen Gott /
Der andre Gött all macht ze spott:
Grôß wunnder sagend sy ihn tryben /
Kein andrer Gott mag vor ihm blyben.
4330   Mit schlahn / vnd füwr mag s' niemand letzen /
All wyl s' vff ihn sind hoffnung setzen.
Es mûß sin gwallt grôß mecchtig sin /
Das er sie redtet vor der pyn.
Wo er irs lebens lenger bgärt /
4335   Möccht ir keinr vmbkôn von dem Schwärt:
So sy nun hand kein Ůbels g'than
Das ihnn für laster vf werd ghan /
Weder das sy nit volgen wennd   S. 97
Des Keisers Göttern opfer z' gend /
4340   Möcht man sie ledig laßen wol:
Derhalb ich s' nit verdammen sol.
Doch mûß ich dz meer lân 's beßer sin:
Dann ich kein locch kan reden d'rin.
Wenn ir Gott will / mag er sie bhüten
4345   Wie vil man wider sie ist wüten.

[Hyrtacus]

Synesi / was sagstu darzů?

2 Synesius. T.

So ich den hanndel sol eracchten /
In minem sinn gruntlich betracchten /
Find ich an ihnn des Tods kein schuld /
4350 Wärind sy nur in 's Keisers huld.

Wir hand sie strenng examiniert:
Mit ihnn imm thurn lang disputiert /
Von eer der Göttern vil erzellt /
Die man hochhallt in aller Wellt:
4355 Thůnd sy so clârlich inher fůren:
Durch vnsre gleerten ouch probieren /
Das nit mee dann ein Gott sey herr /
Der himmel / Meer / vnd erd regier.

All nebengötter thůnd sy weeren /
4360 Kein creatur für Gott z' vereeren.

Dann ir Gott möge sölchs nit dolen.
Sy redend ouch gantz vnuerholen /:
Die Götter / die wir eeren sind /
Syend des Tüfels Iegerhünnd /
4365 Harlouffende vß dieffer hell:
Wer sie anbâtt / sey 's Tüfels gsell:
Můß in den hellschen flammen brünnen /
Mög eewig nit darůs entrünnen.

Von wegen deß / Werd s' niemand zwingen
4370 Den falschen Götzen opfer z' bringen:
Die wyl ir Gott noch hütt zů tag /   S. 98
So große wunnder würcken mag:
Welche kein Gott ihm nachthůn werd /
Den man (on ihn) eert hie vff erd.

4375 Damit ich 's aber kurtzlich ennd:
Do wir by peen sie gmanet hennd /
Von irem irrsal abzestân /

4345a: Hs. Sprecherbezeichnung fehlt
4346: a.r.R. neben V. 4346a nachgetr.
4370: unter falschen nicht gestr. schnöden

Sunst werd man sie ertöden lân.

   Ist ihnen gar kein schräck / noch grûs /
4380 Ein ieder bgärt den tod für ûs:
   Zů irem Gott stât ihnn ir sinn /
Wo dann ir gselln ouch kommen hin.
   Gern wöllind s' lyden hie vff erden /
Das sy inn himel gnommen werden.

4385   Der glychen sy noch vil dargthân
Diß sey in kürtze g'redt daruon.
   Vß aller irer red / vnd wanndel /
Als ich erdûren disen hanndel /
Kan ich by minem Eyd nit sprecchen
4390 (Ob's glych der Keiser wurde recchen)
Das sy den tod verschuldt han söllend /
Den s' doch mit höchster bgird erwöllend.

        Hyrtacus.

Eleutheri gib dinen rât.

q   3 Eleutherius. T.

   So nun die vrteil an mir stât /
4395 Als ietz Synesius geredt
Han ich sin vrteil ouch bestätt.
Das man die ledig laße gân.
   Dann wie ich sie erkunndet han /
Bedunckend sy mich fromm / vnd schlecht /
4400 In iren sacchen iust / vnd g'reccht.

        Hyrtacus.   S. 99

Epitime / was dunckt dich reccht?

q   4 Epitimus. T

Wie ich den hanndel hör erzellen
Kan ich kein anders vrtel wellen /
Dann ietzund die all dry hand geben.

4387: a.l.R. Iudicium
4392a-4393: Hs. in einer Zeile unter V. 4392 nachgetr.
4392a: Hs. Hyr.
4393a: Hs. Abschnittszeichen in der Kolumne
4400a-4401: Hs. in einer Zeile über V. 4401 a nachgetr.
4401a: Hs. Abschnittszeichen in der Kolumne

4405   D' wyl disre kneecht vfrecht ir leben

In frombkheit gfůrt / so ließ ich s' louffen:

Das leben ist nit wider z' kouffen.

    Ist nun ir Gott so starck / vnd grôß

    1 Das er sie maccht vonn bannden lôß /:

4410   2 Vnd die bschirmt vor füwres gwallt /:

    3 Den Abgott g'zeigt in schnôder gstallt /

Der mit grûsamem gschrey verschwunnden /

Nit meer vff siner Sûl platz funnden.

    So sôllend wir vnns billich hûten

4415 Wider die Christen nit ze wûten:

Das vns kein vnfal komme z' hannd /

Der vns infůr in ewige schannd.

    Man sol vfrecht eim ieden ricchten /

Ouch krumme hândel helffen schliechten.

4420 Nit sehen an / Braccht oder gwallt:

Nit gunst / noch fyndschafft eincher gstallt.

          Hyrtacus.

Parrhesi / z' reden hastu gwallt.

q   5 Parrhesius. T

Sôl ich min meinung melden fry

Was ich imm hertzen gsinnet sey.

4425 Kan ich zůr sacch nit anderst sagen /

Dann d' waarheit vff ir mag ertragen.

    Der Keiser ist nit wol ze baß:

Zůn Christen tragt er nyd / vnd haß:

Darumb das sy / noch ire gsellen

4430 Nit flux sin Gôtter eeren wôllen /

Sonder den grüwel gwicchen sind /

Veruolget er s' als tôdtlich fynd.

    Die wyl nun aber kundtlich ist /   S. 100

(Kan niemand lôugnen diser frist)

4435 Das ir Gott grôß ist / den sy eerend /

Vnd vnser Lanndvolck zů ihm bkeerend:

4421a-4422: Hs. zweizeilig a.r.R. neben V.4422a-4423
                   nachgetr.

4421a: Hs. Hyr.

4422a: Hs. Abschnittszeichen in der Kolumne

Ia / vnsern Abgott z' schannden brâcht /
Den gar vertriben durch sin Mâccht /
Als wir hütt ougenschynlich gsehen /
4440 Darf ich fry / vnuerholen iehen.
   So wår ich lâtz / vnbillich d'ran
Wenn ich's wôlt mit dem Keiser han.
Spricch also disen zů das leben.
Wenn ich bim Eyd sol urteil geben.

     Hyrtacus.

4445 Eristhenes was gibst für bscheid?

    6. Eristhenes. Θ

Ist das gehalten ghorsamkheit
Dir ir verbunnden sind mit Eyd /
Des rômschen Ryches frommen z' meeren /
Vnd ouch des selben schaden z' weeren?
4450 Wennd ir eim ieden geben reccht /
Der da ist ein hargloffner knecht /
Vnd bringen ist ein nüwe leer /
In vnsern lannden nie ghôrt meer?
   Sônnd ir beschirmen flüchtig reiser /
4455 So gwicchen sind vom rômschen Keiser /
Welch' ab der Schlaccht entrunnen sind /
Von ihm geaccht / als tôdtlich Fynd?
   Old sind ir ouch durch sie geblendt /
Das ir 's so styff mit ihnen hennd?
4460   Ich brinng üch zů / wol andre mâr /
Die vnns von Rôm sind kommen hâr.
Das namlich Diocletian
Der Keiser / vnd Maximian /
Beid ein edict vslaßen gân
4465 In allem Lannd / vnd Nation
Den Amptslüten im regiment
Die gschworen habend 's Iurament /
Das sy by irem eyd keim Christen

                                S. 101

4444a-4445: Hs. in einer Zeile unter V.4444 nachgetr.
4444a: Hs. Hyrtac.
4445a: a.l.R. 62
4456: über entrunnen nicht gestr. entwichen

Hinfür siend sin leben fristen.
4470 Es sey dann das er sich bekeere /
Vnd ir' vnsterbliche Gött vereere:
Damit das regiment mög bstôn
Welchs sy vonn Göttern vberkôn.
Ouch nit abgang' d' religion /
4475 Durch der Christen rebellion /
Die vnsre Gött gar vernüten:
Diß ouch înschwätzend andern Lüten.
Wie disre Wiccht ouch habend gthan /
Vmb welchs ir s' bgärend ledig z' lân:
4480 Die ouch vmmgond mit zouberlisten.
　　Vnd wölt ir sölchen 's leben fristen?
Vil mee sönnd wir dem römschen Rych
Zûstimmen / vnd dem Keiser glych:
Welchen mit Eyd wir sind verbunnden /
4485 Mit ihnen z' ligen ob / vnd vnden.
　　Vmb welch's min vrteil ist / vnd rât /
Nach Keiserlicher Maiestat
Edict / sid sy die selbig gletzt
Darzû trutzlich die Gött geträtzt /
4490 Das man die Christen vß dem grunnd
Vsrüte / das dem Keiser kunnd
Werd / das wir habind ghorsamkheit
Erzeigt gen sinr großmecchtigkeit.
　　Vnd bkenn sie hiemit an das Schwärt:
4495 Welchs sy / on trûren selbs begärt.
Vff das wir irn abkommind gar /
Vnd niemand mee irn werde gwar /
Sol man sie ûs vff d' Aarbrugk füren /
Zû vor ire hennd mit stricken schnüren:
4500 Da selbst ihnn d' köpf vom Côrpel schlahn:
Hie mit s' ir mißthat gbüßt sönnd han.
　　Demnach in's waßer stürtzen z' hannd /
So fließend sy vnns vß dem Lannd /
Damit das Lanndvolck irn vergeße:
4505 Nit ihnen göttlich' eer zûmeße:
Dann sy das gmein volck hand verkeert /
Der Göttern vffnung gar entweert.

S. 102

[Hyrtacus]

Thrasibûle thů di vrteil ouch erzellen

7. Thrasibûlus. T. Kůnrât.

Du thůst vonn sacchen inher bellen /
4510   Als ob d' allein sôltest vrteil fellen.

    Du trybst din frâuel / Ůppigs gbreccht /
Glych ob du wârst das griccht / vnd 's reccht.

    Durch din fürwitz wilt han den brys:
Ist niemand sust so klůg / naswys?

4515   Man sol die greectigkeit bedencken /:
Nit nach dem Winnd den mantel hencken.

    Es ist nit gůt in gâche z' recchen /
D' hurnůßen vß dem hol ze stecchen.

    Der Keiser ist ein grimmer Man   S. 103
4520   Der offt den gwallt für reccht laßt gân:
Wie ettwan große Fürsten pflegend /
Ist nit d'rumb alls reccht was sy segend.

    Der zorn tringt mengen z' vngemacch /
Das ihn gerüwen ist hernach:

4525   Sol man ihm 's grad d'rumb gwunnen geben:
So er eim stellt nach sinem leben?

    Ich gsich disr' helden darfür an
Das man s' nit lychtlich b'redt wurd han
Ze glouben / on groß vrsach / bhennd

4530   An iren Gott / der Christus gnennt:
Wo ihnn nit sôlchs zů vor erclârt /
Durch / gleert / hochwyse Meister bwârt
Ouch vß gethanen wunderzeichen /
Die ihnen thetend 's hertz erweicchen.

4535   Der glychen sy noch hütt erzeigt /
Den Abgott vff der Sûl geschweigt /
Der wychen můßen ab der statt:
Kein zouberwerck man gtriben hat.

    Dann sy veriagt den bôsen fynd
4540   Der vns so lang zyt gmacchet blinnd.

4507a: Hs. Sprecherbezeichnung fehlt
4508: Hs. dreizeilig a.1.R. neben V. 4507 und
      4508 nachgetr.

Kein Tüfel thůt sin gselln vertringen /
Er wurd ehe siben mit ihm bringen /
Das er erhalten möcht den platz.
    D'rumb hat kein thôn din stoltzer gschwatz.
4545 Wie könnt ein zouberer ouch vertryben
Ein Gott / vor dem er nit möcht blyben?
    Es müßt der herr dann werden knecht /
So war sin hohe Gottheit schleccht.
    Du thetest wol din můl zů kallen /   S. 104
4550 Vnd ließest dir die wârheit gfallen.
    Dann das wir hütt gehört / vnd gsehn /
Darf ich wol mit der wârheit iehen
Das disre sind fromm / redlich kneccht /
In denn kein b'trug. Ich gloub ouch reccht
4555 Das göttlich krafft by ihnen sey:
Derhalb spricch ich sie ledig frey.

        Hyrtacus

Dorophage sag was din meinung sey.

    8 Dorophagus.ϴ Kronenfrâßer.

Bistu der flücchtigen Patrôn?
Was gebend s' dir darfür ze lôn /
4560 Das du sie bschirmst so dapferlich?
    Du keertest wol zum Keiser dich /
Der geb dir doch gůt pension /
Hie wird dir nit ein kart daruon:
    Ich wölte sust nit eim bystân
4565 Der mir nit hett ein schencke gthân.
    Ich gsech kein an / vff's reccht ze wysen
Der mir nit thet den Seckel spysen.
    Deß brôt ich iß / deß lied ich sing:
Groß nutz / gunst / eer / ich daruon bring.
4570 Des halb sol ich den Keiser brysen /
Ihm billich ghorsamkheit bewysen:
    Er gibt mir iârlich gelt vnd gold.
Wer ihm wol dient / hat rychen sold.

4556a-4557: Hs. in einer Zeile unter V.4556 nachgetr.
4556a: Hs. Hyrta.
4557a: a.l.R. 28

Deß danck ich siner Maiestat:

4575   Will das verdienen frůi / vnd spât.

Ouch sine Keiserlichen Reccht   S. 105

Handthaben / strenng / vest / vnd vfrecht.

    Sin' vnghorsammen helffen straffen /

Mit harnist zů ihm stân / vnd wâffen.

4580   Vß dem / Ich sine flüchtigen

Mit strâff sol helffen züchtigen:

Nach lût der Keiserlichen Recchten /

(Darwider nit gebürlich z' fechten)

    Erkenn also. Ihnn d' kŏpf abz'schlahn:

4585   Vff das sich andre stôßind d'ran.

            Hyrtacus.

Sobăre stannd ouch zum zil.

       9. Sobarus. Θ.

Es b'darf da nit krammantzes vil /

Zům handel ich ouch reden will.

    Sid dem die frăcch Thebaïsch rott /

4590   (Welch' ghorsamme bewysen sott)

1 Vom rŏmschen Rych abtrünnig worden /

2 Getretten in der Christen orden:

3 Verschmăcht die alt religion:

4 Den vnsern Gŏttern schmâch angthan.

4595 5 Das schleccht gmein volck verfûrt im Lannd /

Welchs vnns mŏcht bringen eewige schannd:

6 Darzů die riccher ouch geblendt

Die in den Thurn sind worden gsendt:

Welchs so 's der Keiser wurde gwâr /

4600   Vnns allen fůgen mŏcht groß gfâr:

Besonnder d' wyl / s' in vngnad sind /

Irn Maiestat geaccht als Fynd.

    Vß denn vrsacchen allen / Ich   S. 106

Min vrteil über dise spricch.

4605   Das man sie vff die Aarbrugk fůre /

4585a-4586: Hs. in einer Zeile unter V.4585 nachgetr.
4585a: Hs. Hyr.
4586a: a.l.R. 24

Vnd ihnen d' Grinnd von achslen rûre:
Darnach imm waßer laße schwümmen /
So sind sy 's volck verfûren nümmen.
Hie mit dem Recchten bschehe statt /
4610 Ze bûßen ire mißethat.

[Hyrtacus]

Synedre sag din ratschlag har

10. Sýnedrus. θ.

Ich volg ouch diser meinung z'war:
Ir Ůbelthat ist offenbar.

[Hyrtacus]

Leptophron sag vnns din vrteil z'hannd

11. Leptophrôn θ Kleinwitz.

4615 Nach mim einfeltigen verstannd /
Der letsten vrteil ich zûstannd.

[Hyrtacus]

Phileti gib din meinung ouch z' verstân.

12. Philaetius. θ

Herr Richter / d' vrteil will sich zweien /
Wie wol ich dantz am letsten reyen.
4620 Min stimm die mag nit macchen 's meer /
Ob ich glych stân zûr gegenweer.
Ir werdend mûßen Obman sin:
Niemand wird üch mee reden d'rin.
Wir hand gethan obedientz:
4625 Spreccht ir nun ûs / den schluß sententz
Als ir sust hand in sôlcher gstallt /
On vnsern rât / vom Keiser gwallt.

Definitiua Sententia. θ.   S. 107

4610a: Hs. Sprecherbezeichnung fehlt
4611: nach V. 4610 nachgetr.
4613a: Hs. Sprecherbezeichnung fehlt
4614: nach V. 4613 nachgetr.
4616a: Hs. Sprecherbezeichnung fehlt
4617: vor V. 4618 nachgetr., aber irrtümlich nach
der Sprecherbezeichnung für V. 4618.

Spriccht vs die letst Vrteil.

Hyrtacus.

So ich der gfangnen sacch nachsinnen /
Stât sy zů beiden syten innen.
4630   Die ersten sechs hand vrteil geben
Das man sie sölle laßen leben.
    Die andern sechs einhellig sind
Das man sie laß enthoupten gschwinnd.
    Sid ich nun Ampts halb / pflicchtig bin
4635 Des Keisers gheiß gehorsam z' sin:
Vnd durch sin schryben bin vermant /
So er mir gthan vß Wallis Lannd
Ihnn vff ir lyb / vnd leben z' stellen:
Wo sy nit ghorsamkheit thůn wöllen.
4640   Die wyl sy nun nit ab wennd stân
Wie offt ich sie abgmanet han /:
Můß ich ouch disre vrteil fellen /
Als ich vor gthan hab iren gsellen
Von wegen irer mißethaten:
4645 Durch üch ouch letstlich abgerâten /
Das man sie ricchte mit dem schwärt /
So wird sin will dem Keiser gwärt.

zů den Söldnern.

Gond hin / ir Söldner / Bringend har
Die gfangnen all in einer schar /
4650 Das sy gstellt werdind für gericcht /
Z' verhörn ir bkantnus / vnd verycht.
    Die Söldner bringend die ge-
      fangnen für gericcht ledig
        vngebunden.

SCENA. V.   S. 108

Hyrtacus. Glabrio Schryber.
Feruentius sampt den Thebaern
so verurteilt. Furius Nachrichter.

4627a-b: Hs. nachgetragen
4640-42: a.r.R. Defini tiua Snia. Vßsprucch

Hyrtacus.

Du schryber solt voroffnen bhennd /
  D' verÿccht vnd handlung / welche bkennt
Die bklagten so hie fürgstellt sind /
4655 Als 's Keisers Ãchter / vnd ouch fynd.
  Die selbig heiter vsher lis.

    Glabrio lißt d' verÿccht.

Vff hütt den letsten Septembris /
Nach dem d' Statt Rôm gestifftet war
Gzellt Tusend / acht vnd drißig Iar /
4660 Hat Maximian der rômisch Keiser
Beclagt hie diß Thebæïsch reiser /
Die ihm vß Wallis sind entwicchen
Vnd heimlich vß dem Lager g'dicchen /
Entrunnen hie har ab der Schlaccht /
4665 Ouch vnsre Gôtt hie z' schannden brâcht /
Der Christen Sect gehanget an /
Im Lannd verfûret wyb vnd Man.
  D'rumb Keiserliche Maiestat
Disr' als für ire Ãchter hat /
4670 Vff sôlchs ein Gbott vslaßen gan
Im Lannd ir gnaden vnderthan
Die Christen allsampt vszerüten
So ire Gôtter sind vernüten
Als disre hütt erzeigt ouch hand /
4675 Den vnsern Gott veriagt mit schannd.
Wie diß alls kuntlich ist am tag /
Irn keiner das verlougnen mag.

    Hyrtacus.

Sind ir deß anred / oder nit?

    S. Feruentius antwortet in
      der Thebæer aller namen.

1 Vns Christen sin wir lougnend nit.
4680 2 Die falschen Gôtt wir nit vereerend

S. 109

4652: Initiale rot
4656a: a.l.R. Verÿccht. vnd vrteil

Wann ir vnns glych zů fåtzen zerrend.
Vmb Christi willen sind wir grüst
All marter z' lyden ieder frist.

   Hyrtacus dütet dem Schryber
    mit sim stab.
     Der verlißt die vrteil.

     Glabrio lißt.

     Vff sölch gottlose mißethat /
4685   Vnd laster gletzter Maiestat:
     Ouch vff ir bkantnus vnd verycht /
     Hat urteil gfellt ein eersam g'riccht /
      Den Vbelthetern z' binnden d' hennd /
     Vff d' Aarbrugk die vsfůren bhennd:
4690   Da selbst ir köpf vom Cörpel schlahn /
     Hie mit s' ir mißthat gbůßt sönd han.
     Dem nach / sol man s' in 's waßer sencken
     Das man fürthin ir nit sey dencken.
      Vnd ist ir gůt dem Rych verfallen.   S. 110
4695   Wår ouch hie etwar vnder allen /
     Es sey frömbd / heimsch / glych Iung old alt /
     Der råcchen wöllte mit gewallt
     Irn tod / der sol sin in den bannden
     Darin diß thåter ietzt vorhannden.

       Hyrtacus.

4700   Ir nachricchter / hand ir verstannden
     Was vrteil / vnd Reccht hat gegében?

      Furius Nachrichter.

     Ia herr. Wir hand d'ruf gloßt gar eben.

       Hyrtacus.

     Ich antworte üch die z' riccten bald /
     Wie dann urteil / vnd Reccht innhaltt.
4705   Damitt niemand mee geergert werd /
     So s' gnommen von diser erd. - -

       Furius.

4683d-4684: a.r.R. Snīā Capi talis zweizeilig

Herr Richter wir sind grüst.
Vch willfarn diser frist.

Hyrtacus.

Nun wird der Keiser z'friden sin.
4710 Gang Schryber / fertg sin botten hin.

Glabrio Schriber.

Den handel will versorgen ich /
Das dhein clag kommen sol vff mich.
Das Gericcht stât vf.
Die Nachricchter bindend
die heilgen vszefûren.
Stellend sich die Personen in ire
ordnung vff den platz.

Musica. Impetum inimicorum. quattuor
O Martyr Vrse egregie. quinque

EPILOGVS. Herold.   S. 111

Bschlußred

Trochaïci / et Iambici dimetri alterni
acatalectici et hypercatalectici

- V / - V / - V / - -
V - / V - / V - / V - / - .

Fürgeliebten in dem herren /
Sey ieder gegrüßt nach sinen eeren.
4715 Gnûgsamlich hannd ir vernommen
Wie diß Thebaeër seynd harkommen
Vrsus / Victor / sampt ir rott /
Welch' Hyrtacus vervrteilt hot
An das Schwârt. Hieby wir wennd
4720 Diß Spil nun zühen zû dem ennd.

4706a-4708: Hs. in einer Zeile nach V. 4706 nachgetr.
4706a: Hs. Fu: a.l.R. neben V. 4707
4708a: Hs. Hyr: a.l.R. neben V. 4709
4712c: a.r.R. dreizeilig In carcerem Sancti
                                abduntur. et
                                rursum uestiuntur.
4712f: Hs. 4or
4712g: Hs. 5ꞧ
4713:   Initiale rot

Dann es nit von nöten ist
   Üch vorzespilen diser frist
Wie vergoßen sey ir blůt /
   Als dann d' Histori melden thůt.
4725 Sölches sol ich üch von munnd
   Verstenndigen / vnd macchen kunnd.
Deshalb ist min fründtlich pitt /
   Das ir Üch laßind blangen nit.
Dann ir werdend hören zwar
4730 Wie Gott sie Über etlich Iar
Wunnderbar eröffnet hat /
   Geziert mit krafft vnd wunnderthat.
Darumb / lond Üch nit verdrießen
   Min Sprucch wird disers Spil beschließen. -
4735 Die Histori zeigt vnns fürter an: S. 112
   Als Hyrtacus der zornig Man
Vff der Aarbrugk vor der Statt
   Die heiligen enthouptet hat:
(Wo zů gdächtnus gbuwen stât
4740 Ze Trybiscrütz die kilchen drât
Wie man noch wârzeichen gspürt
   Da selbst / so d' Aaren üt klein wird.
Ließ er ire Lychnam schießen
   In dz waßer: vnd von dannen fließen.
4745 Grôßes Wunnder sol ich sagen /
   Ire höupter hand s' inn hennden gtragen /
Vnd sinnd gschwummen bis an dz port /
   Dar ietzund gsetzt am selben ort
Ein capell Sant Peter z' eeren:
4750 Als ir dann werdend nachwerts hören.
Da sind s' vß dem Waßer g'krocchen /
   Vnd nider gknüwt vff das trocchen /
In ein dick gestrüpp / vnd gstüd.
   (Vor Gott ist gantz vnmüglich nüt)
4755 Alda sy ir gbâtt erzeigt
   Ongfâr ein stunnd. Biß sy sich gneigt
Vff die Erd: Ir' geist vfgeben:

4744: nach In ü.d.Z. nicht gestr. 's

Gott fůret sie in dz eewig leben.
Habend da ir růwstatt gsůcht /
4760   Der herr ein eerlichĕ b'grebt ihnn b'růcht:
Dann die Christen / so bekeert /
Von ihnen vnderwyßt vnd gleert /
Die diß alles selbs gesehen   S. 113
  (Daran ihnn hertzlich leid beschehen)
4765 Hand s' mit grőßer reuerentz
  Heimlich da selbst begraben bhends.
Vil der blinnden / lamen / dummen /
  Ia mit was succht sy bhafft darkummen /
Old da hin kranck sind gefůrt /
4770   Wie bald s' hand ire lychnam b'růrt /
Sind s' hingangen früsch vnd gsunnd.
  Diß g'rücht in allem Lannd war kund:
Allenthalben hằr man kam /
  Do man diß trôstlich mằr vernam.
4775 Groß mirakel würcket Gott
  Durch sine heilgen / one spott. ---
Denne /: nach fünfhundert Iaren
  Mit andacht ist da hin gefaren
Küng Pipins frouw hochgebôren
4780   Bertrada die vil vserkôren
D's Keisers Caroli můter klůg /
  Vß grőßem eyfer den si trůg
Zu den heiligen Patrônen /
  Thet ires gůts da nit verschônen:
4785 Ein Basilica buwt si bhennd
  Mit großem lust / am selben ennd.
Bgâbet sie mit gelt vnd gold /
  Der geistlicheit zů irem sold /
Gottes lob da vszekünnden /   S. 114
4790   Vnd siner fürgeliebten frünnden.
Ie doch lagend vnerhaben
  Die heilgen Martyrer begraben
Lange zyt / das keim me kunnd

4779-80: a.r.R. Beatus Rhe- nanus.
  4781:   D's Keisers aus Keiser, D's davorgesetzt
        a.r.R. circâ ān chrj. 800

An welchem platz man 's heilgthumb funnd
4795   Welchs sechshundert Iar verdeckt:
Bis das der gütig Gott erweckt
Künig Růdolphs gmachel zart
Den köstlichen Schatz offenbârt:
Die 's Burgundisch Küngrych bsaß /
4800   Ouch disers Lannd irn ghorsam was.
Welcher zyt ir dochterman
Der Keiser Otto dz leben ghan.
Disre Küngin Bertha gnannt /
Nach dem si was im Wittwenstannd /
4805   Ward durch Gottes Geist bericct /
Als irn fürkam in einem gsiccht
Wie ze Solothurn verborgen
Ein Schatz leg / zů dem si sölt sorgen.
Den z' bekommen si begán:
4810   Kein rast noch růw mocht si mee han /
Empsig do ir gbätt vollbrâcht
Vor Gott dem herren mit andâcht.
Sůchet wo si den möcht finnden
Mit allem flyß vnd ernst ergrünnden.
4815   Sihe. Do erscheinnt gar fyn   S. 115
Der göttlich schyn die heilgen sin
Durch vil häller liechtern glast /
Die an dem platz sich öugtend vast /
Da die heilgen Martyrer g'lägen.
4820   Kein arbeit bleibt da vnder wägen.
Dann si graben ließ vo vil
Vntz das man kam zům recchten zil.
Als si d' sacch nun thet erkunnden /
Dryzehen do der heilgen gfunnden.
4825   Vnder welchen vor ûs g'zellt
Sant Vrs / vnd Victor vserwellt.
Hat s' mit dz frommen Bischoffs gunst
Den werden Schatz / on alln verbunst
Vsgenommen / vnd erhaben /

4796-97: a.r.R. circa ān 937
4808: nach dem si ü.d.Z. nachgetr.
4815: über Sihe nicht gestr. Schouw
4824: a.r.R. 13 corpora.

4830   Mit welchem Gott sie thet begâben.
          Bzôch do Solothurn gar bald
              Zů irer eignen hand / vnd gwallt
          All ir hab / vnd gůt si waagt:
              Erbuwt die Statt gantz vnuerzagt.
4835   Ließ das Münster renouiêren /
              Sant Vrsen was s' es dediciêren:
          Welchem (nach Gott) diser frist
              Diß Münster noch zug'eignet ist.
          Vil der krefft / vnd wunderzeichen
4840   Thett Gott den siechen / krancken reichen
          Durch der lieben heilgen eer: S. 116
              Irs fürbitts gnôßend sy gar seer.
          Vnd noch hütt zům tag grôß wunnder
              Erzeiget Gott durch sie besunnder
4845   Denen so von hertzen bgåren /
              Dann er sie ires gbåtts ist gwåren.
          Wie ich vil kônnt zügknus bringen
              So ich nit ietzt zům ennd wôllt tringen.
          Ligt sunst heiter gnůg am tag
4850   Nach vnsrer frommen alten sag.
          Nun die edle Küngin clâr
              Die voll der trüw vnd Tugend war /
          Zwôlf Thůmherren ordnet dar
              Ze brysen Gott in einer schâr.
4855   B'gabet rychlich mit vil gůte.
              Diß loblich Gstifft / vß fryem můte /
          Den s' den heilgen was erzeigen /
              Gab disre Statt dem Gstifft für eigen.
          Zwing / vnd Bann / d' Müntz / Zoll / vnd Gleitt:
4860   All G'riccht / vnd Reccht / all herrlicheit.
          On das Blůtgriccht: welchs z'verwallten
              Dem Küng von Arle vorbehallten /
          Durch ein Vogt / old Amptman klůg.
              An dz rômisch Rych fiels z'letst mit fůg.
4865   Sôlchs bestůnd fünfhundert Iar:
              Bis d' Statt bekâm diß fryheit gar.

          4837: a.r.R. S. Vrsen kirchn̄
          4866: vgl. Anm. zu 423a

Dann Keiser Sigmund lobesan   S. 117
   Begâbt hiemit ein eerenman
Lieb / vnd trüwe pfliccht angsehen /
4870   Vbergab / vnd stellt diß eewig lehen
Vff den vesten Iunckher Hemmen /
   Den man von Spiegelberg was nemmen
Gab ihm disen gwallt / vnd reccht
   Des Malefices / vnd sim gschleccht /
4875 Welcher z' Solothurn ein burger was
   D's Schultheßen Ampt / den Stab ouch bsas.
Der vß gunst / vnd rechten trüwen
   Die er dann trůg / on allen rüwen
Gegen diser frommen Statt
4880   (Welch' ihm noch darumb z' dancken hat)
All grecchtsamme / Schwãrt / vnd Stab /
   Der Oberkeit hie / Ůbergab.
Als sy noch in ewigkeit
   Mit Gott erhallt diß grechtsamkeit:
4885 Ob den viertzig Iarn ongfâr
   Ehe Solothurn ein fry Ort war /:
Sich mit gmeiner Eydgnoschafft
   In großen Bundt eewig verhafft.
Dann si vor by Nüntzig Iaren
4890   Mit Stetten vnd Lenndern was beharren /
Zürch / Lucern / Zug /: Vri / Schwytz
   Ouch Vnderwalden / Glarus bsyts: -
Bern / Friburg mit Solothorn
   Ein alte bruderschafft bekôrn
4895 Hand / die iemmer bstenndig ist
   Durch Gottes gnad zů aller frist.
By den zyten (Wie vnns kunnd   S. 118
   Vß der histori) Do d's Burgund
Was beherrschen / on verdruß/

4867-4882: Diese Versgruppe ist im Original
          durch einen mit hellbrauner Tinte
          markierten Kasten eingerahmt.
4887:   a.r.R. 1481
4889-90:   a.r.R. 1393. Vide [litteras] Chronic
          Etterlini fol 49
4893:   a.r.R. 1338 vor [...] . Bern Solothurn
4895:   über die iemmer nicht gestr. Welche

4900 Ein Künig / gnennt Gundisolus /
   Sampt sinr Küngin tugendsam /
    (Frouw Chendesinda was ir nam)
   Ein gotsförchtig wyb / vnd frumm /
    Die zů Sant Victors heilgthumb
4905 Großen lust /vnd liebe gwan:
    Ein Münster si thet vnderstân
   Z' buwen / nâch by Genf der Statt /
    Das si ihm z' eeren vfgriecht hat.
   Bgârende an den heilgen Man
4910 Den Bischofe Domitian
   Das er iro brechte z' wegen
    Sant Victors Lychnam z' Solothurn g'legen
   Vnder sines Bistumbs zwanng.
    Das treib die Küngin also lang /
4915 Bis si z'letst gwârt ward ir pitt:
    Dann d' Gstifft dorfft ihnn 's versagen nit /
   D' wyl ir rendt / güllt / fryheit was
    Vom Rych Burgund / darinn si saß.
   Also kam mit großem brangen
4920 Der selbig Bischof har gegangen
   Sampt sinr frommen priesterschafft
    Gen Solothurn / da dann lybhafft
   Victor / vnd Sant Vrs sind rasten.
    Man war da dry tag bâtten / fasten:
4925 Z'letst / als man das grab vfschlôs /
    Vnd vsher nam das heilgthumb blôß
   Welches ihnn verordnet was /
    (Wie ir hernach werdt mercken bas)
   Thet das ort erbidmen zwâr: S. 119
4930 Vor schräcken / dz volck verstûnet gar.
   In ein schönen sarch ward 's g'leit /
    Der vorhin darzů was bereitt.
   Bis gen Genf man 's herrlich b'leitt
    Mit lûtem schall in dz Münster g'treitt /
4935 Welchs die Künigin gebuwen /
    Daran der costen sie nit g'rüwen:

4928: <u>a.l.R.</u> 200

Dancket Gott von hertzen vast
   Das s' Ůberkôn den werden gast:
Nam den vf / mit hohen freiden:
4940   Kein ding mocht irn den schatz erleiden.
Wyter / Ůber ettlich Iâr
   Nach vnsers heilands gburt fürwâr
Tusend / vnd vierhunderte
   Gezellt / ouch drü vnd sibentzge /
4945 Als man grůb das fundament
   Sant Peters kilchlins / an dem ennd
Da vor zyten lagend b'graben
   Sant Vrs / vnd sine werden knaben:
Fannd man mee der heilgen hie /
4950   Die niemand vormâls gspüret ie /
Dryßg vnd siben Côrpel / glych
   Die by ein andern ordenlich
Glegt. Ir fůß die warend gwendt
   All glychlich gegen Orient.
4955 D' hôupter fannd man an der brust /
   Old by den schultern ligen iust.
Welch' erst in dem Iar darnach   S. 120
   (Dem Bapst ward die wyl gworben nach)
Man bewârt durch wunnderthat /
4960   Erhebt mit großem Iubel hat
In Sant Vrsen Münster g'tragen.
   Deß hettind môgen kundschafft sagen
Fünfzehn Tusend / wyb vnd Mann
   Die sôlichs sôllend gsehen han.
4965 Hôrend noch eins wol behennd.
   Das wir gar kommind zů dem ennd.
q Als man Fünfzehn hundert Iâr
   Nach des erlôsers gburte clâr

4940: bis V. 4941 zwei Zeilen frei gelassen
4941: a.r.R. 1473
4951: a.r.R. 37
4957: in dem ü.d.Z. für gestr. Ůber ein
4959: über Man bewärt nicht gestr. [...] end
4964: darunter Sixtus quartus / pontifex 220.
               dedit literas Collegio
               seu Bullam. Canonizationis Sanctorum
4968: a.l.R. 1519.

Darzu thet nünzechne zellen /
4970   Am sechsten tag in dem Aprellen
Ward hie z' Solothurn erst kund
    Wo man Sant Vrsen lychnam funnd:
Welcher dann zů vor bis dar
    Im holen altar geeret war:
4975 Der in sinr eer vfgriccht ist
    Sant Vrsen altar gnennt der frist.
Da sin gsellen ouch gelegt
    Die letstlich vß der erd erhebt.
Gottes schickung fůgt ongfar
4980   Das man im Chor den Fronaltar
Vff den boden schlyßen war /
    Ein andern größern z' buwen dar.
Fannd man drinn vermůret wol
    Ein guierdten Stein / innwenndig hol:
4985 Fünf schůch lang / vnd zweier breit/   S. 121
    Darůf ein andrer stein was gleit
Wol verclammert ůber ein:
    Die gschriffte vornen an dem stein
B'zügt das sin ein heidnisch grab
4990   D.   M.
              FL. SEVERIANÆ.
    Man was sich seer verwunndren d'rab.
D' Geistlicheit / vnd d' Oberkeit
    Rätschlagtend d'rumb in sonderheit.
4995 D' sacch / die wolt man reccht erkunnden:
    Von zweien Cörplen wardend gfunnden
Gbein / eins ieden bsonderlich
    In syden gwicklet ordenlich.
Eim was gkeert gen Occident
5000   Sin houpt. Darinn befunnden bhennd
Ein gstempfter zedel silberin
    In dem ein verß stůnd in Latin.
CONDITVR HOC SANCTVS TVMVLO THEBÁIDVS VRSVS.
              Das ist
5005 Vrsus von Thebæa gůt

4984: darunter

In diserm grab hie růwen thůt.

Welcher zedel noch wird gzeigt.

Dem andern was sin houpt geneigt

Gegen Sonnen vfgang fry /

5010   Bermentin brief fannd man darby /

Stoub vnd ẽschen sind sy gwẽsen

So bald man s' in d' hennd nam ze lãsen.

Dãrůs mãg man wol erwẽgen   S. 122

Das disers Heilgthumb lang da glẽgen:

5015 Beid Patronen g'ordnet z'samen

Sant Victor / vnd Sant Vrß mit namen.

Durch die edle Küngin Bertha schõn /

Vilicht anfengklich dargethan /

Do man hat den Fronaltar

5020   In beider eer thůn setzen dar.

Old hernach durch vnsre alten

Dahin verschloßen / vnd behalten /

Vff das nit in andre ort

Zerstrõuwt wurd diser edel hort.

5025 Dann kein gschrifft (on zwyfel) wãr

zů anderm heilgthumb glegt da hãr:

Sid sunst keinr vß diser Burß

Weder Sant Victor / vnd Sant Vrß

B'namset sind in irer Gschiccht /

5030   Wie dann d' Legenda vns des bericcht.

Exhortatio.   S. 123

Schouw ô Salothurn: vnd b'traccht:

Halt disern Schatz in thüwrer accht /

Den dir Gott vß gnaden g'sendt

zů wolfart dir ihn zůgewendt.

5035 Laß dir werd sin disre Gest:

Beharr z' behalten styff / vnd vest

Die vß Liebe zů dir g'keert /

Dir all Abgõtterey entweert:

Die dich reccht erlüchtet hannd /

5040   Dich abgefůrt von Sünnd vnd schannd.

Setz din Lyb / vnd gůt daran /

5030-5030a: <u>fünf Zeilen freigelassen</u>

Wie sy für dich ouch hand gethan.
Blyb bstenndig in dem glouben:
Nit laß dich disers kleinots b'rouben /
5045 Noch verfürisch Secten rysen in:
Nit schütt die Berlin für die Schwyn.
Stäts gevolg dinr Vordern weg:
Vnd triff mit ihnn den alten steg.
Vntz hár hast du wol erspürt
5050 Wie vil dich diß Patrônen gstüwrt:
Wie sy Statt / vnd Land verhütet /
Do frömbd / vnd heimsche Fyend gwütet /
So die Statt belägert war /
Vmmgén z' rings vmb mit 's Fyends schár.
5055 q Als ein Hertzog vß Oesterrych
Für Salothurn gelägert sich /
Zehen wocchen lag darvor /   S. 124
Vnd z' Naccht sin Spächer vor dem Thôr
Sampt sim Schryber ihm seer lieb
5060 Die Waccht der Statt in stäter üb
Bsichtiget: Ist ihm vff den zinnen
Vnd ringkmûr z' rings vmb / offt erschinnen
Ein grôß schynbar gharnists heer
Darunder einer / für all / meer
5065 Glastet an sinr großen brust
Mit einem wyßen Crütz / mit lust
Anzeschouwen: Darab seer
Erschrack der Österrychisch herr.
Eeret z'letst die heilgen gût
5070 Die d' Statt hieltend in trüwer hütt.
Sin houptpáner schenckt er zwâr
Sant Vrsen / vnd sinr heilgen Schár.
Wie man das noch iärlich pflegt
Ze zeigen / so man 's Crütz vmbtregt
5075 An den hohen Frytag clâr
Vff den das paner gâbt ward dar.
Drizehn hundert vnd achtzechne g'zellt

5064: <u>zwischen</u> für <u>und all</u> <u>sowie zwischen</u> all
      <u>und / meer jeweils 1,3 cm Abstand durch Rasur.</u>
5077: <u>a.I.R.</u> 1318

Nach der erlösung diser Wellt.
Do ouch gtröuwt. Sant Vrs müßt schwittze [n]
5080   Thet 's nit vil d' widersäccher nützen.
Vff sim grab bald gspürt man tropfen
   Das menger schwittzt: ihm dz hertz was klopfen.
Z' schannden wurdend sy behennd:
   Irn bös fürnemmen nam bald ennd.
5085   Des solt dancken Gott vorab /
   Der diß krafft da den heilgen gab.
Ires fürbitts stäts hast g'noßen: S. 125
   Ze Dornegk ist's dir wol erschoßen.
Glychfals vor imm Bruderholtz
5090   Als d' vmbracht manchen Fyend stoltz:
Vnd ihn bstündst mit kleiner mäccht.
   Hett do Sant Vrß dir nit gewaccht /
Dich befolhen Gott dem herren /
   So hettst nit mögen dich erweeren:
5095   Kaům dins g'beins wär kön daruon. -
   Der vrsach / laß dirs z' hertzen gon:
Hab ob allen dingen Gott
   Vor ougen: vnd sin heiligs gbott.
Thů bystannd der grechtigkeit:
5100   Bewys gnad / vnd Barmhertzigkeit:
Zů der Gotsforcht solt vf ziehen
   Din' vnderthanen / d' laster z' fliehen.
Leit sie allzyt vff das gůt /
   So b'hallt dich Gott in stäter hůt.
5105   Der verlych dir Sig / vnd krafft /
   Sampt frommer gmeiner Eydgnoschafft.
Woll von vnns sin zorn abwennden:
   Gnad / frid / růw / einigkeit vnns sennden:
Das wir z'letst nach diserm leben
5110   Die crön der säligkeit erstreben. -
Sölchs geb vnns die miltrychkeit

5078-79: zwischen diesen Versen zwei Zeilen freigelassen
5085-86: nach V.5084 am unteren Seitenrand links
          neben der Reklamante nachgetr.
5088:   a.l.R. Dornegk
5089:   a.l.R. Bruderholtz
5095:   am Zeilenende Zierstriche ·y· ~

Der göttlichen Dryfaltigkeit
Dern sey prys / lob / herrlichkeit
Von ietzund án / in eewigkeit.

5115   AMEN.   ⌶

               Musica.   S. 126

          Lauda Salodorum. quinque.

               Calliopeius.

          Catalectici et acalectici

Octonarius

- V / - V / - V / - V / - V / - V / - V / - / V

Senarius

V - / V - / V - / V -   V - / V / -

Hochgeborn / Strenng / Edel / vest / wys /: wirdig
                         herren / gliebte frünnd
Edel / Strenng / hochwys / fromm / uest /: eewirdig
                         herren / liebe Frünnd
     Wie ir ze mâl / vff disem plan / versammlet sind.
Heimisch / frômbd / alt / Iung: Sampt edler / tugêndrycher
                         frouwen schâr.
5120   Ir herrn von Stetten / Lenndern / oder anderswo hár /
Sonnders hochgeaccht / nôtuest mittburger / brûder /
                         vnd Bundtgnôssen
     Die gsehn / vnd ghôrt hand diß Tragœdien vnuerdroßen.
Es beuilcht mir ernstlich / trungenlich die iunge
                         Burgerschafft /
     (Welch diß zwen tag in diserm Spil ist gsin behafft)

5114: a.l.R.   39 [6] versus
5115: neben AMEN. die ineinandergeschriebenen Initialen
              des Verfassers
5115b: Hs. 5₰
5115d: Hs. Catal: et acatal. a.r.R. neben V.5115c
5115e: Hs. a.l.R. neben V.5115c
5115g: Hs. a.l.R. neben V.5115h
5116: Alternativ-Fassung für die Anrede bei Anwesen-
              heit ranghöherer Personen als in der 2. Fassung
              angeredet
5119: frouwen ü.d.Z. nachgetr.
5121: -sen (= letzte Silbe von Bundtgnôssen) u.d.Z.

5125   Z' dancken flyßigklich / mit demůt / ůwer hochheit /
                          Wirde vnd eeren /
        Das uwer Lieb so uil sich b'mǔit hat zǔ zehören
      Diserm Spil: Das wir vng'ůbten Iungen (der sacch
                         vnbericcht)
     (Welchs ouch vng'blůmt / vilicht / vnd kleinfůg
                        an gediccht)
    Ůch vorgspilt: Mit fründtlicher / ouch hertzlicher begir /
                         vnd pitt /
5130   Von vnns für gůt ze han: ouch z' argem recchen nit
     Das wir's nit vff ds aller scherpfst hand dargethan /
                    D'ran gkeert mee flyß
      Als ůwern eeren gmäß / ouch vnns möcht schöpfen brys.
    Wyter hand wir vnns hierinn ouch gäntzlich z' mäßigen
                    befließen
      Niemand ze schentzlen /: z' tratz old z' leid ze
                  thůn mit wüßen.
5135   Anders dann nach alter vnd catholischer Religion /
      Christenliche manungen gebürt ze thůn.
    Höchsten Danck wir ouch vorab hand vnsrer gnädigen
                    Oberkeit /
     Die vnns diß kurtzwyl hat erloubt: In sonderheit
    Ouch vil costen / mǔi / vnd arbeit vngespart / an vnns
                    gewendt:
5140   Vnd vns in vätterlicher trüw / vnd gnad erkennt.
    Wellind vnns allsampt vnd sonder / gnädigklich in
                  schirm / vnd gut
      Erhalten. Liebe herren nempt ietz z'mal für gůt.
      Von vnns: die z' dienst üch g'rüst allzyt / wô
                es nôt thůt: -

           Joannes Carpent faciebat.

        Acta anno MDLXXXI. Die Lunae Augustini die.

5131:   flyß mit vorgestellter runder Klammer (u.d.Z.
5133-36: mit Verwz. ———————— nach V.5143b nachgetr.
5142:   ietz z'mal über gestr. von vnns

Faksimiles aus dem Mauritiusspiel

Handschriftseiten: 71, 77, 78, 79, 80.

✠ Aethiopißa

Wolan min fryer gouggelman
Ich faren willig mit dir dran.
Laß dir nun redlich singen /
Ich will dir hurtig gnug zůspringen: ✠
Min kunst will ich probieren hie

Was ich mit springen gůbt hab ie.

Zů der Mörin.

Min fröwlin fin. versag mir nit
Ein denglichamych ich dich pitt. ✠
✠ Wolůß: du ßt dich nit lang bdenckan /
Din fůßli fry solten erschwencken.
Jů. Gůter můt ist halber lijb.

Maacht ein pößli.

Pfiff ßr. Des gschwätzes ich nit vil hijb.

Primò separatim tripudiant.
post congressum iunctim . postremò
rursum separatim.

Stehstend nach dem Danzn.

SCENA IIII ✠ Vide Nota
Chorus Choreas praenunente sequn
Hymnus Iovi opt. Max.

Tenor Singt vor allein.

d ich Juppiter / all d'wellt hohe preisen sol.

Dan diner Gottheit himel und erd ist vol.

Din ist der gwallt / und auch die herrschafft

Dir wonet by / Sygr / tugend und krafft.

In Bot

Descant

Euch Juppiter all Welt hohe prijsen sol.

Dan diner Gottheit himel vñ erd ist vol.

Din ist der gwalt / vnd euch die herschafft.

Dir wonet bij / Sige / tugend / vnd krafft.

Tenor

Euch Juppiter / all Welt hohe prijsen sol.

Dan diner Gottheit himel vnd erd ist vol.

Din ist der gwallt / vnd euch die herschafft.

Dir wonet bij / Sige / tugend vñ krafft.

2. Der Göttern Vatter thůt man dich nenen recht
Uff erd der mentschen Künge / glÿch iedem grecht
Du höchster Gott in'ß himels thröne
Unß diner herd, gnädiglich verschöne.

3. Dem hilfft ein schöne Zierden in sonderheit
Bibst můt zum strÿt: und dappere bständigkeit
All unsre zÿend bist vertrungen:
Drum wir in eeren dir opfer bringen.

4. Verlÿch dem Keiser Sig über aller zÿnd
Die unbeständig vom Stabe gefallen sind:
Sich selbs vom Rÿch g'hand abgerissen:
Der ungehorsame sich beflissen.

5. Sig uns erhören in dinem höchsten thrön,
Der d'Risen scherest nider in d'erde schlän,
Die dir den himel warend stürmen:
Hast sie gegeben ein äß der würmen.

6. Lob, eer, und prÿse, sÿ dir in eewigkeit,
Besagt, zů dancke diner lüteren miltigkeit.
Bib gsunde tag zů allen stunden,
Das wir in dim lob stäts befunden:

Ba

Dich Juppiter all wellt hohe prÿsen sol.

Dann diner Gottheit himel und erd ist uol.

Din ist der gwallt / und ouch die herrschafft.

Dir woner bÿ / Sige, tugend / und krafft.

Hymnus Gradiuo Marti.

Vorsenger

Nun werd wir ietzund an vo hinen keeren:
Martem den starcken Gott mit gsang vereeren.

Chor multa gradis:

m ars du stryhtrer Held, strenger und edler Gott:

Din großmechtige hilf, fertige diner rott.

Du gibst dapffere manßheit

Thust bystande der grechtigkeit.

2 Durch din göttliche krafft, d' Römer an irer fynd
Sich wägend one zag, die ze bestryten geschwind.
Deß si. dir gaben in danckbarkeit
Allzijt zu opfferen sind bereit.

3. Uß der Romuly ist, meniklichen art geboorn:
Von dem Röma der Welt houptt dir uferkorn.
O trumb thust meeren in herrlicheit,
Ir rum wäret in ewigkeit.

4. Dem Keiser lobesen gib sine fynd ze hand:
Macht standthafft sine knecht zu thun inen widerstand.
Lob, prijs eere dir er vergilet,
Geschenket dir harnisch, gweer, und schilt.

5. Sigrÿscher herr Mars, nim diß gsang ze gut:
Uns (din Samen) erhalt, fürter in truwer Hut:
Din nam hoh gebrisen werd
Durch din diener uff aller Erd.

Discant

Mars du stritbarer held: strenger/ und edler Gott.

Oin großmechtige hülff fertige diner rott.

Ou gibst dapffere Mannheit:

Thüst bijstande der gerechtigkeit.

Bas

Mars du stritbarer held: strenger vnd edler Gott

Oin großmechtige hülff fertige diner Rott.

Ou gibst dapffere Mannheit:

Thüst bijstande der gerechtigkeit.

Erläuterungen zur Textgestaltung

1. Handschriftenbeschreibung

Die Handschrift des Mauritiusspiels befindet sich unter der Signatur S I 101, die des Ursenspiels unter der Signatur S I 120 auf der Zentralbibliothek Solothurn. Beide Handschriften tragen neben dem Stempel der Zentralbibliothek auch den der Stadtbibliothek Solothurn. Auf der ersten Seite des Ursenspiels ist weiterhin der handschriftliche Besitzvermerk "Bibliotheca Havnerianae Solodori" eingetragen. Die Handschrift befand sich also im Besitz der Familie Haffner.

Beide Spieltexte sind vom Autor Johannes Wagner geschrieben. Die Handschrift des Mauritiusspiels besteht aus 53, die des Ursenspiels aus 66 Papier-Blättern; die Blattgröße beträgt jeweils 31,5 x 21 cm. Beide Handschriften sind in Pergament gebunden. Die Seitenzählung ist mit schwarzer Tinte von späterer Hand vorgenommen worden. Folgende Seiten sind nicht beschrieben:
Mauritiusspiel: S.4-12, 73, 104-107. Eine Seite 13
                existiert aufgrund fehlerhafter Zählung nicht.
Ursenspiel: S.4, 63, 64.
Daneben weisen beide Handschriften eine unvollständige Foliierung des Autors auf. Die Blätter sollten im Anschluß an die Lagenbezeichnung (a, b usw.) - jeweils erst mit dem Spieltext beginnend - nach dem Schema a1, a2, a3, a4, a5, a6, b1, b2 usw. durchgezählt werden.

Beide Spieltexte sind einspaltig und mit abgesetzten Versen geschrieben. Die durchschnittliche Zeilenzahl beträgt etwa 28. Im Kopf der recto-Seiten ist fast durchgehend Aktbezifferung eingetragen (im Mauritiusspiel in römischen Ziffern, im Ursenspiel mit Ausnahme von S.73 ("IIII") in arabischen Ziffern. Daneben finden sich folgende Seitentitel:

Mauritiusspiel: "Argument." (S.17, 18, 19, 20, 21)
                "Mauritianae Actus" (S.27)
                "Herold" (S.98)

Ursenspiel: "G'riccht" (S.97)
                "Landtag" (S. 99, 101, 103, 105)
                "Land G'riccht." (S.107)
                "Verycht" (S.109)
                "Epilogus" (S.113)

Wagner hat Federn unterschiedlicher Stärke sowie verschiedene
Tinten benutzt. Eigennamen, Abschnittsbeginn, Regiebemerkungen und
besonders bedeutungstragende Wörter (z.B. Götter, Dryfaltigkeit)
sind häufig - jedoch nicht durchgehend - mit dicker Feder geschrie-
ben. Auf diese Weise sind die meisten Regieanweisungen vom übrigen
Text abgesetzt, und die Dickschriften im gesprochenen Text könnten
Hinweise auf eine entsprechende Betonung bedeuten. Die Verwendung
der unterschiedlichen Federn und Tinten bedarf einer eingehenden
Untersuchung, die nur anhand des Originals vorgenommen werden kann.-
Beide Spieltexte sind in brauner Tinte, die Initialen sowie einzel-
ne Wörter und Wendungen aus den Randbemerkungen oder Regieanweisun-
gen häufig mit roter Tinte geschrieben oder nachgezeichnet. Mehrfach
ist der Zeilenbeginn durch Unterstreichung markiert (meist in Form
eines Winkels vgl. Apparat zu V. 423a).

Die unterschiedliche Natur der Randnotizen verweist auf den Dop-
pelcharakter der Handschrift: Sie diente nicht nur zu Lesezwecken,
sondern auch als Regiebuch. Auf den zuletzt genannten Zweck deutet
neben den Inspizienten- bzw. Regie-Notizen auch der Umstand hin,
daß der Aktbeginn jeweils durch seitlich herausragende Klebefalze
markiert ist.

2. Editionsprinzipien

Die Wiedergabe der beiden handschriftlichen Manuskripte ist im we-
sentlichen eine diplomatische Umschrift. Dabei wurde nach folgenden
Gesichtspunkten verfahren:

1. Seitenzählung: Die Paginierung entspricht der neuen Seitenzäh-
    lung in der Handschrift.

2. Zeilenzählung der Personenverzeichnisse: Das Personenverzeichnis
    des Mauritiusspiels wird mit arabischen Ziffern nach vorange-
    stellter O durchgezählt, das des Ursenspiels ebenso nach voran-
    gestellten OO.

3. Zeilentreue und Absatzeinrichtung: Bei der Textwiedergabe wird
    Zeilentreue angestrebt. Abweichungen, die besonders bei der Um-
    schrift der Personenverzeichnisse unumgänglich waren, werden
    im Apparat vermerkt. Die Absatzeinrichtung der Handschrift wird
    beibehalten.

4. Bezifferung des Autors und Abschnittszeichen (q): Beides wird
generell neben die Kolumne gesetzt. Falls Bezifferung bzw. Ab-
schnittszeichen im Original in der Kolumne stehen, wird dies
im Apparat vermerkt.

5. Orthographie: Der handschriftliche Lautbestand wird weitgehend
beibehalten und nicht normalisiert. Aus technischen Gründen er-
scheint jedoch handschriftliches ſ als s, ÿ als y.
Bei der Schreibung von handschriftlichem ħ ist häufig nicht zu
entscheiden, ob Majuskel oder Minuskel gemeint ist. Es wird
daher am Versbeginn sowie bei Eigennamen H gesetzt.
Grundsätzlich werden alle Eigennamen sowie das erste Wort einer
jeden Verszeile dem Usus des Manuskripts folgend in Großschrei-
bung wiedergegeben. Dies gilt auch für die unausgeführten Ini-
tialen (vgl. Apparate zu V. 1067).

6. Interpunktion: Die Interpunktion der Handschrift wird im wesent-
lichen beibehalten. Wagner setzt überwiegend Virgel, an weni-
gen Stellen ohne erkennbares System aber auch Komma, und bis-
weilen ist eine Unterscheidung zwischen Virgel und Komma unsi-
cher. In all diesen Fällen wird bei der Textwiedergabe einheit-
lich Virgel gesetzt.
Die von Wagner verwendeten Abschnittszeichen ∾ und ϑ sowie sein
Silbentrennungszeichen ·. werden durch - wiedergegeben.

7. Abkürzungen: Sämtliche deutschen und lateinischen Abbreviaturen
des Spieltextes werden aufgelöst; bei Zweifelsfällen wird die
Form der Handschrift im Apparat vermerkt.

8. Korrekturen: Eindeutig erkennbare Korrekturen werden in den
Text aufgenommen, die Streichungen oder Rasuren im Apparat ver-
merkt. Ist ein Wort übergeschrieben, ohne daß der ursprüngliche
Text gestrichen ist, so wird dieser beibehalten und das darüber
geschriebene Wort im Apparat verzeichnet.
Erschlossener Text oder unsichere Lesart werden in[ ]gesetzt,
nicht entzifferbare Stellen durch [...] gekennzeichnet.

9. Notenbeilagen und Gesänge: Die Notenbeilagen werden nicht über-
nommen; im Apparate wird lediglich auf sie verwiesen. Alle Ge-
sangspartien sind durch * vor der Zeile gekennzeichnet. Die
entsprechenden Handschriftenseiten werden im Anschluß an den
Text faksimiliert.

10. <u>Randbemerkungen:</u> Alle Randbemerkungen (z.B. literarische Bele-
ge) werden lediglich im Apparat verzeichnet: dabei sind mehr-
zeilige Notizen durch doppeltes Spatium abgesetzt. Ausgenom-
men sind jedoch solche Hinweise, die als Ergänzungen der Re-
gieanweisungen anzusehen sind.

11. <u>Ausstattung der Handschrift:</u> Immer wiederkehrende Einzelheiten
(z.B. nicht ausgeführte Initialen, die nach Repräsentanten er-
gänzt sind) werden an der ersten Stelle des Auftretens voll an-
gemerkt; an allen weiteren Stellen wird im Apparat auf diese
erste Anmerkung verwiesen. Rotschriften werden dagegen immer
bei den einzelnen Stellen angemerkt.

12. <u>Abkürzungsverzeichnis des Apparats:</u>

a.l.R.	=	am linken Rand
a.r.R.	=	am rechten Rand
ü.d.Z.	=	über der Zeile
u.d.Z.	=	unter der Zeile
Anm.	=	Anmerkung
gestr.	=	gestrichen
Hs.	=	Handschrift
nachgetr.	=	nachgetragen
ras.	=	rasiert
Verwz.	=	Verweisungszeichen

Nachwort

1. Textüberlieferung

Das Mauritius- und Ursenspiel ist von dem Schulmeister Johannes
Wagner (Carpentarius) verfaßt und im Jahre 1581 an zwei aufeinan-
derfolgenden Tagen in Solothurn inszeniert worden. Am ersten Tag
stellte man das Schicksal des Mauritius und der von ihm geführ-
ten Thebäischen Legion dar, am zweiten das Martyrium der unter Ur-
sus und Victor nach Solothurn entflohenen Thebäer. Über die Auffüh-
rung berichtet Anton Haffner, der Darsteller des Landvogts Hyrta-
cus im Ursenspiel:[1]

> Alß man zalt nach Christi Jeßu unseres Heylandts und Säligma-
> chers gepurt fünfzechenhundert achtzig und Ein Jare uff Sontag
> den 27. Augusti hat ein Ersame burgerschafft der Statt Solothurn
> Sanckt Mauritzen deß heiligen Fürsten und Martirers Spill und
> Legendt gar herrlichen mit großen tryumpff gespilt. Darnach uff
> Montag den 28. Augusti In gemeltem Jar wardt Unsers heyligen
> Pathronen und himmellfürsten Sanct Urßen legendt auch allhie zu
> Solothurn gespylt, welliche beide spyll gar herlich und
> Triumpfisch mit großen Kosten zugangen, daß schier unglaübig ist,
> es ward Menigklich Kost frey gehalten von einer Ehrsamen Ober-
> kheit, Man vermeint und ist gewißlich war, dan ich selbs darby
> geweßen, daß Es mine gnedigen Herren und sonderbare Personen
> uff 4000 gulden Kostet habe, mit aller handt gattung, waß dazu
> gebrucht ist worden, durch M. Hans Wagner Burgern und Seckelh-
> meistern zu Solothurn künstlich componiert.

Haffner zählt sodann die "firnemsten personnen. So in gemeltem
spil gewesen" und ihre Rollen auf und fährt fort:

> Es ist wunder vil frembdes Volk von allen Orten har allhie dem
> spill zu zesechen geweßen, es sindt allein uß der Statt Bern ob
> den hundert Ingeseßenen Burgern allhie geweßen, und sind gemeldte
> beide spill gar wundervoll, mit sprüchen und anderen dingen ab-
> gangen, man ist auch nit länger dan zechen wochen (von anfang
> biß zu dem Endt) damit umbgangen, die sprüch zu lernen, welliches
> warlich schnell und die Zyt Kurtz darzu waß.

Die glanzvolle Aufführung wird auch im Ratsmanuale von 1581 festge-
halten.[2] Ausführliche Belege über die Spielkosten sowie die Bezah-
lung der Torwächter, die während der Aufführung die Stadt bewacht
haben, finden sich zudem im "Journal" (Säckelmeisterrechnungen) von

1 Anton Haffner, S.84f.
2 "Vff. Sontage vnnd montage vor Verenae 1581. ist Sant Mauritzen
  vnnd Sant Vrsen spil gehallten worden, vnnd von den gnaden gottes
  gar glücklich abgangen." (Ratsmanuale von 1581, S.306)

- 208 -

1581.[3] Schließlich ist auch die vom Rat der Stadt erlassene Proben-
ordnung überliefert.[4]

Der Text des ersten Tages (Mauritius) ist in einer vollständigen
Handschrift erhalten;[5] für den zweiten Spielteil (Ursus) liegen
zwei Handschriften vor, ein fragmentarisches und stark beschädigtes
Manuskript (A)[6] und eine etwas jüngere vollständige Handschrift
(B).[7]

Während für das Mauritiusspiel nicht bestritten wird, daß Wagner
nicht nur der Schreiber, sondern auch Verfasser des Textes ist,
glaubte man, das Ursenspiel auf eine ältere Vorlage zurückführen zu
können. Nach einer Mitteilung Schmidlins zu Fialas Vortrag über "Die
Solothurner Schriftsteller von den ältesten Zeiten bis zum Ende des
XVI. Jahrhunderts" ist zu Beginn dieses Jahrhunderts in Solothurn
der Text eines Ursenspiels aus dem Jahre 1539 aufgefunden worden.[8]
Schmidlin referiert eine Mitteilung von Bernhard Wyss, nach der
dieses Ursenspiel von Johannes Aal verfaßt worden sei. Wagner habe
im Jahre 1581 ein Mauritiusspiel hinzugedichtet und dies zusammen
mit dem leicht überarbeiteten Text des Ursenspiels von Aal heraus-
gegeben. Eine andere Ansicht vertritt Ludwig Gombert in seiner Ar-
beit über Aals Johannesdrama: "Da Aal als Verfasser vermutet wurde,

3 Das "Journal" von 1581 ist nicht paginiert. Es liegt ebenso wie
  das Ratsmanuale im Solothurner Staatsarchiv.
4 Vgl. S. 248f.
5 Sign.: S. I 101. Die Spielhandschriften sind im Besitz der Zen-
  tralbibliothek Solothurn.
6 Sign.: S I 81. In der Handschrift A fehlt der gesamte Epilogteil.
  Es ist jedoch nicht auszuschließen, daß einige Blätter verloren-
  gegangen sind, da noch zur Zeit Baechtolds (1892), der bereits
  auf den Fragmentcharakter dieses Manuskripts hinweist, die Hand-
  schrift A ungebunden war. Vgl. Baechtold: Geschichte, S.106 des
  Anmerkungsteils.
7 Sign.: S I 120. Auf der Zentralbibliothek Solothurn befinden sich
  drei weitere Spieltexte von der Hand Wagners, ein Dreikönigs-
  spiel, das nach den Angaben des Autors am 5. Februar 1561 in
  Solothurn aufgeführt worden ist, ein Spiel vom Tyrannenmord aus
  dem Jahre 1575 sowie der fünfte Akt eines Stephanusspiels.- Das
  Dreikönigsspiel liegt jetzt in einer Edition von Norbert King
  vor, in: Jahrbuch für Solothurnische Geschichte 49 (1976),
  S.45-83.
8 Fiala/Schmidlin, S.186, Anm.5. Der Vortrag Fialas ist nach dessen
  Tod von Schmidlin herausgegeben und mit ausführlichen Anmerkungen
  versehen worden.

habe ich den Text einer eingehenden Untersuchung unterzogen, bin
aber zu dem Ergebnis gelangt, dass wir es mit der Abschrift eines
älteren Spiels, wahrscheinlich des durch die Stadtrechnungen be-
zeugten Ursenspiels von 1502 zu tun haben."[9] Auch Ernst Meyer sieht
in Johannes Aal nicht den Verfasser des wiederaufgefundenen Ursen-
spiels, glaubt jedoch wie Bernhard Wyss an seine Aufführung im Jahre
1539: "Die Entstehung des Stückes läßt sich nach Sprache und Inhalt
wohl ins Jahr 1539 einpassen. Daß es in diesem Jahr aufgeführt wor-
den ist, beweisen zwei Eintragungen in der Staatsrechnung (Staats-
archiv Solothurn, Staatsrechnung von 1539) über damals gemachte
Ausgaben für das 'Sant Vrsen Spil'."[10]

Meine Nachforschungen in Solothurn haben ergeben, daß sämtliche
Vermutungen über den angeblichen Spieltext von 1539 unhaltbar sind.
Auf der Staatsbibliothek befindet sich das Manuskript eines Ursen-
spiels mit dem Titelvermerk: "Tragoedia Vrsina (Sant Vrsen spil)
des Johannes Aal.1539."[11] Bei diesem Manuskript handelt es sich je-
doch lediglich um die Abschrift des Wagnerschen Ursenspiels aus der
Handschrift A, die nach Baechtold in den siebziger Jahren des 19.
Jahrhunderts von Jakob Amiet vorgenommen worden ist.[12] Demnach ge-
hen die fehlerhafte Datierung wie die Annahme, der Text stamme von
Aal, auf Jakob Amiet zurück. Die Aufführungsbelege für ein Ursen-
spiel aus dem Jahre 1539[13] sowie der Umstand, daß Johannes Aal in
diesem Jahre Stiftsprediger in Solothurn gewesen ist, mögen Amiet
zu seiner irrigen Schlußfolgerung veranlaßt haben. Das angebliche
Ursenspiel von 1539 ist nichts anderes als der ältere Handschriften-
text Wagners.

Nach Baechtold ist die Handschrift A des Ursenspiels "etwas äl-
ter"[14] als die Handschrift B von 1581. Eine Überprüfung des Manu-
skripts erlaubt jedoch eine genaue Datierung. In einer Randnotiz
zur Gründungszeit der Stadt Solothurn nennt Wagner die Jahreszahl
916 v. Chr., um dann folgende Bemerkung anzufügen: "Distantia vsque

9 Gombert, S.34f. Auch Gombert stellt die Abhängigkeit Wagners von
  dem älteren Spieltext fest. (S.35)

10 Ernst Meyer, S.XL.

11 Sign.: S 57.

12 Vgl. Baechtold: Geschichte, S.106 des Anmerkungsteils.

13 Vgl. "Journal" von 1539, Bl.29[r] und Staatsrechnungen von 1539,
   S.146.

14 Baechtold: Geschichte, S.106 des Anmerkungsteils.

ad 1575. 2491 anni."[15] Die Handschrift geht also auf das Jahr 1575
zurück.

Die Fassung A des Ursenspiels ist zugleich das erste Konzept Wag-
ners: Das gesamte Manuskript ist durchsetzt mit Streichungen, Kor-
rekturen und Randbemerkungen; der Inhalt des vierten Aktes ist zu-
nächst in lateinischen Notizen entworfen, bevor er nachfolgend auf
deutsch dramatisiert worden ist. Der Charakter der Handschrift
macht deutlich, daß Wagner nicht etwa ein ihm vorliegendes Manu-
skript lediglich abgeschrieben hat. Dennoch ist nicht mit letz-
ter Sicherheit auszuschließen, daß einigen Passagen ein älterer
Text zugrundeliegt, da sowohl für 1502 wie für 1539 die Aufführung
eines Ursenspiels in Solothurn bezeugt ist.[16]

Es bleibt festzuhalten: Im Jahre 1575 entwirft Johannes Wagner
den Text eines Ursenspiels. Sechs Jahre später überarbeitet er die-
ses Manuskript und richtet es für die Aufführung ein; er verzeichnet
die Namen der Darsteller, ergänzt die Regieanweisungen und fügt Ge-
sänge hinzu. Dem Ursenspiel stellt er einen Mauritiusteil voran,
der einen eigenen Spieltag beansprucht. Die quantitative Verteilung
der Verse (2085:3059) legt das Schwergewicht deutlich auf den zwei-
ten Spieltag, auch wenn berücksichtigt werden muß, daß die Gesänge,
Tanz- und Fechtspiele des Mauritiusteils einen größeren Zeitraum be-
ansprucht haben, als es die entsprechenden Verszahlen zum Ausdruck
bringen.

Die Gründe, die Wagner dazu veranlaßt haben, dem Text des Ursen-
spiels einen Mauritiusteil voranzustellen, können nur vermutet wer-
den. Möglicherweise fühlte er sich dem Vorbild Aals verpflichtet,
der seine "Tragoedia Johannis des Täufers" im Jahre 1549 ebenfalls
an zwei Tagen hatte aufführen lassen. Vielleicht aber glaubte er
auch - wie Petrus Canisius -,[17] daß die Geschichte vom Martyrium
der Thebäischen Legion weniger bekannt sei als die Ursenlegende
und daher einem größeren Publikum mitgeteilt werden müsse.

15 Hs. A, Bl.3[r].
16 Die Aufführung von 1502 ist in den Staatsrechnungen (S.126) be-
   legt.
17 Vgl. Petrus Canisius in seiner Vorrede zur Mauritius- und Ursen-
   legende von 1594, Bl. a3[r].

2. Inhalt und Struktur

2.1 Inhalt

Sowohl das Mauritiusspiel wie das Ursenspiel sind in fünf Akte, diese gewöhnlich wieder in Szenen untergliedert. Damit findet das Einteilungsschema der Palliata, das für viele lateinische und volkssprachige Dramen des 16. Jahrhunderts verbindlich ist, erstmals Anwendung auf ein Legendenspiel.[18]

1. Spieltag: Mauritiusspiel

ERSTER HEROLD: Begrüßung (1-33)
ZWEITER HEROLD: Inhaltsangabe (33a-239)
M u s i k (239a)
NARR: Schweigegebot (239b-271)
M u s i k (271a-c)

I.Akt: Vorbereitung des Götzenopfers

    I,1 Aufruf zum Götzenopfer (271d-307b)
    I,2 Monolog des Marschalls (307c-353)
    I,3 Anweisung an den Trompeter (353a-377)
    I,4 Der Trompeter benachrichtigt den Bischof (377a-393a)
    I,5 Der Trompeter ruft die Soldaten zum Opfer
        (393b-411b)
M u s i k (411c/d)

II. Akt: Die Thebäer erweisen ihre Standhaftigkeit im Glauben
        und beschließen, dem Götzenopfer auszuweichen.

  II,1 (411e-824a)
M u s i k (824b/c)

III.Akt: Götzenopfer

III,1 Das Edikt Diokletians wird bekanntgegeben, und die Heiden
       schwören den Eid (824d-951)
III,2 Der Marschall schickt nach dem Bischof (951a-956c)
III,3 Bischof und Soldaten werden zum Opfer geholt (956d-976)
III,4 Maximian gibt dem Bischof Anweisungen zum Opfer (976a-1007)
III,5 Götzenopfer (1007a-1066e)

18 Wagner kannte den "Acolastus" von Georg Binder und auch den lateinischen "Hecastus" des Macropedius. Er mag aus diesen Stücken die Fünfaktigkeit übernommen haben.- Vgl. Baechtold: Geschichte, S.384

III,6   Das Fehlen der Thebäer wird entdeckt (1066f-1210b)
III,7   Rede des Narren (1210c-1279)
III,8   Die Soldaten brechen nach Agaunum auf (1279a-1297d)

M u s i k (1297e/f)

IV.Akt: Fortsetzung des Götzenopfers und Martyrium der
        Thebäischen Legion

IV,1   Maximian gibt Anweisung, das Opfer fortzusetzen (1297g-1355b)
IV,2   Der Bischof verständigt den Choregen (1355c-1369)
IV,3   Tanzspiele (1369a-1420a)
IV,4   Fechtspiele der Heiden und Martyrium der Thebäischen
       Legion (1420b-1466e)
IV,5   Gesänge zu Ehren der Götter Jupiter und Mars (1466f-1516)
IV,6   Reden des Kaisers und des Narren zum Abschluß des Götzen-
       opfers (1516a-1567b)

HEROLD: Rechtfertigung der Opferszene (1567c-1629)

M u s i k (1629a/b)

V.Akt: Vorbereitungen zur Verfolgung der entflohenen
       Thebäer

V,1   Berichte vom Martyrium der Thebäischen Legion (1629c-1749)
V,2   Ankunft eines "Landfahrers" (1749a-1759)
V,3   Der "Landfahrer" berichtet, daß einige Thebäer
      nach Solothurn geflüchtet sind (1759a-1807)
V,4   Ein Bote wird zu Hyrtacus geschickt (1807a-1829b)
V,5   Aufbruch des römischen Heeres (1829c-1881)

HEROLD: Epilog (1881a-2073)

SCHLUßREDE (2073a-2085b)

2. Spieltag: Ursenspiel

ERSTER HEROLD: Begrüßung (2085c-2122)

ZWEITER HEROLD: Inhaltsangabe (2122a-2218)

M u s i k (2218a/b)

I.Akt: Vorbereitungen zur Gefangennahme der Thebäer

I,1   Der Traum des Hyrtacus (2218c-2267)
I,2   Ankunft des Boten Eurybates (2267a-2301)
I,3   Die Botschaft des Kaisers wird vorgelesen (2301a-2382)
I,4   Hyrtacus gibt Befehl, die Thebäer gefangenzunehmen
      (2382a-2408a)
I,5   Eurybates berichtet vom Martyrium der Thebäischen Legion
      (2408b-2451)

M u s i k (2451a/b)

II.Akt: Bekehrung des Volkes und Gefangennahme der Thebäer

II,1 Ursus und Victor bekehren das Volk (2451a-2773)
II,2 Lycobates entdeckt die Thebäer (2773a-2777)
II,3 Die Thebäer werden gefangengenommen (2777a-2864)
II,4 Klagen der bekehrten Christen (2864a-2878)
II,5 Der Hauptmann meldet Hyrtacus die Gefangennahme (2878a-2888)
II,6 Streitgespräch zwischen Hyrtacus und den Thebäern
      (2888a-3262e)

M u s i k (3262f-h)

III.Akt: Befreiung der Thebäer durch ein Wunder und erneute
         Gefangennahme

III,1 Beratung zwischen Hyrtacus und Symbulus
       (3262i-3326a)
III,2 Durch ein Wunder werden die Thebäer befreit
       (3226b-3362e)
III,3 Die Thebäer gehen zum Volk (3362f-3390)
III,4 Die Schergen berichten Hyrtacus von dem Wunder
       (3390a-3440)
III,5 Die Thebäer werden erneut gefangengenommen
       (3440a-3452)
III,6 Victor vertreibt den Teufel aus dem Götzenbild
       (3452a-3546)

M u s i k (3546a-e)

IV.Akt: Martyrium der führenden Thebäer

IV,1 Die Thebäer bereiten sich auf das Martyrium vor
      (3546f-3652a)
IV,2 Beratung zwischen Hyrtacus und Symbulus
      (3562b-3696)
IV,3 Das Feuer wird vorbereitet (3696a-3674)
IV,4 Durch ein Wunder wird das Feuer gelöscht
      (3674a-3842)
IV,5 Hyrtacus läßt die Thebäer gegen den Rat des Symbulus
      erneut binden (3842a-3928)
IV,6 Gerontius kehrt mit seiner Frau heim (3928a-3952)
IV,7 Hyrtacus übergibt die führenden Thebäer den Henkern
      (3952a-3976c)

HEROLD: Mahnung an die Zuschauer (3976d-3980)

IV,8 Enthauptung der führenden Thebäer (3980a-4020b)
IV,9 Beratung über das Schicksal der übrigen Thebäer
      (4020c-4052a)

M u s i k (4052b-d)

V.Akt: Standhaftigkeit und Verurteilung der übrigen Thebäer

V,1 Die Christen beklagen das Schicksal der Märtyrer
     (4052e-4119)
V,2 Sie bestatten die Leichen (4119a-4250a)
V,3 Dem Landvogt wird die Standhaftigkeit der übrigen Thebäer
     gemeldet (4250b-4272d)

V,4 Gerichtssitzung (4272e-4651c)
V,5 Bekenntnis und Verurteilung der Christen (4651d-4712c)
Die Darsteller stellen sich zum Abzug auf (4712d/e)
M u s i k (4712f/g)
HEROLD: Epilog (4712h-5115)
M u s i k (5115a/b)
CALLIPIUS: Schlußrede (5115c-5143b)

2.2 Akteinteilung

Wagner dürfte bei der Akteinteilung des Mauritiusspiels inhaltliche
und bühnentechnische Gesichtspunkte berücksichtigt haben.[19] Der
erste, zweite und fünfte Akt umfassen jeweils eine abgerundete
Stoffeinheit. Den beiden mittleren Abschnitten liegt dagegen eine
gemeinsame Thematik zugrunde; sie sind jedoch durch die Aufnahme
einer Parallelhandlung im vierten Akt voneinander abgehoben. Eine
Anlehnung an die klassische Dramenkonzeption liegt mit Ausnahme
der Exposition im ersten Akt nicht vor: Nicht der dritte, sondern
der vierte Akt bringt den Höhepunkt der Handlung, und erregende
bzw. retardierende Momente im Sinne der aristotelischen Dramaturgie
sind nicht zu beobachten.

In Entsprechung zum Mauritiusspiel hat auch der erste Akt des
zweiten Spieltages Expositions- und Verweisungscharakter. Die Ge-
fangennahme der nach Solothurn geflohenen Thebäer wird vorbereitet,
und der Traum des Hyrtacus (I,1) enthält eine Vorausschau auf seine
Konfrontation mit Ursus sowie das Eingreifen Gottes im vierten Akt
(IV,4).

19 An zwei Stellen richtet sich die Aktgliederung nach dem Zeitab-
   lauf. Am Ende des ersten Aktes fordert der Trompeter die Solda-
   ten auf, "des morgens frü" (V. 397), "zu früier tagzyt" (V. 411)
   zum Opfer zu erscheinen (vgl. V. 292, 305, 359, 363, 370, 379,
   383). Ob der zweite Tag noch am selben Tag spielt wie der erste
   oder bereits am nächsten Morgen, ist nicht ersichtlich. Das Opfer
   des dritten Aktes findet dann jedenfalls am folgenden Tag statt,
   ebenso die Fortsetzung der Feier im vierten Akt. Zu Beginn des
   vierten Aktes heißt es weiterhin, man solle bis zum nächsten
   Morgen warten; bis dahin seien die Thebäer von den kaiserlichen
   Soldaten aufgesucht worden (vgl. V. 1319). Dies bedeutet, daß
   der fünfte Akt, an dessen Anfang die Soldaten Maximians von
   Agaunum zurückkehren, erneut einen Tag später spielt. Das ge-
   samte Spielgeschehen umfaßt demnach drei Tage. In allen Fällen
   stimmt die Darstellungszeit während eines Aktes mit der realen
   Zeit überein.

Vom Standort des Hyrtacus wechselt das Geschehen am Anfang des
nächsten Aktes zu dem des Volkes. Mit der Gefangennahme der Thebäer
und ihrer Vorführung vor Hyrtacus schließt der zweite Akt dann
wieder am Sitz des Landvogts. Einen ähnlichen Wechsel kennt auch
der dritte Akt, in dem die befreiten Thebäer zunächst zum Volk
gehen und nach ihrer erneuten Gefangennahme wieder zu Hyrtacus ge-
bracht werden.

Dort spielt auch der vierte Akt; mit dem Erscheinen Christi und
der Enthauptung der sechs führenden Thebäer ist er der Höhepunkt
des Ursenspiels. Die Absonderung dieser Christen von den übrigen
bewirkt im folgenden eine Spaltung der Handlung. Das Schicksal
der Märtyrer wird dann im fünften Akt mit der Bestattung ihrer
Körper abgeschlossen; das Martyrium der übrigen Christen wird zwar
vorbereitet, jedoch im Rahmen der Spielhandlung nicht mehr darge-
stellt. Erst der Epilogsprecher berichtet von ihrer Hinrichtung
(V. 4721-26).

Die beiden Spieltage zeigen in der Disposition der Akte auffal-
lende Parallelen. Aufgabe des ersten Aktes ist es jeweils, die
Handlung zu explizieren. Abrundung des Spiels und zugleich Hinweis
auf künftige Ereignisse enthält in beiden Spielen der fünfte Akt,
und der Höhepunkt liegt übereinstimmend im vierten Akt. Eine weite-
re Entsprechung zeigt die Behandlung des Martyriums größerer Perso-
nengruppen. Die Ermordung von '5000 Soldaten' der Thebäischen Le-
gion wird im Mauritiusspiel "hinter die Bühne" verlegt,[20] das Mar-
tyrium von sechzig Solothurner Thebäern im Ursenspiel völlig aus-
gespart. Für darstellbar hielt Wagner demnach nur die Enthauptung
der sechs führenden Thebäer im Ursenteil.

Neben den Entsprechungen beider Spiele ist ein Unterschied nicht
zu übersehen. Zwar hat Wagner sämtliche Aktgrenzen durch Zwischen-
musik markiert, doch ist die innere Geschlossenheit der Akte im

---

20 Zwar läßt sich diese Schlußfolgerung nicht mit letzter Sicher-
heit durch den Text absichern, doch sprechen einige Indizien
dafür: Bei einem Bühnenort "Agaunum" hätte das Martyrium der
Thebäischen Legion gestisch dargestellt werden müssen. Die Büh-
nenanweisungen V. 1454b-d, 1458b/c und 1466b-e sprechen jedoch
nur von akustischen Signalen, nicht aber von pantomimischer
Darstellung. Auch die genaue Schilderung des Aufenthaltsorts
der Thebäer (V. 1121-32) sowie die ausführlichen Berichte über
die Vorgänge in Agaunum im fünften Akt des Mauritiusspiels spre-
chen gegen einen Bühnenort "Agaunum".

Mauritiusspiel größer. Im Ursenspiel ließe sich dagegen an mehreren
Stellen die Aktgrenze um eine oder zwei Szenen verschieben, ohne daß
sich ein auffallendes Mißverhältnis im Spielaufbau ergäbe. Die stär-
kere Geschlossenheit der Akte wird im Mauritiusspiel vor allem da-
durch erreicht, daß Wagner die Möglichkeiten der konzentrierten Si-
multanbühne nutzt: Er läßt einzelne Darstellergruppen (Soldaten,
Thebäer) das Spielfeld verlassen bzw. wieder dorthin zurückkehren
(Soldaten). Da die Aktgrenzen mit dem Auf- und Abtreten zusammenfal-
len, werden die entsprechenden Akte zusätzlich abgerundet. Im Ursen-
spiel sind dagegen alle Schauplätze auf der Bühne angeordnet, und
der Wechsel der Standorte hat keinen erkennbaren Einfluß auf die
Akteinteilung.

2.3 Szeneneinteilung

Mit Ausnahme des zweiten Aktes hat Wagner sämtliche Akte des Mauri-
tiusspiels in Szenen unterteilt. Die Szene wechselt jeweils mit der
Zusammensetzung der am Geschehen unmittelbar beteiligten Personen.
Dabei ist die Anwesenheit einer Person allein noch nicht maßgebend;
hinzukommen muß eine Beteiligung am Dialog. So werden für V,1 und
V,2 des Ursenspiels dieselben Personen genannt,[21] doch erst in V,2
ergreift Thaumantius das Wort. Häufig ist - besonders im Ursenspiel
- der Szenen- mit einem Standortwechsel verbunden, doch ist dies
nicht unbedingt erforderlich. Umgekehrt hat der Gang von einem
Schauplatz zum anderen nicht notwendig einen Szenenwechsel zur
Folge.

Die genannte Regel ist jedoch von Wagner nicht starr durchge-
führt.[22] Es hat den Anschein, daß er häufig keine Szenengrenze ge-
setzt hat, wenn eine Einzelperson auf eine bereits agierende Dar-
stellergruppe trifft.[23] Dagegen wird ein vorgeschalteter Empfang
des Ankömmlings abgetrennt. In V,2 des Mauritiusspiels wird der
"Landfarer" (V. 1749c) zunächst von einem Trabanten des Kaisers
begrüßt und dann erst zu Maximian gebracht (V,3). Entsprechend be-
ansprucht im Ursenspiel der Empfang des Boten Eurybates durch den

21 Vgl. V. 4052g/h und 4119b/c.
22 Zu Beginn des zweiten Aktes des Mauritiusspiels spricht Mauritius
   ein Gebet und geht dann zur Gruppe der übrigen Thebäer, ohne daß
   damit ein Szenenwechsel verbunden ist. Ebenso wird in III,6 bei
   der Ankunft eines Kundschafters verfahren.

Weibel des Landvogts eine eigene Szene (I,2).

Während Wagner die Akteinteilung in erster Linie nach stofflichen Gesichtspunkten vorgenommen hat, steht die Szenengliederung offenbar in unmittelbarem Zusammenhang mit der Aufführungspraxis.[24] Der Wechsel ist abhängig von der Zusammensetzung der jeweils sprechenden Personengruppe. Die Darsteller werden im Text meist zu Beginn des Auftritts angegeben, so daß der Regisseur des Spiels, der ja zugleich Inspizienten-Funktion ausübt, die an der Szene beteiligten Darsteller jeweils auf ihren Auftritt vorbereiten kann.

2.4 Verstechnik

Die metrische Formgebung des Solothurner Mauritius- und Ursenspiels ist so vielgestaltig, daß eine ausführliche Untersuchung den Rahmen dieses Nachworts sprengen würde. Es soll daher nur auf die Grundzüge der Wagnerschen Verstechnik hingewiesen werden.

Das grundlegende Versmaß für die Dialogpartien des Spiels ist wie gewöhnlich der steigende Vierheber. Dabei wird eine Übereinstimmung von Versakzent und natürlicher Betonung angestrebt, wenn auch häufig nicht erreicht. Die Silbenzahl ist diesem Prinzip untergeordnet, doch ist der Wechsel von Hebung und Senkung die Regel.[25] Um ein Zusammenfallen der sprachlichen und metrischen Akzente bei regelmäßiger Senkungszahl zu erreichen, hat Wagner nicht nur un-

23 Vgl. V,3 (Ursenspiel)- Auch das Eingreifen Christi und der Engel führt nicht zu einer neuen Szene (III,2 und IV,4 des Ursenspiels).- Ein offensichtlicher Verstoß gegen die beobachteten Gliederungsprinzipien liegt in I,3 des Ursenspiels vor. Hyrtacus schickt Parmeno zum Hauptmann. Dieser führt den Auftrag aus; der Hauptmann verspricht, sofort zum Landvogt zu gehen (V. 2378d-2382). Das Fehlen einer Szenengrenze läßt sich hier erst nach einem Vergleich der beiden Handschriften des Ursenspiels erklären. Hs.A kennt nur den Auftrag des Hyrtacus (BL.7^v), nicht aber seine Ausführung durch einen kurzen Dialog zwischen Parmeno und dem Hauptmann. Wagner hat dann in der Hs.B die Verse 2378d-2382 hinzugesetzt, jedoch ohne zugleich auch die Szeneneinteilung zu ändern.

24 Die Prinzipien der Akt- und Szenengliederung überschneiden sich im zweiten Akt des Mauritiusspiels, in dem Akt- und Szeneneinheit zusammenfallen.

25 Gespaltene Senkung und zweisilbiger Auftakt werden bisweilen in der Handschrift gekennzeichnet, z.B.:

Als ein Hertzŏg v̆ß Oesterrych (V. 5055)

Hy̆mĕnāeus. Dem nach hand s' vernommen (V. 134).

betonte Vokale synkopiert bzw. apokopiert, sondern in auffallender
Häufigkeit auch Artikel, Präpositionen und Pronomina verkürzt
(z.B. das > 's, zu > z', sy > s'). Wagner verwendet den vierhebigen
Vers auch für die Inhaltsangaben und Abschlußreden. Während die
meisten Vierheber jambischen Rhythmus zeigen, werden in der
"Bschlußred" (V. 4712j) des Ursenspiels auch Trochäen eingeführt.

Um bestimmte Verspartien hervorzuheben, hat Wagner mit Hilfe
des alternierenden jambischen bzw. troäischen Rhythmus auch fünf-,
sechs- und sogar achthebige Verse gebaut.[26] Den Fünfheber verwendet
er für den Ausruf des Trompeters im römischen Heerlager (V. 394-411).
Die Rede des Pankratiasten wechselt zwischen Fünf- und Vierhebern
und ist zudem durch Kreuzreim gebunden (V. 1432-46). Besonders häu-
fig wird der sechshebige Vers verwendet.[27] Die Verse, mit denen der
Vorsänger jeweils den Chorgesang auf Jupiter und Mars einleitet,
sind zuerst in Sechshebern (V. 1467-70) und dann in Fünfhebern
(V. 1495-96) abgefaßt. Den achthebigen Vers verwendet Wagner für
die Zwischenrede des Trompeters im Ursenspiel (V. 3977-80); Callio-
pius läßt er bei der Abschlußrede des Gesamtspiels zwischen Acht-
und Sechshebern wechseln (V. 5117-43).

Während die bisher genannten Verspartien mit Ausnahme der Rede
des Pankratiasten durch Paarreim gebunden sind, variiert Wagner an
anderen Stellen auch das Reimschema. Die Eidesformel im Mauritius-
spiel (V. 938-951) wechselt zwischen zwei Halbversen mit Binnenreim
und einem dreihebigen Vers, wobei einerseits sämtliche Halbverse und
andererseits alle Dreiheber jeweils dasselbe Reimband aufweisen.[28]
Eine letzte Variante enthält das Gebet des Bischofs zu Jupiter
(V. 1020-38), das nach folgendem Schema gebaut ist: 2ma 2ma /
2ma 2ma / 4wb / 2mc 2mc / 2mc 2mc / 4wb / usw.

---

26 Die Reden des Narren bleiben im folgenden unberücksichtigt, da
   sie gesondert untersucht werden. Vgl. S. 223-226.

27 So für die Begrüßungsreden zu Beginn beider Spieltage (V. 1-33,
   2086-2124), die Zwischenrede des Herolds im Mauritiusspiel
   (V. 1568-1629), die Schlußrede des ersten Spieltages (V. 2074-85),
   die Ansprache des Bischofs zum Abschluß der Opferfeier
   (V. 1551-54), die Worte Victors bei der Taufe (V. 2724-36), das
   Gezeter des Teufels (V. 3509-18) und schließlich vereinzelt auch
   für Reden der Söldner (V. 2774-77, 2861-64). Zwei Sechsheber be-
   gegnen auch mitten in der Inhaltsangabe des Mauritiusspiels, die
   sonst durchweg vier Hebungen zeigt (vgl. V. 222/223).

28 Auch ein einzelner Vers des Trompeters (V. 956) besteht aus zwei
   Halbversen mit Binnenreim.

In der Verwendung des Stichreims ist Wagner zurückhaltend. Allein
in der Gerichtsszene des Ursenspiels (V,4) fällt sein häufiger Ge-
brauch auf. Dies rührt jedoch daher, daß Wagner gegenüber der Hand-
schrift A einige Verse nachgetragen hat. Er läßt Hyrtacus die ein-
zelnen Richter zum Plädoyer auffordern, während die Reden in der
Handschrift A noch unverbunden aufeinanderfolgen. Um den jeweils
einzeiligen Spruch des Landvogts an die vorgegebenen Reden zu bin-
den, hat er den Stichreim gewählt. Nur einmal kommt eine reimlose
Zeile vor (V. 4346).

An mehreren Stellen bezeichnet Wagner die jeweilige Versform
selbst, wobei er sich an die Terminologie der Antike anlehnt. Zwei-
hebige Halbverse nennt er "Monometri" (V. 1019e), die Vierheber
"Dimetri" (V. 1881b u.ö.), den Sechsheber, den Hauptdialogvers der
lateinischen Komödie, "Senarius" (V. 2073d u.ö.) und den Achtheber
"Octonarius" (V. 5115e). Ebenso weist er mehrfach auf trochäischen
bzw. jambischen Rhythmus hin (V. 2073d u.ö.). Bisweilen gibt Wagner
sogar das metrische Schema an, wobei er die antiken Zeichen für
Länge (-) und Kürze (⌣) für betonte und unbetonte Silbe ver-
wendet. [29] Weibliche Kadenz bezeichnet er als hyperkatalektisch,
männlichen Versausgang als akatalektisch (V. 1881b, 4712k); ist
der letzte Versfuß unvollständig, so nennt er ihn katalektisch (vor
V. 2086, 5115d).

Obwohl Wagners Verstechnik im Vergleich zu den sonstigen volks-
sprachigen Spielen der Zeit eine erstaunliche Variationsbreite
aufweist, darf sie nicht als Versuch gewertet werden, dem Spiel-
text einen dichterischen Eigenwert zu geben. Meist sind nur solche
Passagen durch ein besonderes Metrum oder Reimschema ausgezeich-
net,[30] die auch im Rahmen der Aufführung eine herausragende Funktion

29 Dieses Verfahren wird auf das deutschsprachige Drama erstmals
im Jahre 1546 von Paul Rebhun angewandt: "in der zweiten Auf-
lage der 'Hochzeit zu Cana' hat Rebhun den neueinsetzenden Lang-
versen die Metra nach antikem System mit Strich und Häkchen
vorangestellt - er tat das übrigens als erster deutscher Dich-
ter." (Roloff, S.133)

30 Ohne erkennbare Funktion ist der Sechsheber in den Reden der
Söldner (V. 2774-77, 2861-64), während in der Inhaltsangabe
des Mauritiusspiels möglicherweise die Namen der Heiligen her-
vorgehoben werden sollten (V. 222/223). In diesem Zusammenhang
ist erneut auf einen Zusatz der Handschrift B hinzuweisen:
Die Verse des fünften und sechsten Söldners (V. 2861-64) finden
sich in der Handschrift A noch nicht.

haben. Dabei ist es jedoch nicht möglich, einem bestimmten Versmaß
jeweils eine feste Bedeutung zuzuordnen. Der Sechsheber etwa wird
sowohl für die feierlichen Begrüßungsreden des Herolds verwendet,
wie auch für das Lamentieren des Teufels. Für die Dialogpartien
jedoch bleibt der Vierheber das beherrschende Versmaß.

2.5 Die Funktion der Musik

Wagners Hinweise zur Zwischenaktmusik sowie seine Notenbeilagen ge-
ben dem Solothurner Spiel eine musikgeschichtliche Bedeutung, die
zu genauerer Erforschung auffordern sollte. Im Rahmen dieses Nach-
worts ist jedoch weniger der musikalische und musikhistorische
Aspekt von Interesse, als die Funktion der Musik in Spielaufbau
und Spielverlauf. Dabei ist zwischen der dramaturgischen Verwendung
der Musik innerhalb und außerhalb der eigentlichen Spielhandlung
zu unterscheiden.

Gesang und Instrumentalmusik werden an mehreren Stellen des
Mauritiusspiels in die Handlung hineingenommen: Im Gefolge des
Kaisers befinden sich Trompeter, die die Auftritte Maximians an-
kündigen.[31] Ein Trompeter übernimmt im Spiel zugleich die Aufgabe
eines Boten und Ausrufers.[32] Instrumentalmusik wird weiterhin ein-
gesetzt vor und nach der Vereidigung der römischen Soldaten,[33]
zu Beginn des Götzenopfers[34] und zur Begleitung der Tänze beim
heidnischen Fest.[35] Mit "Trummen und pfyffen"[36] ziehen die Soldaten
nach Agaunum und kehren wieder zum Lager zurück.

Gesänge werden im Rahmen der Opferfeier verwendet. Die Marsprie-
ster singen ein sechsstrophiges Lied zu Ehren Jupiters und ein fünf-
strophiges auf den Kriegsgott Mars. Beide Lieder werden in respon-
sorischer Form vorgetragen: Der Chorführer singt jeweils eine Zeile
in der Tenorstimme vor, und der Chor wiederholt im Baß, Tenor und

31 Vgl. V. 271a/b, 976c/d, 1297f.
32 Vgl. I,4,5; III,3; V,5 (Mauritiusspiel).
33 Vgl. V. 824g/h; 951b/c.
34 Vgl. V. 970a-c.
35 Vgl. V. 1369b-1377, 1397.
36 V. 1297d und 1629g.

Diskant.[37] Die Noten zu den einzelnen Stimmlagen sind in der Hand-
schrift aufgezeichnet.[38] Vermutlich hat der Organist Wagner die
Melodien der beiden Gesänge selbst komponiert.[39]

Während die Handlung des Mauritiusspiels mehrfach mit musikali-
schen Einlagen durchsetzt ist, wird die Musik im Ursenspiel im Rah-
men der eigentlichen Spielhandlung nur an einer Stelle verwendet:
Vor Beginn der Gerichtssitzung holt der Weibel die Richter zusammen
(V. 4272d). Dies erfordert einen gewissen Zeitraum, der durch ein
Lied der Spielleute überbrückt wird (V. 4272a). Anschließend "blaßt
man vf / zům Landtag" (V. 4272b). Zwar bietet das Mauritiusspiel vor
allem durch das ausführliche Götzenopfer mehr Möglichkeiten zum
Einsatz der Musik, doch ist damit ihre sparsame Verwendung am zwei-
ten Spieltag noch nicht erklärt. Der Auszug der Soldaten zur Ver-
folgung der Thebäer etwa könnte ebenso von Instrumentalmusik be-
gleitet werden wie die entsprechenden Vorgänge des ersten Tages,
und ein Trompeter ließe sich im Gefolge des Landvogts Hyrtacus
ebenso denken wie in dem des Kaisers Maximian. Die unterschiedliche
Abfassungszeit ist möglicherweise die Erklärung für die abweichende
Behandlung der Musik in den beiden Spielen.

Außerhalb der eigentlichen Spielhandlung wird sowohl Instrumen-
talmusik wie Gesang verwendet. An beiden Tagen blasen die Trompeter
im Anschluß an die Inhaltsangabe des Herolds "ein Lied"[40], um den
bevorstehenden Beginn der Aufführung zu signalisieren. Im Ursen-
spiel unterbricht der Trompeter das Geschehen vor der Hinrichtungs-
szene und ermahnt die "wyber / die vilicht ein schräcken möchtend
hie empfåhn" (V. 3977), sich von der Aufführung zurückzuziehen. Als
Zwischenaktmusik hat Wagner Gesangseinlagen vorgesehen. Während
sich in der Handschrift A des Ursenspiels jeweils nur der Hinweis
"Musica" findet, sind im Aufführungsmanuskript für beide Spieltage

---

37 Wagner gibt in der Regieanmerkung (V. 1470c) einen vierstimmigen
   Chor an. Wie aus dem Personenverzeichnis hervorgeht, besteht
   dieser Chor aus vier Sängern.

38 Nagel hat im Rahmen seines Aufsatzes "Die Musik in den schweize-
   rischen Dramen des 16.Jahrhunderts" die Noten abgedruckt, für
   den Gesang auf Jupiter allerdings nur die Tenor- und Baßstimme;
   vgl. Nagel, S.82f.

39 Wagner hat in Solothurn nicht nur das Amt des Schulmeisters aus-
   geübt, sondern auch das des Organisten. Zu Wagners Tätigkeit
   als Organist vgl. J. Amiet, S.524f; Fiala: Schulen, S.48;
   Mösch, S.75.

40 Vgl. V. 239a, 2217b.

die Gesänge näher bezeichnet.[41] Danach handelt es sich um vier- und fünfstimmige Lieder und Motetten von Nicolas Gombert,[42] Clemens non Papa,[43] Jakob Arcadelt[44] und Claudin de Sermisy[45]. Für den Gesang nach dem zweiten, dritten und fünften Akt des Ursenspiels wird kein Komponist angegeben; die Musik nach dem dritten Akt des Mauritius-spiels ist in der Handschrift noch nicht festgelegt. Das Lied "O Christi miles" nach dem vierten Akt des Ursenspiels ist wahrschein-lich von einem Anonymus aus dem schweizerischen Ort Hagenweil kom-poniert worden, da die Form "Hagenwyleri" (V. 4052d) als Lokativ verstanden werden kann.[46] Den Schlußgesang "Lauda Salodorum" (V. 5115b) hat Wagner dem Antiphonarium Biellense aus dem 15. Jahr-hundert entnommen, das nach 1528 an die Stiftskirche Solothurn ge-kommen ist, wo es noch bis zur endgültigen Preisgabe des Lausanner Ritus im Jahre 1602 benutzt wurde.[47] Der einstimmige lateinische Lobgesang, für den als Notenschrift die Hufnagelnotation verwendet wird, ist wahrscheinlich nicht von der gesamten Spielgemeinde, son-dern wie die übrigen Lieder vom Chor gesungen worden.

41 Nagel schreibt S.68: "Findet sich die Angabe: Musica allein in den Texten vor, so haben wir das Eintreten von Instrumentalmusik anzunehmen, denn die Gesänge werden jedesmal als solche bezeich-net, oft die Texte oder die Melodien angegeben, nach denen zu singen ist." Wie die Handschrift A des Ursenspiels zeigt, ist die Ansicht Nagels so nicht aufrechtzuerhalten. Die genaue An-gabe der Gesangstexte ist nur für die Aufführung von Bedeutung. Sie kann daher ebenso in einem vorläufigen Textentwurf fehlen wie in einem nachträglichen Druck. Nagels Ansicht mag allenfalls für Aufführungsmanuskripte zutreffen.

42 Vgl. MGG, Bd. V, Sp. 498-509. Die von Wagner angegebenen Motet-ten Gomberts sind nachgewiesen bei Schmidt-Görg, S.361 und 368.

43 Vgl. MGG, Bd. II, Sp. 1476-1480. Die Motette "Domine deus exer-cituum" ist in der Sammlung "Collectio operum musicorum Batavorum saeculi XVI" von Commer herausgegeben (Bd. X, S.11-13). Der voll-ständige Text lautet: "Domine Deus exercituum fortis et potens in praelio aspice nos adiuva nos et armis potentiae tuae protege nos semper nam ecce inimici nostri congregati sunt adversum nos quaerentes animas nostras."

44 Vgl. MGG, Bd. I, Sp. 603-607.

45 Vgl. MGG, Bd. XII, Sp. 561-566. Zur Motette "Praeparate corda vestra deo" vgl. ebd., Sp. 565.

46 Bei den Angaben der Komponisten verwendet Wagner sonst durchge-hend den Nominativ.

47 Vgl. ZBS, Sign.: S III 6. Beschreibung der Hs. bei Schönherr, S.209f. Der vollständige Text lautet: "Lauda salodorum martyrum dominum qui suos milites testes et martires pro fide pugniens tibi trucidatus commendavit."

Die Musik hat bei Wagner im wesentlichen zwei Aufgaben zu erfüllen.
Im Rahmen der eigentlichen Spielhandlung wird sie verwendet, um
bestimmte Motive und Auftritte hervorzuheben. Außerhalb der zentra-
len Handlung dient sie dazu, Beginn und Abschluß der einzelnen Akte
zu kennzeichnen. Dabei verwendet Wagner für die Zwischenaktmusik
Chorlieder, die einen deutlichen Bezug zum vorausgehenden oder nach-
folgenden Geschehen erkennen lassen.

2.6 Die Aufgabe des Narren[48]

In der zweiten Hälfte des 16. Jahrhunderts gibt es kaum ein Schwei-
zer Drama, in dem die Narrengestalt fehlt.[49] Wagner jedoch verzich-
tet im Ursenspiel auf den Narren und läßt allein in dem einige Jah-
re später verfaßten Mauritiusteil viermal den Narren Lalus[50] auf-
treten.

Im Anschluß an Begrüßungsrede und Inhaltsangabe der beiden Herol-
de mahnt Lalus vor Beginn der Haupthandlung das Publikum zur Ruhe
(V. 240-271). Den Geschwätzigen will er die Narrenkappe aufsetzen
(V. 266-271), und den "zuchtlose[n] buben" (V. 243) droht er mit
seinem Kolben. Da er mit diesem Schweigegebot dem Willen des Kai-
sers entspricht (V. 262), gibt er zugleich seinen weiteren Ort im
Spiel zu erkennen: Er gehört als Hofnarr zum Gefolge Maximinians.
Im Gegensatz zu den beiden Herolden, die außerhalb des eigentlichen
Spielgeschehens stehen, ist der Narr mit ihm verbunden.

Seine nächste, monologartige Rede, die die gesamte siebte Szene
des dritten Aktes einnimmt,[51] zeigt ihn jedoch ohne Kontakt zu den
Mitspielern. Er richtet heftige Vorwürfe gegen den Kaiser, der ge-
rade den Befehl zur Verfolgung der Thebäischen Legion gegeben hat.
Der Narr ermahnt ihn, sich nicht von seinem übermäßigen Zorn zu
Grausamkeiten hinreißen zu lassen, wenn er nicht selbst zum Narren
werden wolle (V. 1228). Er führt das Verhalten des Kaisers auf des-

48 Vgl. Heinz Wyß: "Der Narr im schweizerischen Drama des 16. Jahr-
   hunderts."
49 Vgl. Heinz Wyß, S.150.
50 Ein Narr mit dem Namen Lalus tritt auch in Wagners Dreikönigs-
   spiel von 1561 auf; er ist dort dem Gefolge des Herolds zuge-
   ordnet.
51 Vgl. die eingehende Analyse dieser Szene bei Heinz Wyß,
   S.88f.

sen niedere Herkunft zurück: Als Sohn eines Bauern aus Pannonien
habe er sich von seinem Stand entfernt und führe sich nun auf
"Glych als ob er wăr von 's rŏmschen Adels geschlecht" (V. 1259).
In seiner "Apostrophe ad Caesarem" (V. 1261a) beweist Lalus sodann
prophetische Fähigkeiten, indem er das kommende Blutvergießen voraus-
sagt und dem Kaiser harte Bestrafung ankündigt. Trotz seiner hefti-
gen Vorwürfe erfährt der Narr keinerlei Zurechtweisung.[52] Dabei ist
jedoch darauf zu verweisen, daß der Narr seinen Herrn nicht "von
Angesicht zu Angesicht"[53] zurechtweist, denn der Kaiser ist vorher
in sein Zelt gegangen (V. 1210a/b), das möglicherweise sogar ver-
schlossen ist.

Erstmals in das Spielgeschehen integriert erweist sich der Narr
in seinem dritten Auftritt (V. 1383d-1414). Er tanzt mit einer
"Mŏrin Aethiopißa" (V. 1383d/e) zu Ehren der heidnischen Götter,
und der Truchseß läßt ihm anschließend zur Belohnung vom Hofmeister
"ein trůnckli" (V. 1401) holen.

Die letzte Rede des Narren ist wiederum losgelöst von der Haupt-
handlung.[54] Lalus parodiert das Gebet seines Herrn, mit dem dieser
das Götzenopfer abgeschlossen hat (V. 1517-50). Er bittet nicht -
wie Maximian - um Beistand im Kampf, sondern um "ein sůßes trůnckli
wyn" (V. 1556), um einen "beßern Herren" (V. 1558) und darum, "ze
sin by schŏnen Frŏwlin zart" (V. 1562). Während der Kaiser den Göt-
tern "ein schneewyß rind" (V. 1522) schlachten will, verspricht
Lalus, "z' opfern ein gut feißes Schwyn" (V. 1565).

In den vier Auftritten erfüllt der Narr vier verschiedene Auf-
gaben: Als Ruhegebieter fügt er sich in das Personal des Spielrah-
mens ein; in seiner Ermahnung an den Kaiser erweist er sich als
weitsehender Moralist. Seine Teilnahme als Possenreißer am Tanz zu

52 In den meisten schweizerischen Schauspielen des 16. Jahrhunderts
   hat der Narr trotz seiner schonungslosen Offenheit keine Bestra-
   fung zu befürchten. Heinz Wyß nennt jedoch auch ein Beispiel da-
   für, daß der Herr den Spott seines Narren nicht hinnimmt: "Der
   zürnende Saul in Valentin Boltz' Spiel von der 'Ölung Davids'
   gebietet, seinen Narren zu schlagen, weil er ihm zu sagen ge-
   wagt hat, daß er sich selbst zum Narren mache, wenn er ohne
   Verstand tobe und seine Leute tyrannisiere." (S.93)

53 Heinz Wyß, S.89.

54 Mit diesem Auftritt wird jedoch nicht - wie Wyß annimmt - der
   erste Spieltag beschlossen. Vgl. Heinz Wyß, S.79 und Anmerkung
   148 (S.200).

Ehren der Götter kennzeichnet das Götzenopfer als Narrenwerk, und
mit seinem Gebet zieht er die getragene Feierlichkeit der Opfer-
szene als Parodist in den ihm eigenen Interessenbereich.[55] Diese
Unterschiede in der Funktion werden von Wagner durch differenzie-
rende Versgestaltung unterstrichen. Das Schweigegebot des Narren
besteht aus wechselnden Zwei- und Vierhebern mit Kreuzreim und ab-
wechselnd männlichem und weiblichem Versausgang. Die Rede an den
Kaiser ist in Sechshebern abgefaßt, ebenfalls mit Kreuzreim und ab-
wechselnd männlicher und weiblicher Kadenz. Allein während des drit-
ten Auftritts des Narren, der ihn im Kontakt mit anderen Spielern
zeigt, spricht er in Vierhebern, geht jedoch bereits in seinen letz-
ten Versen wieder zu einem neuen Metrum und Reimschema über (V.1410-
13).[56] Die Gebetsparodie schließlich besteht aus Sechshebern mit
Paarreim und abschließendem fünffach heruntergeleiertem Reimband.

Mit Ausnahme der Tanzszene ist der Narr des Mauritiusspiels
deutlich von der Spielhandlung isoliert.[57] Seine Funktion läßt sich
nicht aus dem Kontext der Handlungsführung erklären, sondern allein
aus dem Publikumsbezug.[58] Der Zuschauer wird zum Schweigen aufge-
fordert; ihm gibt der Narr als Kommentator und Vorausdeuter die
richtige Sehweise vor, und die Opferszene wird ihm durch die Teil-
nahme des Narren am Tanz wie durch die nachfolgende Parodie als
gottfeindliches Treiben durchschaubar.

55 Trunksucht und Geilheit gehören zu den festen Attributen des
   Narren im schweizerischen Drama des 16. Jahrhunderts. Vgl.
   Heinz Wyß, S.44, 83, 135, 136 und passim; Reuling, S.48.
56 Die vier Verse mit umarmendem Reim, der wiederum an das voraus-
   gehende Reimband (V. 1408/09) und das nachfolgende Reimwort
   (V. 1414) anknüpft, besteht aus einem Vierheber, zwei Zweihebern
   und einem dreihebigen Vers. Die Reimtechnik steht hier in unmit-
   telbarem Zusammenhang mit dem Inhalt: Stichreim und umarmender
   Reim verweisen auf die Beziehung des Narren zu seinem "Fröuwli"
   (V. 1411).
57 Heinz Wyß charakterisiert die Stellung des Narren so: "Eine ähn-
   liche Doppelstellung als Spieleinleiter und Mitspieler, als Er-
   öffner und Narr eines Fürsten hat auch Lalus im Solothurner
   Drama von St. Mauritius." (S.74). Diese Darstellung ist jedoch
   zu modifizieren: Schon als "Spieleinleiter" steht der Narr nicht
   auf einer Ebene mit den beiden Herolden, da er bereits im Auf-
   trag des Kaisers handelt. Innerhalb des Spiels ist er dann -
   mit der genannten Ausnahme - deutlich von den "Mitspielern" se-
   pariert. Er nimmt eine Zwischenstellung ein zwischen den Herol-
   den und den Darstellern der Haupthandlung.
58 Vgl. Heinz Wyß, S.88.

Neben seiner komischen Wirkung[59] hat der Narr vorrangig die Funk-
tion, den Zuschauer zu belehren. "Der altschweizerische Narr ist in
erster Linie eine Lehrfigur und nicht ein komisches Element. Als
solche ist er entweder ein unbeteiligter Spielbetrachter und medi-
tierender Außenseiter oder ein mit der Bühnenhandlung verknüpfter
Mitspieler. Auch ist er bald ein strenger Moralist, bald ein när-
rischer Derisor. Ernst und Scherz sind eng miteinander ver-
knüpft."[60]

3. Quellenvergleich

Sämtliche Fassungen der Legende vom Martyrium des heiligen Mauri-
tius und der Thebäischen Legion gehen zurück auf die "Passio Acau-
nensium Martyrum", die dem Bischof Eucherius von Lyon (gest. ca.
450) zugeschrieben wird. Diese Legende liegt in zwei Bearbeitungen
vor, einer kürzeren (Rezension I), die bis 1662 unbekannt war[61]
und einer interpolierten Version (Rezension II): "Rec. II ist eine
schwülstige Überarbeitung und Erweiterung von Rec. I mit vielen
wörtlichen Entlehnungen aus ihr. Rec.I wurde vor allem erweitert
durch Einflechtung neuer Reden und durch Ausschmückung der schon
vorhandenen."[62] Diese interpolierte Fassung, die nach 838 verfaßt
worden ist,[63] liegt der weiteren Tradierung der Legende durch Ja-
cobus de Voragine,[64] Boninus Mombritius[65] und Laurentius Surius[66]
zugrunde.

Der Bericht vom Martyrium der Thebäischen Legion ist im Laufe
der Jahrhunderte zu einem über halb Europa verbreiteten Legenden-
kranz angewachsen; nicht wenige Städte verzeichnen ein Martyrium
von Thebäern, die bei Agaunum entwichen sein sollen. Eine dieser

59 Vgl. Heinz Wyß, S.124, 126, 135, 140 und passim.
60 Heinz Wyß, S.86.
61 Vgl. Berg, S.22.- Zur Mauritiuslegende vgl. besonders die Unter-
   suchung von Dupraz.
62 Stolle, S.12.
63 Ebd., S.19.
64 Graesse, S.628-632.
65 Mombritius, S.281-284.
66 Surius, Bd. V, S.325-330.

Folgelegenden berichtet vom Martyrium der Heiligen Ursus und Victor mit ihrer Schar in Solothurn. Diese Legende ist wiederum in mehreren Rezensionen überliefert.[67]

In der Inhaltsangabe des Mauritiusspiels verweist Wagner auf "die gmein Legend" (V. 128), der er "zům teil" (V. 129) folgen werde. In der Handschrift B des Ursenspiels findet sich eine präzisere Angabe. Im Spieltext wird die Quelle zwar nur allgemein als "Histori" bezeichnet,[68] doch zitiert Wagner auf Seite 78 der Handschrift B einen Satz seiner Vorlage[69] mit der Angabe: "Ex historiae textu lect.5." Der zitierte Satz findet sich wörtlich in der Legendenfassung des Breviarium Basiliense, die in sechs Lektionen eingeteilt ist.[70]

Es ist anzunehmen, daß Wagner auch für das Mauritiusspiel von der entsprechenden Legendenfassung des Breviarium Basiliense ausgegangen ist.[71] Daneben hat er zumindest eine weitere Fassung der Mauritiuslegende gekannt, nämlich die der Legenda aurea; denn der Hinweis auf die hundert Tore der Stadt Theben (V. 111) findet sich nur bei Jacobus de Voragine.

Die Ursenlegende des Breviarium Basiliense sowie die interpolierte Rezension der "Passio Acaunensium Martyrum" in der Fassung des Breviarium Basiliense und der Legenda aurea bilden die Hauptquellen des Wagnerschen Spiels. Zur Ergänzung sowie in einzelnen Fällen auch zur Korrektur der legendarischen Überlieferung hat Wagner zusätzlich historische Werke herangezogen und diese vereinzelt im Spieltext, meist aber in einer Randnotiz vermerkt.

67 Zu den lateinischen Fassungen der Ursenlegende vgl. BHL, Bd. II, S.1241f.

68 Vgl. V. 4724 und 4735.

69 Der zitierte Satz lautet: "Videns impius praeses/sanctos Martyres duplici miraculorum splendore clarificatos/plurimos capite truncari praecepit."

70 Vgl. Breviarium Basiliense (Die Ausgabe ist nicht paginiert). Der Satz findet sich ebenfalls in der von Surius herausgegebenen Ursenlegende, doch nicht in einer fünften Lektion. Vgl. Surius, Bd. VII, S.737.

71 Sie entspricht weitgehend der interpolitierten Rezension der "Passio Acaunensium Martyrum" und ist ebenso wie die Ursenlegende des Breviarium Basiliense später in leicht überarbeiteter Form von Laurentius Surius (gest. 1578) in die Legendensammlung "Vitae Probatorum Sanctorum" übernommen worden.

3.1 Die Quellen des Mauritiusspiels

Im ausführlichen "Argument" des ersten Tages wird nicht nur der Inhalt des Mauritiusspiels, sondern auch die Vorgeschichte referiert (V. 34-239). Damit verfolgt Johannes Wagner die Absicht, das legendarische Geschehen in den historischen Bezugsrahmen zu stellen, wobei er sich auf mehrere geschichtliche Darstellungen stützt.[72]

Die Vorbereitungen zum Götzenopfer, die im ersten Akt des Mauritiusspiels getroffen werden, gehen zurück auf die Bemerkung der Legende, der Kaier habe nach der Ankunft in Octodorum für das gesamte Heer ein Fest zu Ehren der heidnischen Götter angeordnet.

Der zweite Akt ist von Wagner zum größten Teil eigenständig entworfen worden. Die Legende berichtet lediglich, die Thebäer seien nach Agaunum gezogen, um dem Götzenopfer auszuweichen. Wagner läßt dem eine ausführliche Unterredung der Thebäer vorausgehen. Dabei zitiert Mauritius die Ermahnung des Papstes, der die Legende nur einen Satz widmet. Im Spiel wird aus dem knappen Hinweis der Vorlage eine umfangreiche Rede, die mehr als zweihundert Verse umfaßt (V. 538-740).

Während die Legende das Schicksal der Thebäer in Agaunum verfolgt, spielen die weiteren Akte des Mauritiusspiels sämtlich im Heerlager des Kaisers zu Octodorum. Bei der Darstellung der Opferfeierlichkeiten im dritten und vierten Akt hat Wagner lediglich die Tatsache des Götzenopfers der Legende entnehmen können. Bei der Ausgestaltung der Festlichkeiten stützt er sich auf die Schrift des italienischen Humanisten Pomponius Laetus "De magistratibus et sacerdotibus Romanorum", auf die Fasten des Ovid sowie auf Boccaccio

---

72 Wagner verweist als Quelle für die Ereignisse unter Diokletian auf Eusebius. Gemeint ist die Weltchronik des Eusebius von Cäsarea in ihrer Bearbeitung durch Hieronymus. Dort werden die zahlreichen Unruhen, die am Ende des dritten Jahrhunderts das römische Reich erschütterten, aufgeführt. (Vgl. Ed. Fotheringham, S.307-309).- Zum Aufstand der Quinquegentianer in Afrika (V.92-96) hat Wagner ein Werk des Pomponius Laetus herangezogen. Da der italienische Humanist in seiner Abhandlung "Romanorum historiam compendium" nicht nur auf die afrikanischen Unruhen eingeht, ist dieses Werk neben der Weltchronik des Eusebius als zweite Quelle für die von Wagner geschilderten Ereignisse im römischen Reich anzusehen. (Vgl. Pomponius Laetus: Compendium, S.591f.)

"Genealogie deorum gentilium".[73]

Bei den Begebenheiten des fünften Aktes legte Wagner wieder die Legende zugrunde, wobei er neben der Mauritius- bereits den Beginn der Ursenlegende mit herangezogen hat.

Der Epilogsprecher geht nach einer kurzen Zusammenfassung des Martyriums auf den Beginn des Thebäerkults ein. Mehr als 220 Jahre nach den Ereignissen in Agaunum seien die Körper der Märtyrer von Bischof Theodorus aus der Rhone geborgen und in dem vom burgundischen König Sigmund und seinem Bruder Simon gestifteten Benediktinerkloster zu St. Maurice beigesetzt worden. Dort seien sie später von Karl d. Gr. und Ludwig dem Frommen geehrt worden. Die Wiederauffindung der Märtyrer von Agaunum ist bereits in der interpolierten Fassung der Mauritiuslegende erwähnt und im Laufe der Überlieferung ausgeschmückt worden. Nach eigenen Angaben hat Wagner neben den "gschrifften" (V. 1917), in denen der Thebäerkult bezeugt wird, bei seiner Darstellung auch die Weltchronik des Nauclerus herangezogen.[74]

---

73 Pomponius Laetus berichtet im achten Kapitel des zweiten Buches über die altrömischen Marspriester ("De Salijs"). Wagner hat diesen Abschnitt, der auf Livius I,20 zurückgeht, teils paraphrasiert, teils wörtlich aus ihm zitiert. Er liegt der Darstellung der Opferfeierlichkeiten im dritten und vierten Akt zugrunde, bei der Wagner jedoch ausführliche Gesänge auf Mars und Jupiter hinzugefügt hat sowie Fechtvorführungen- wie das "Tusegkenfechten" und den "Kolbenstryt" (IV,4).- Neben Pomponius Laetus hat Wagner auch die Fasten des Ovid herangezogen. Er bezieht sich auf Buch III, V. 375-378.- Für die Gestaltung des Marsaltars (vgl. V. 1038b-f) verweist Wagner auf folgende Stelle aus Boccaccios "Genealogie deorum gentilium": "Gramen autem illi ideo sacrum dicit Albericus, quia hec herba, secundum Plinium, ex humano sanguine procreetur, et inde ut idem dicit, Romani rem bellicam agentes, Marti sacrum facturi aram construebant gramineam;" (Boccaccio IX,3) Der von mir hervorgehobene Abschnitt ist von Wagner in einer Randbemerkung (zu V. 1038b-f) wörtlich zitiert.

74 Wagner bezieht sich in einer Randbemerkung zu V. 1910 auf folgende Stelle aus der Weltchronik des Nauclerus: "Moti maternis precibus, contractis copiis bellum Burgundis indicunt, quos tum mortuo Gundobaldo, Sigismundus filius moderabatur, qui occurit pugna Francis, sed uictoria ad Francos se inclinans. Sigismundus in fuga capitur, Aureliam missus est, quem non multo post Clodomir pariter cum liberis interemptum in altissimum puteum deiici iubet, sed inde tandem exemptos ad diui Mauritii monasterium, quod non longe ab Octodoro uico Sabaudie Simon Sigismundi frater extruxerat, efferri ibique sepeliri permisit." (Nauclerus, Bl.75^r)

Abschließend geht der Epilogsprecher auf das Schicksal derjenigen
Thebäer ein, die dem Blutbad von Agaunum entkommen sind. Die Dar-
stellung dieser Folgelegenden basiert auf dem Martyrologium Usuards,
einem Sermo des Ambrosius sowie der Weltchronik des Dominikaners
Antoninus.[75]

3.2 Die Quellen des Ursenspiels

Soweit im "Argument" des zweiten Tages über das Martyrium der So-
lothurner Thebäer berichtet wird, stützt sich Wagner auf die Ursen-
legende des Breviarium Basiliense. Daneben läßt er die lokale Über-
lieferung[76] einfließen, nach der die Heiligen auf dem Hermesbühel,
einem Hügel außerhalb der Stadtmauern, verbrannt werden sollten
und die Leichen der Märtyrer am Ort der späteren St. Peterskapelle
bestattet worden sind. Der Bericht über die Gründung Solothurns
(V. 2145-62) deckt sich fast wörtlich mit einem Lobgedicht auf die
Stadt, das in der Chronik von Franz Haffner abgedruckt ist.[77] Die
im "Argument" genannten Episoden aus dem Helvetischen Krieg hat
Wagner dem ersten Buch des "Bellum Gallicum" von Cäsar entnommen

75 Wagners Darstellung der Folgelegenden im Mauritiusspiel (V. 1962-
   2066) ist im Jahre 1594 unter dem Titel "Kurtze Erzeelung der
   fürnemsten Thebaischen H. Marterern / von ietztgemeldtem Car-
   pentario verzaichnet" im Anhang der Mauritius- und Ursenlegende
   von Petrus Canisius abgedruckt worden (vgl. Petrus Canisius,
   S.284-286).- Zur Gereonlegende notiert Wagner den Namen "Vsuar-
   dus", und es ist durchaus möglich, daß er auch für die Folgele-
   genden, zu denen keine näheren Quellenangaben gemacht werden,
   in erster Linie das im Jahre 875 abgefaßte Martyrologium des
   Usuard (Husward) benutzt hat; Ausgabe bei Migne: PL 123, 453-992
   und 124, 9-860. Zu den übrigen Fassungen der Folgelegenden vgl.
   Egli, S.111f.- Wie aus einer Randbemerkung Wagners zu V. 2030-32
   hervorgeht, hat er für die Legende vom Martyrium des Victor von
   Marseille die Weltchronik des Dominikaners Antoninus (gest. 1459)
   hinzugezogen (vgl. Antoninus, Pars I, Titulus VIII, Capitulum I,
   § II).- Die Verse über das Los der Mailänder Thebäer basieren
   auf Ambrosius, der einen "Sermo in festo sanctorum martyrum
   Octavi, Adventi, etc." verfaßt hat (vgl. Ambrosius: Sermones de
   Sanctis, Sermo VI).
76 Die lokale Überlieferung ist greifbar in der Chronik des Gerichts-
   schreibers Anton Haffner, die im Jahre 1587 fertiggestellt worden
   ist. Anton Haffner hat sich nach eigenen Angaben auf die älteste
   Solothurner Chronik von Nicolaus Degenscher, dem Großvater seiner
   Mutter, gestützt, die die Jahreszahl 1480 getragen habe. Daneben
   wird auch die umfangreiche Chronik von Franz Haffner, dem Sohn
   Anton Haffners, aus dem Jahre 1666 herangezogen, da sie ebenfalls
   auf ältere Vorlagen zurückgeht.
77 Vgl. Franz Haffner II,6.

(vgl. V. 2168).

Die Begebenheiten des ersten Aktes basieren auf der legendari-
schen Überlieferung, nach der Maximian den Landvogt Hyrtacus von
der Flucht einiger Thebäer nach Solothurn benachrichtigt und dieser
ihre Gefangennahme vorbereitet hat. Lediglich der Traum des Land-
vogts, den dieser seinem Statthalter erzählt (I,1), ist wahrschein-
lich von Wagner ebenso frei erfunden wie die Figur des Symbulus
selbst.

Im zweiten Akt wird zunächst die Bekehrung der heidnischen Be-
völkerung durch Victor und Ursus vorgeführt. Wagner stützt sich
dabei auf den Hinweis der Legende, die Thebäer seien auf göttlichen
Befehl hin nach Solothurn geflohen, damit dort viele Ungläubige das
Licht des Glaubens empfingen. Daneben muß als Basis für die Bekeh-
rungsszene auch folgender Satz der Legende angesehen werden, der
jedoch erst im Anschluß an die Rettung der Thebäer vom Feuertod
verzeichnet wird: "Interea sancti martyres Vrsus cum socijs suis,
vtriusque sexus homines doctrina et exemplis in fide confortan-
tes ..."[78] Die ausführlichen Predigten sowie das Taufzeremoniell
sind Erweiterungen des Spielautors. Die hierauf folgende Gefangen-
nahme der Thebäer ist wieder in der Legende belegt; dort findet
sich auch ein kurzer Dialog zwischen Hyrtacus und den Christen:[79]

> Igitur beato Vrso socijsque eius hyrtaco praesidi praesentatis,
> talibus verbis eos alloquitur dicens. O viri, quis vos furor
> decretis principum suasit obviare? Vestram strenuitatem monemus,
> et imperiali praecepto praecipimus, vt omni remota occasione,
> ad sacrificandum dijs omnipotentibus. Joui et mercurio velitis
> inclinare, alioquin vos vitam varijs finire faciam tormentis.
> Illi vero celitus corroborati dixerunt, christiani sumus, nec
> sacrificando ydolis surdis et mutis christiane religionis ritum
> volumus inquinare.

Auch hier hat Wagner seine Vorlage durch ausführliche Reden erheblich
aufgeschwellt. Er greift dabei mehrfach auf biblische Berichte zu-
rück. Für die Wunder, die durch den Apostel Paulus geschehen sind
(V. 3221/22), stützt er sich jedoch auf die Kirchengeschichte des

---

78 Ursenlegende des Breviarium Basiliense, Lektion 5.- Bei den
   Zitaten aus Wagners lateinischen Vorlagen werden die Abkürzungen
   aufgelöst.

79 Ursenlegende des Breviarium Basiliense, Lektion 2.

Nikephorus.[80]

Die Unterredung zwischen Hyrtacus und Symbulus zu Beginn des
dritten Aktes ist von Wagner frei erfunden. Folterung und Befreiung
der Thebäer in der zweiten Szene gehen dagegen wieder auf die Le-
gende zurück:[81]

> Hyrtacus videns sanctorum constantiam, nec posse blanditijs
> flecti, nec terroribus emolliri, praecepit manus et pedes eorum
> cathenis nexibusque constringi, ac varijs tormentis, ipsos
> atrociter cruciari. Quod cum carnifices studiose peragerent,
> diuina clementia quae sperantes in se non deserit, tanto super
> eos splendor claritatis illuxit, vt tortores fulgore perteriti,
> ad terram prosternerentur semiuiui, sanctique martyres catenis
> solutis starent imperterriti, glorificantes et laudantes domi-
> num deum israhel.

Von einer zweiten Begegnung der Heiligen mit dem bekehrten "Volk"
(III,3) und ihrer erneuten Gefangennahme (III,5) weiß die Legende
ebensowenig wie von der Austreibung eines Teufels aus dem Standbild
des Götzen Merkur (III,6).

Der vierte Akt wird erneut durch Reden der Thebäer sowie eine
Beratung zwischen Hyrtacus und Symbulus eingeleitet, die sämtlich
als Zusätze Wagners anzusehen sind. Für das Gespräch zwischen dem
Landvogt und den Thebäern sowie die Rettung der Heiligen vom Feuer-
tod durch ein göttliches Wunder hat Wagner wieder seine Vorlage
heranziehen können:[82]

> Alloquitur igitur praeses sanctos martyres dicens. Vnum de
> duobus eligite, aut dijs immortalibus sacrificate, aut vitam
> vestram varijs faciam tormentis finire. Respondentes sancti
> dixerunt. Christus pro nobis passus est, nos etiam pro christo
> quaecunque tormenta malicia tua decreverit, parati sumus susti-
> nere. Imperat igitur praeses furore repletus, magnam componi
> lignorum congeriem, et ignem maximum, vt sanctorum corpora
> cremaret, praeparari. Cumque praesentibus multis sancti martyres
> fuissent adducti. Hyrtacus ait ad illos. Nisi a vestro errore
> resipiscatis, in hijs flammis vestra corpora concremabo. Sancti
> spiritu sancto confortati responderunt. Nulle nos mine, vel tor-

80 Dies geht aus einer Randbemerkung der Handschrift A hervor; sie
lautet: "Sudaria et semicincta Pauli. Niceph. li 2. ca: 24."
(Hs A, Bl. 23^v) Vgl. hierzu Nicephorus II,24: "Fama porro inau-
ditorum antea miraculorum ejus increbrescebat, adeo ut sudaria
quaedam et semicinctia (tenues videlicet fasciae) quae corpus
ejus attigissent, cum morbos curarent, tum daemonibus formido-
losae essent."

81 Ursenlegende des Breviarium Basiliense, Lektion 3.

82 Ursenlegende des Breviarium Basiliense, Lektionen 4 und 5.

mentorum timor, a sancto et iusto proposito reuocabunt. Et pati
sumus ad omnia pro saluatoris nomine sustinenda. Sanctis itaque
ad ignem vt in illum mitterentur accedentibus, ecce ventus vali-
dissimus de celo veniens, lignorum congeriem factam, et vndique
succensam tanto conamine impulit, vt dissoluta, et in varias
partes diuisa, penitus extingueretur.

Zu den wichtigsten Erweiterungen des Spiels gehören das Gebet des
heiligen Ursus (V. 3757-98) und die Erscheinung Christi (V. 3799-
3838). Christus verspricht jede Fürbitte, die im Namen des heiligen
Ursus an ihn gerichtet werde, zu erhören und um des Heiligen wil-
len die Stadt Solothurn zu beschützen.[83]

Den weiteren Begebenheiten des vierten und fünften Aktes liegt
der folgende Abschnitt der Legende zugrunde:[84]

Hyrtacus praeses vir belial furore plenus, super pontem praedicti
fluminis, sibi sanctos martyres iussit praesentari, vt eodem loco
capite cesos, mox in alueum fluminis precipitaret. Ceduntur ergo
beati martyres et in fluminem praecipitantur. Nam diuina miseri-
cordia, apud quam omnia possibilia sunt, sue mansuetudinis po-
tentiam in eis demonstrauit. Non longe nanque a dicto ponte ca-
pita sua in manibus portantes flumen egressi sunt, et ad locum
vbi nunc in honore ipsorum basilica fabricata peruenerunt. Mi-
rares. Et mirabilius mirabiliora succedunt. Sancti enim martyres
genua ad terram flectentes, quasi per unius hore spatium prius-
quam corpora sua ad terram dimiserunt. Ac si dicerent. Hec re-
quies mea in seculum seculi.

Bei der Gestaltung der Gerichtsszene (V,4) wird Wagner die Ge-
pflogenheiten seiner Zeit vor Augen gehabt haben. Wie im Spiel
neben Hyrtacus zwölf Richter vertreten sind, so nahmen an den
Sitzungen des Solothurner Stadtgerichts unter dem Vorsitz des
Großweibels zwölf Bürger aus dem großen Rat teil.[85]

Der Epilogsprecher erzählt, die Heiligen seien auf einer Brücke
über die Aare enthauptet worden. An der entsprechenden Stelle sei
später "Ze Trybiscrütz die kilchen" (V. 4740) erbaut worden. Über-
reste der Brücke seien bei niedrigem Wasserstand noch festzustel-

83 Erst Petrus Canisius hat in seiner ausführlichen Ursenlegende
   von 1594 das Fürbittemotiv aufgenommen. Er läßt Christus jedoch
   erst im Jenseits die Versicherung geben, die Fürbitte des hei-
   ligen Ursus zu erhören. Vgl. Petrus Canisius, S.257.

84 Ursenlegende des Breviarium Basiliense, Lektion 5 und 6.

85 Vgl. Franz Haffner, II,52. Bruno Amiet: Geschichte, S.452.

len.[86] Nach dem Bericht des Herolds sind die Leichen in den Fluß geworfen worden; an der Stelle der späteren St. Peterskapelle sind die Heiligen jedoch wieder an Land gestiegen und erst nach einem etwa einstündigen Gebet auf die Erde niedergesunken. Dort haben die bekehrten Christen die Leichen der Thebäer bestattet.

Während die genaue Lokalisierung der Hinrichtungs- wie der Begräbnisstätte auf die örtliche Überlieferung zurückgeht,[87] sind die vom Herold genannten "miracula post mortem"[88] noch einmal der Legende entnommen:[89]

> Venientesque ceci, surdi, claudi, imbecilles et paralitici, seu quacunque infirmitate detenti, tangebant corpora sanctorum, et subitam recipiebant sanitatem. Energumini quoque seu demonibus obsessi a tactu sanctorum martyrum ad tactum curabantur, ...

Der Epilog schildert weiterhin die Geschichte der Thebäerreliquien sowie verschiedene Begebenheiten aus der Stadtgeschichte Solothurns.[90] Diesem Bericht liegt neben lokaler und legendarischer Überlieferung das Geschichtswerk "Rerum Germanicarum libri tres" des deutschen Humanisten Beatus Rhenanus zugrunde sowie Petermann Etterlins "Kronika von der loblichen Eydtgnoschaft".[91]

Nach der "Bschlußred" (V. 4712i) folgt noch eine "Exhortatio" (V. 5030a-5115). Darin ermahnt der Herold die Bürger Solothurns, an der Verehrung der heiligen Märtyrer festzuhalten. Um ihr Vertrauen in die Heiligen zu stärken, nennt er Beispiele, die ihre beschützende Kraft belegen sollen. Die Überlieferung, auf die sich Wagner mit diesen Beispielen stützt, ist in der Chronik von Anton

86 Anton Haffner, der Darsteller des Hyrtacus, berichtet in seiner Chronik, er sei im Jahre 1554 an der entsprechenden Stelle durch die Aare geschwommen und habe dabei auf zwei Pfeilern der ehemaligen Brücke gestanden, wobei ihm das Wasser nicht einmal bis zu den Armen gereicht habe. (S.7)

87 Vgl. Anton Haffner, S.7f. Franz Haffner, I,151; II,36 und II,38f.

88 Vgl. V. 4767-76.

89 Ursenlegende des Breviarium Basiliense, Lektion 6.

90 Für den Bund Solothurns mit Zürich, Luzern, Bern, Zug, Uri, Schwitz, Unterwalden und Glarus verweist Wagner in einer Randbemerkung zu V. 4889/90 auf einen Brief, in dem diese Städte und Landschaften im Jahre 1393 nach der Sempacher Schlacht ihr Abkommen festgelegt haben. Dieser Brief ist in Petermann Etterlins "Kronika von der loblichen Eydtgnoschaft", der ersten Schweizer Chronik, abgedruckt (vgl. Etterlin, Bl. 48ᵛ-49ᵛ).

Haffner greifbar.[92]

Zusammenfassend ist festzuhalten: Auch beim Ursenspiel bemüht sich Wagner, das legendarische Geschehen mit historischen Ereignissen zu verbinden. Der Schwerpunkt liegt dabei auf der Stadtgeschichte Solothurns. Dem Handlungsteil liegt die Ursenlegende des Breviarium Basiliense zugrunde, die Wagner vor allem durch ausführliche Reden, aber auch durch Aufnahme neuer Motive stark erweitert hat.

4. Intention

Bereits die Prologe zu den beiden Spieltagen bieten Hinweise auf die Spielintention. Der erste Herold des Mauritiusspiels verweist darauf, daß schon die heidnischen Dichter "dem gmeinen volck" (V. 14) Schauspiele vorgeführt haben, die den Zuschauer zur Tugend

91 Nach Beatus Rhenanus geht die Gründung der Solothurner Ursenkirche auf Werthrada, die Mutter Karls d. Gr., zurück. Nach der lokalen Überlieferung ist sie hingegen erst von Königin Bertha, Gemahlin Rudolfs II. von Burgund, gegründet worden. Wagner sieht im Anschluß an Beatus Rhenanus in "Bertrada" (V. 4780 / wohl Verlesung aus Wertrada) die Gründerin und in Bertha die Erneuerin der Ursenkirche. Er bezieht sich auf folgenden Satz bei Beatus Rhenanus: "Et Vuerthrada regina Caroli Magni mater, Salodori, Colmariae, Constantiaeque esset autor, quarum templis de prouentibus prospexit." (S.146/147)- Die Auffindung der Reliquien von dreizehn Solothurner Thebäern geht ebenso auf die lokale Überlieferung zurück wie die Übertragung der verschiedenen Freiheiten auf die Stadt und die Verleihung der Blutgerichtsbarkeit an den Schultheißen Hemmen von Spiegelberg (vgl. V. 4803-82). Vgl. Anton Haffner, S.11; Franz Haffner, II,88/89.- Von der Translation der Reliquien des heiligen Victor nach Genf (vgl. V. 4897-4940), die auf Veranlassung der Königin Theutsinde - Wagners "Chendesinda" (V. 4902) dürfte eine Verlesung sein - von Bischof Domitian durchgeführt worden ist, berichtet die Ursenlegende, wie sie in einem St. Gallener Codex aus dem 9. Jahrhundert (vgl. Lütolf, S.172-176) und dem etwa gleich alten Codex Signiacensis (AASS, Sept. VIII, S.292f.) überliefert ist. Hier kann nicht entschieden werden, welche Fassung Wagner benutzt hat.- Mit dem Bericht über die Auffindung weiterer Reliquien von siebenunddreißig Thebäern sowie die Entdeckung des Sarges, in dem die Gebeine von Ursus und Victor ruhen (V. 4941-5030), stützt sich Wagner auf lokale Überlieferung (vgl. Anton Haffner, S.11 und S.14).

92 Vgl. Anton Haffner, S.17-20 und 62-65.

anleiten und ihn von lasterhaftem Leben abbringen sollten.[93] Seine
weiteren Ausführungen (V. 18-27) sowie analoge Hinweise im Prolog
des Ursenspiels (V. 2095-2112) machen deutlich: Das Solothurner
Spiel ist zum Lob Gottes und zur Ehre der heiligen Thebäer gespielt
worden; dies ist seine übergreifende Intention. Die Handlungsweise
der Heiligen soll die Zuschauer, insbesondere die Jugendlichen,
über das richtige Verhalten eines Christen im Krieg sowie allgemein
über christliche Lebensführung belehren. Der Spielverlauf setzt im
Rahmen dieser didaktischen Intention deutliche Akzente.

4.1 Ursus und Victor als Beschützer der Stadt Solothurn und ihrer Bürger

Das große Interesse, das dem Solothurner Spiel von den Bürgern der
Stadt entgegengebracht und der Aufwand, mit dem die Aufführung be-
trieben wurde, sind in erster Linie darauf zurückzuführen, daß im
Spiel das Schicksal der beiden Stadtheiligen Ursus und Victor dar-
gestellt wurde. Das Mauritius- und Ursenspiel ist ein Patronats-
spiel. Von daher erklären sich auch einige bedeutsame Erweiterun-
gen, die Wagner gegenüber seiner Quelle vorgenommen hat.

Nach der Legende ist Solothurn durch Victor und Ursus missioniert
worden. Diesen Hinweis setzt Wagner in eine breit angelegte Szene
um,[94] wobei er mit Predigt, Glaubensbekenntnis, Confiteor, Absolu-
tion, Vaterunser und Ave Maria tragende Elemente des Meßkanons über-
nimmt. Die Bedeutung der Missionsszene erschöpft sich jedoch nicht
in der historischen Reminiszenz: Der Zuschauer soll zugleich in den
Heilswahrheiten des christlichen Glaubens unterwiesen und gefestigt
werden. Der spezielle, lokal gebundene Zweck ist damit Vehikel eines
allgemeinen, missionarisch-heilspädagogischen Zweckes.

Die Stadt Solothurn verdankt den Heiligen Victor und Ursus nicht
nur ihre Christianisierung in spätantiker Zeit, sondern darüber
hinaus ihre Freiheit, die sie im Laufe der Jahrhunderte bis hin zur
Aufnahme in den Bund der Eidgenossenschaft gewonnen hat. Diesen Zu-
sammenhang verdeutlicht Wagner, indem er gegenüber der legendari-
schen Vorlage ein völlig neues Motiv aufnimmt. Er läßt den heiligen

93 Diesen Gedanken hat Wagner bereits in seinen deutschen Prolog
zum lateinischen "Acolastus" des Gnaphäus aufgenommen. Vgl.
ZBS, Sign.: Rar 987, Bl. 3[r] und 4[v].
94 Vgl. II,1 des Ursenspiels.

Ursus im Anschluß an seine Rettung vor dem Feuertod bitten, Gott
möge die Stadt Solothurn beschützen und die Gebete ihrer Bürger
erhören (V. 3784-96). Daraufhin erscheint Christus "in den wol-
cken" (V. 3798a/b) und erläutert die Beschützer-Funktion der Stadt-
heiligen (V. 3805-26): Das Schicksal jedes einzelnen Bürgers steht
ebenso wie das der gesamten Stadt in untrennbarem Zusammenhang mit
der Fürbitte der Stadtpatrone.[95] Christus ist bereit, diese Fürbitte
zu erhören, wenn die Bürger der Stadt im rechten Glauben verhar-
ren.[96] Durch diese Darstellung wird die Geschichte der Stadt Solo-
thurn, die der Epilogsprecher bis ins 16. Jahrhundert hinein ver-
folgt, als lokale Heilsgeschichte gedeutet.

Dem Charakter des Spiels als Patronatsspiel entspricht die Art
der Aufführung. Diese ist als Gemeinschaftswerk der Stadt angese-
hen worden.[97] Nur in einem der zahlreichen und z.T. sehr detaillier-
ten Aufführungsbelege wird der Verfasser des Spieltextes erwähnt.[98]
Offensichtlich ist der Text nicht in seinem literarischen Eigenwert
gesehen, sondern lediglich als Grundlage der Aufführung betrachtet
worden. Wie bei den geistlichen Spielen des Mittelalters tritt der
Verfasser des Spieltextes in den Hintergrund. Bedeutsam ist allein
die Aufführung, bei der Darsteller und Zuschauer sich zu einer
Spielgemeinde zusammenfinden.

4.2 Der christliche Soldat und sein Verhältnis zur Obrigkeit

Die Thebäer sind mit Maximian nach Gallien gezogen, um einen Bau-
ernaufstand niederzuschlagen. Erst als der Kaiser mit diesem Kriegs-

95 Das Fürbitte-Motiv begegnet noch einmal im Rahmen der Haupthand-
   lung (V. 4207-12) und dann wieder im Epilog (V. 4839-50) und in
   der "Exhortatio" (V. 5031-5115).
96 Mit Ausnahme der Anspielung in Vers 3824, die später noch einmal
   aufgenommen wird (V. 5045), ist das Solothurner Spiel frei von
   konfessioneller Polemik.
97 Vgl. besonders den Bericht in der Chronik Anton Haffners;
   Vgl. S. 207.
98 Während im Original der Chronik Anton Haffners (Bl.49^r) der Ver-
   fasser des Spiels noch nicht genannt wird, findet sich im Druck
   der Chronik von 1849 folgender Anschlußsatz: "... durch M. Hans
   Wagner Burgern und Seckelmeistern zu Solothurn künstlich com-
   poniert." (S.84) Diese Bemerkung ist deutlich als Zusatz erkenn-
   bar und dürfte auf eine spätere Abschrift der Chronik zurückge-
   hen. Sie ist der einzige Hinweis auf den Spielautor in den Auf-
   führungsbelegen.

ziel ein Vorgehen gegen die Christen und einen Eid auf die heidni-
schen Götter verbinden will, verweigern sie die Gefolgschaft.[99]
Über den Gehorsam, den sie dem Kaiser schulden, stellen sie den
Gehorsam gegenüber Gott und das Prinzip der Gerechtigkeit (V. 480-
483; 518/519). Der Begriff der Gerechtigkeit, der leitmotivartig
im gesamten Spieltext wiederkehrt,[100] meint nicht das positive
Recht des Staates, sondern die auf Gott als dem Ursprung des Rechts
gegründete Ordnung.[101]

In scharfem Kontrast zur Haltung der Thebäer steht die Einstel-
lung der heidnischen Soldaten, die ausdrücklich als Söldner bezeich-
net werden.[102] Für sie ist der Krieg nur Mittel zum Gelderwerb. Dem-
entsprechend handeln sie nach der Maxime: "Deß brôt ich iß / deß
lied ich sing" (V. 4568).

Der Zuschauer wird in den heidnischen Soldaten unschwer die
Landsknechte und Söldner seiner Zeit wiedererkannt haben, denen -
wie im Solothurner Spiel die Thebäer - in zahlreichen Gedichten und
Dramen des 15. und 16. Jahrhunderts der Schweizer Krieger gegenüber-
gestellt wird, der allein für Freiheit und Gerechtigkeit kämpft.[103]
Wagner verurteilt nicht den Krieg an sich; ausdrücklich betont er
die Tapferkeit der Thebäischen Legion im Kampf gegen unrechtmäßigen
Aufruhr zur Zeit des Kaisers Carus.[104] Er richtet sich jedoch dage-
gen, daß ein Krieg nur um materiellen Gewinn geführt wird, und ver-
urteilt damit zugleich das Reislaufen und Pensionenwesen seiner
Zeit.[105]

99 Vgl. bes. V. 467-479 und 3019-30.- Wagner konnte im Anschluß an
die Legende nur eine Gehorsamsverweigerung der Thebäer darstel-
len. Wie sein unveröffentlichtes Spiel "Aristotimus Tyrannus"
zeigt, hält er im Rahmen des Widerstandsrechts jedoch unter be-
stimmten Umständen auch den Tyrannenmord für gerechtfertigt.

100 Vgl. V. 148, 469, 519, 561, 689, 734, 1151, 1605, 1647, 1651,
2110, 2465, 2986, 3195, 4515, 5099; als Adj.: 2798, 4400, 4450.-
Auch Johannes Aal räumt in seiner "Tragoedia Johannis des Täu-
fers" der Kategorie der Gerechtigkeit breiten Raum ein; vgl.
ebd. V. 207, 991-1011, 1286, 1751, 2398, 3023, 3580, 3791, 4674,
6994. Es ist nicht unwahrscheinlich, daß Wagner hierdurch be-
einflußt worden ist.

101 Vgl. Brunner, S.133-146.

102 Vgl. z.B. V. 2376, 2408a, 2842b, 2846a, 2850a, 2852a, 2860a.

103 Vgl. Stricker, S.30ff.

104 Vgl. bes. V. 330-341, 3003-3011.

105 Vgl. die Solothurner Verordnung gegen das Reislaufen, in: Solo-
thurner Wochenblatt (1845), S.65 und (1846), S.80.

Einige Personen sind von der scharfen Kontrastierung zwischen Hei-
den und Christen ausgenommen. Hier ist an erster Stelle Symbulus,
der Berater des Landvogts Hyrtacus, zu nennen. Er tritt vornehmlich
in Dialogszenen mit Hyrtacus auf, in denen Künftiges beraten und
Geschehenes überdacht wird. Hält sich der Landvogt opportunistisch
an die Vorschriften seines Kaisers und zeigt sich durch die Stand-
haftigkeit wie durch die Wundertaten der Thebäer unbeeindruckt, so
nimmt Symbulus den Befehlen Maximians gegenüber eine distanziertere
Haltung ein und läßt sich von der Unschuld der Thebäer überzeugen.
Die Gestalt des Symbulus[106] ist auf den Zuschauer hin entworfen und
hat die Funktion, den Standpunkt des Landvogts zu relativieren und
den Beratungsszenen zwischen Hyrtacus und seinem Statthalter durch
die Darstellung unterschiedlicher Positionen größere Lebendigkeit
zu verleihen.

Ebenso wie Symbulus, der für die Thebäer eintritt, ohne sich
jedoch zum Christentum zu bekehren, handeln auch die sechs Richter
in der Gerichtsszene des Ursenspiels (V,4), die gegen eine Verur-
teilung der Christen votieren. Sie vertreten den Standpunkt der Ge-
rechtigkeit,[107] während ihre sechs Opponenten gemeinsam mit Hyrta-
cus für unbedingten Gehorsam gegenüber dem Kaiser eintreten.[108]
Auch in dieser Szene ist der Publikumsbezug unverkennbar: Obwohl
über den Ausgang der Gerichtsverhandlung kein Zweifel bestehen kann,
soll dem Zuschauer noch einmal der Gegensatz zwischen opportunisti-
schem Verhalten und ethischer Prinzipientreue vorgeführt werden.

4.3 Ermahnungen zu christlicher Lebensführung

Durch ihre Taten demonstrieren die Thebäer, wie der Christ sich ge-
genüber einem Tyrannen zu verhalten hat; in ihren Reden geben sie
darüber hinaus Anweisungen für eine christliche Lebensführung. Un-
beirrbar soll der Christ sein Vertrauen auf Gott setzen, denn die-
ser wird niemanden verlassen, "Der stâte hoffnung vff ihn hat"
(V. 459). Zahlreiche Beispiele sollen diese Überzeugung belegen
(V. 577-660). Die größten Feinde der Christen sind "der Wellte

106 Die Figur des Symbulus ist deutlich dem Usim, dem Berater des
    Herodes in Aals Johannesspiel, nachgebildet.
107 Vgl. bes. V. 4515/16: "Man sol die grecchtigkeit bedencken /:
    Nit nach dem Wind den mantel hencken."
108 Vgl. bes. V. 4446-53: Die Gerechtigkeit wird ausdrücklich dem
    Gehorsam gegenüber dem Kaiser untergeordnet.

braccht / lust / freid" (V. 669), "Fleischlich bgirden" (V. 674)
und "der böse Geist" (V. 679); durch Abkehr von der Welt im Vertrau-
en auf ewigen Lohn soll der Christ sich gegen diese Gefahren schüt-
zen (V. 705/706).[109]

In den Reden der Thebäer im Mauritiusspiel, denen ähnliche aus
dem Ursenteil an die Seite gestellt werden können,[110] kommt zum
Ausdruck, was Krutter "die mönchische Färbung der Auffassung"[111]
genannt hat. Er dürfte damit die offensichtliche Weltfeindlichkeit
gemeint haben, die aus den Reden der Christen spricht. Diese Tendenz
schlägt sich in der Zwischenrede des Herolds nieder (V. 1568-1629).
Der Herold beklagt das gottlose Treiben seiner Zeit und stellt ihm
die Opferbereitschaft der heidnischen Römer als vorbildliches Bei-
spiel gegenüber (V. 1589-98). Einen Beweis dafür, daß "D' Gotts-
forcht in der Wellt so gar erlöschen ist" (V. 1600), sieht der
Herold darin, daß die Bürger zunehmend von Krankheit, Pest, Krieg
und Teuerung heimgesucht werden.[112] Dieser Darstellungsweise liegt
die Vorstellung von einem Gott zugrunde, der seine Anhänger belohnt
und diejenigen, die sich von ihm abwenden, hart bestraft. Dieses
Gottesbild beherrscht den gesamten Spieltext. So wird kein Zweifel
daran gelassen, daß Maximian für seine Tyrannei bestraft wird,[113]
und Crescentius versichert dem Landvogt Hyrtacus, er werde unwei-
gerlich der Hölle verfallen, wenn er sich nicht zu Christus beken-
ne.[114] Auf der anderen Seite wird betont, daß Gott die Seinen nicht
verläßt und ihnen durch seine Wunder beisteht.[115]

Diese Gottesvorstellung wird durch die Wunder des Ursenspiels
für alle Zuschauer sichtbar demonstriert. Gegenüber seiner Quelle
hat Wagner zusätzlich die Vertreibung eines Teufels aus dem Stand-
bild des Gottes Merkur vorführen lassen. Diese Szene, in der die
Identität von heidnischem Gott und Teufel verdeutlicht wird, soll

109 Vgl. V. 492-495.
110 Vgl. bes. V. 2732/33, 3605-3614, 3647-51.
111 Krutter (1845), S.208.
112 Vgl. V. 1616-20.- Das solothurnische Gebiet ist in der zweiten
    Hälfte des 16. Jahrhunderts mehrfach von der Pest heimgesucht
    worden; vgl. Mösch, S.85.
113 Vgl. V. 1264-79.
114 Vgl. V. 3721-26.
115 Vgl. V. 3154-3239.

die Aktualität des Geschehens unterstreichen: Den Anhängern der heidnischen Götter entsprechen diejenigen, die den Einflüsterungen des 'bösen Geistes'[116] Gehör schenken. Sie müssen daher ebenso mit der Strafe Gottes rechnen wie die Heiden im Spiel.

5. Inszenierung

5.1 Lokalisierung der Bühne

Aufgeführt wurde das Solothurner Spiel im Freien, doch konnte bisher die genaue Aufführungsstelle[117] noch nicht ermittelt werden. Während Krutter und Baechtold an den Klosterplatz denken,[118] halten Meyer und Altermatt den Platz vor der Ursenkirche für den Spielort.[119] Anhand der Hinweise in den Manuskripten Wagners läßt sich die Streitfrage jedoch eindeutig entscheiden.

Im "Ordo Vmbzugs" (V. 0.2) nennt Wagner neben den Musikanten und Prologsprechern für das Mauritiusspiel vier Darstellergruppen; für die drei ersten gibt er zugleich den Standort an. Der Kaiser steht mit seinem Anhang vor einem Zelt,[120] der Bischof mit den Marspriestern "vor dem Brunnen" (V. 0.5), und die Thebäer haben ihren Standort "für Stockers hus vnd Frolicherin hus" (V. 0.6/0.7). Neben diesen Angaben ist eine Regiebemerkung des Ursenspiels zu berücksichtigen. Als Hyrtacus den Weibel ausschickt, die Wache herbeizuholen, heißt es: "Vor dem platz des füwrs findt er sie jn Stockers hus" (V. 2378a-c).

Ein Brunnen hat im 16. Jahrhundert vor der Ursenkirche gestanden, doch mag auch der heutige Brunnen auf dem Klosterplatz in diese Zeit zurückreichen. Die beiden von Wagner genannten Privathäuser

116 Vgl. V. 3508a. Zuvor ist "der böse Geist" als einer der Hauptfeinde des Christen bezeichnet worden (V. 679).

117 Vgl. Heinz Wyß, S.86.

118 Vgl. Krutter (1846), S.113; Baechtold: Minorit, S.7, Anm.3.

119 Vgl. Altermatt, S.102; Ernst Meyer, S.XIX.- Baechtold vermutet nicht einen "Klosterhof"- wie Meyer angibt - sondern den vor der St. Peterskapelle gelegenen Klosterplatz als Aufführungsstelle.

120 Statt "zelt" (V. 0.4) wurde bisher fehlerhaft "zeh" gelesen! Vgl. Krutter, S.113; Baechtold: Minorit, S.7, Anm.3; Ernst Meyer, S.XIX.

lassen sich - entgegen der Annahme von Krutter[121] - für die Auffüh-
rungszeit lokalisieren. Es handelt sich um die heutigen Häuser
Hauptgasse Nr.65 und Nr.67 vor der Ursenkriche.[122] Da die beiden
Hausfassaden einen rechten Winkel bilden, wird verständlich, warum
Wagner für den Standort e i n e r Darstellergruppe z w e i Pri-
vathäuser angibt. Das Mauritius- und Ursenspiel ist demnach auf dem
Platz vor der Ursenkirche, der nach dem anliegenden Gasthaus heute
die Bezeichnung Kronenplatz trägt, aufgeführt worden. Nach einer
Abbildung der alten Ursenkirche[123] sowie dem heutigen Stadtplan las-
sen sich die Lokalitäten darstellen (Abb. S. 243).

Der Platz vor der Ursenkirche gibt für zwei weitere Spiele den
Aufführungsort ab: Im Jahre 1543 läßt Wagner von seinen Schülern
Georg Binders "Spiel vom verlornen Sohn" darstellen. In einem Brief
an Wagner schreibt der damalige Stadtschreiber Georg Hertwig, daß
es ihm wegen der mittäglichen Sonnenhitze nicht möglich gewesen sei,
der Aufführung unmittelbar beizuwohnen. Durch die Fenster der Gast-
wirtschaft "Zum Löwen" habe er nur die Gesten der Darsteller verfol-
gen, nicht aber ihre Reden verstehen können. Er bitte daher um die
Zusendung des Spieltextes.[124] Da die Gastwirtschaft "Zum Löwen" im

121 Vgl. Krutter (1846), S.113.

122 Diese Angaben verdanke ich dem Direktor der Solothurner Zentral-
bibliothek, Herrn Dr. Hans Sigrist. Sie werden bestätigt durch
Hinweise in der Darstellung "Das Bürgerhaus in der Schweiz".
Zum Haus Nr.65 an der Hauptgasse heißt es: "Dem städtischen
Brunnbuche ist zu entnehmen, dass die Liegenschaft im Jahre
1598 dem Jakob Stockher aus Schaffhausen gehörte, der 1562
Bürger von Solothurn wurde." (S.XXVI) Zum Haus Nr.67 an der
Hauptgasse wird festgehalten: "Eine steinerne Wappentafel des
Ritters Frölich und seiner Ehefrau Anna Rahn befindet sich im
Treppenhaus des ehemaligen Patrizierhauses Nr.67 gegenüber der
'Krone' (vom Jahre 1549) mit der Devise Frölichs: 'Angst und
Not wert bis in Tod.'" (S.XXII)

123 Vgl. die Darstellung "Der alte Pfarrmünster von St. Urs vor
1763" im Anhang der Untersuchung von Jakob Amiet über das St.
Ursus-Pfarrstift der Stadt Solothurn.

124 Der Brief des Stadtschreibers Georg Hertwig wurde in einem Sam-
melband aus Wagners Privatbibliothek gefunden, der mehrere ge-
druckte Spieltexte des 16. Jahrhunderts enthält, und im "35.
Bericht der Zentralbibliothek Solothurn über das Jahr 1964" ver-
öffentlicht: "S(alutem) D(ico) P(luriam). Q(uum) Tragediam nupe
per pueros tuos lusam, quia ob fervorem solis meridiani theatru
conscendere non licuit, sed per fenestras hospitij Leonis, ubi
pransus eram, verba personarum quidem audire et gestus videre
potuerim, que dicebantur intelligere minime, rogo mi Conpater,
ut actum totum michi recreationis gratia visendum mittas. Facie
rem q(uam) gratissimam. Vale felix. Georgius tuus." (S.46)

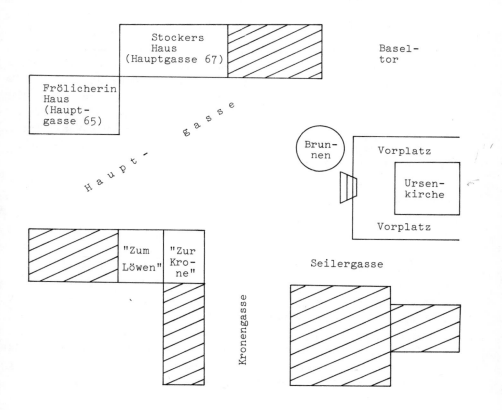

16. Jahrhundert neben dem Gasthaus "Zur Krone" gestanden hat,[125]
ist auch im Jahre 1543 auf dem Platz vor der Ursenkirche gespielt
worden. Schließlich ist ein Aufführungsbeleg erhalten, nach dem
im Jahre 1591 eine Schüleraufführung "vor der kronen" stattgefunden

125 Auch diesen Hinweis verdanke ich Herrn Dr. Sigrist.

hat.[126] Da also 1543, 1581 und 1591 Spiele vor der Ursenkirche auf-
geführt worden sind, kann mit großer Wahrscheinlichkeit angenommen
werden, daß der Kronenplatz im 16. Jahrhundert Aufführungsort aller
Solothurner Spiele gewesen ist.

5.2 Die Bühnenform des Mauritiusspiels

Für zwei der vier Darstellergruppen, die im "Ordo Vmbzugs" genannt
werden, läßt sich der genaue Bühnenort ausmachen. Der Bischof und
die Priester stehen vor dem Brunnen an der Ursenkirche; die Thebäer
haben ihren Platz vor den beiden genanten Privathäusern (Stockers
und der Frölicherin). Diese beiden Standorte werden das Spielfeld
seitlich abgegrenzt haben; das Zelt des Kaisers wird wahrscheinlich
neben dem Brunnen auf der Hauptgasse gestanden haben, um so die Büh-
ne auch zu dieser Seite hin abzuschließen.

Für die vierte Darstellergruppe, den Feldhauptmann und seine
Soldaten, macht Wagner keine Ortsangabe. Aus den Regiebemerkungen
läßt sich für sie der Schauplatz "Lager" erschließen. Hier spielt
die fünfte Szene des ersten Aktes. Der Trompeter hat die Aufgabe,
"In allem Lāger" (V. 367) die "Kriegslüt" (V. 368) zum Opfer auf-
zurufen. Er geht vom Zelt des Kaisers zunächst zum Bischof. Dann
heißt es: "Blāst wyter im Lāger vmb" (V. 393a), "Der Trummeter
ruft im Lāger ūs" (V. 393c) und schließlich "Fart im Lāger vmmher.
z' letst wider zū des Keisers zālte" (V. 411a/b). Aufgrund dieser
Angaben ist zu vermuten, daß mit "Lāger" kein fester Bühnenstand
gemeint ist, sondern die Gesamtheit der Schauplätze. Wahrscheinlich
haben der Feldhauptmann und seine Soldaten sich in einem nach Grup-
pen unterteilten Feldlager aufgehalten, das zwischen Thebäern und
Kaiserzelt aufgeschlagen war.

Es bleiben also nur drei feste Bühnenorte, an denen abwechselnd

126 Ich zitiere den Aufführungsbeleg nach Fiala: Schulen, S.48,
Anm.3: "Soll dem werckmeyster angezeigt werden, das er einmah-
len dem latinischen Schulmeyster uff nechst kommendt Son- oder
S. Ursentag, so er sin gemacht Spil mit sinen jungen knaben
üeben würdt, ein brüge vor der kronen mache, vnnd sol verkündt
werᵈen, das niemandt kein laden daselbst neme, so das spil uss
ist, vnd sollendt die wächter nach vollendung des spils angetz
die laden wider in wärchhof thuen. 1591 Sept.24."

gespielt wird: Das Zelt des Kaisers (I,1-3, III,7),[127] der Sitz des
Bischofs und seiner Priester (I,4; III,3-6; III,8) und der Ort der
Thebäer (II,1).[128]

Zusätzlich muß ein neutraler "platz" (V. 824j), der locus
communis in der Mitte des Spielfeldes, angenommen werden, auf dem
die Vereidigung vorgenommen wird (III,1,2). Vermutlich wurden auf
diesem neutralen Bühnenfeld auch die Opferspiele des vierten Aktes
dargestellt, da einmal Wagner hierfür keinen besonderen Ort nennt
und zum anderen es am Ende dieses Aufzugs heißt: "Zühet iederman
in sin ort" (V. 1567a/b). Für den gesamten fünften Akt wird dann
kein neuer Schauplatz mehr benötigt.

Damit ergibt sich für das Mauritiusspiel folgende Bühnenform:
Es ist nur ein Hauptschauplatz anzunehmen, das römische Heerlager.
Dieses ist unterteilt in Zelt des Kaisers, Standort der Thebäer
und des Bischofs. Die Handlung spielt abwechselnd an diesen drei
Schauplätzen und zusätzlich auf einem neutralen Platz im Vordergrund
der Bühne. Das Mauritiusspiel setzt also eine Simultanbühne voraus.
Diese ist jedoch nicht völlig mit der mittelalterlichen Raumbühne
identisch, weil ein Verlassen des Spielfeldes möglich ist: Die
Thebäer beschließen, dem Götzenopfer auszuweichen und "zühend hin
weg vff Agaunum" (V. 824a). Die Stadt Agaunum wird jedoch wahr-
scheinlich nicht auf der Bühne dargestellt. Nur akustische Signale
(IV,4) und die Botenberichte (V,1) beziehen die dortigen Ereignisse
in die Handlung mit ein.[129] Wagner hat also die Einheit des Ortes
gewahrt; seine Bühne läßt sich daher als konzentrierte Simultan-
bühne bezeichnen.

127 Gespielt wird v o r dem Zelt. Ist der Kaiser nicht am Gesche-
hen beteiligt, so geht er allein oder mit seinem Anhang in sein
Zelt (V. 307a/b, 1210a/b). Es muß offen bleiben, ob es sich hier
um ein geschlossenes oder vom Publikum einsehbares Zelt handelt.

128 Der Standort der Thebäer ist offensichtlich noch einmal unter-
teilt worden: Der zweite Akt beginnt mit einem Gebet des heili-
gen Mauritius (V. 412-423). Dann fordert Victor die übrigen
Thebäer auf: "Zům houptman Mauritz lond vns gân" (V. 426). Ein
Ortswechsel ist jedoch nicht erforderlich, da Mauritius bereits
auf die Gruppe um Victor zugeht (V.431). Mauritius hat also -
vielleicht mit einigen Soldaten - zunächst abseits gestanden.

129 Auch der Feldhauptmann verläßt mit seinen Soldaten das Spiel-
feld, um die Thebäer in Agaunum aufzusuchen (V. 1297a-d) und
ebenso der Bote Eurybates, der zu Hyrtacus nach Solothurn ge-
schickt wird (V. 1829a/b).

5.3 Die Bühnenform des Ursenspiels

Für das Ursenspiel nennt Wagner neben den Prologsprechern fünf Dar-
stellergruppen: Hyrtacus mit seinem Anhang, die Thebäer, das Volk,
die "Guardi" (V. 00.6) und die "Tortores" (V. 00.7). Zu ergänzen
sind Christus mit den Engeln (V. 00.32-34) und der "Tüfel vß dem
Abgott" (V. 00.43). Da diese Personen nicht bei der Aufstellung für
die Eingangsprozession genannt werden, haben sie wahrscheinlich
schon vor Spielbeginn ihre Plätze eingenommen. Anders als beim Mau-
ritiusspiel gibt Wagner hier bei der Nennung der einzelnen Darstel-
lergruppen keine Hinweise auf die Lokalitäten der Bühne.

Nach den Regieanweisungen sind den Personengruppen des Spiels
folgende Schauplätze zuzuordnen: Hyrtacus steht mit seinem Gefolge
bei einem "hûs" (V. 3390b),[130] vor dem zahlreiche Szenen gespielt
werden (I,1,3; II,5,6; III,1,4,6; IV,2,3,5,7; V,3,4,5). Unmittelbar
neben Hyrtacus muß seine Leibwache ("Guardi") ihren Standort ge-
habt haben, denn sie ist auf Verlangen des Landvogts schnell herbei-
geholt (V. 2375-84).[131] Einen eigenen Bühnenort hat auch das Volk
(II,1,3; III,3,5; V,1). Die Schergen ("Tortores") sind dem Gefäng-
nis zugeordnet (III,2; IV,1,5). Für die Thebäer ist kein eigener
Schauplatz erforderlich. Sie werden sich zu Beginn des Spiels am
Ort des Volkes versammelt haben, wo ihr erster Auftritt stattfin-
det (II,1). Für Christus und die Engel wird als Bühnenstand "in den
wolcken" (V.3798a/b)[132] angegeben. Der "Tüfel vß dem Abgott"
(V. 00.43) hat seinen Platz in einer Säule. Bei seiner Vertreibung
aus dem Götzenbild heißt es: "Der Bôs Geist fart uß dem Abgott /
zerbricht die Sûl / vnd abgott. lufft hin vnd hår vff der brügi."
V. 3510a-c) Mit "brügi" ist hier ein Bühnenpodium bezeichnet, wo-
bei offen bleiben muß, ob es sich um die Gesamtbühne oder ein be-
sonderes Podest für die Säule handelt.[133] Über den weiteren Ver-
bleib des Teufels, der nach seinem Mißgeschick in Solothurn "in ein

130 Nimmt der Landvogt nicht am Geschehen teil, so geht er - ähnlich
    wie der Kaiser im Mauritiusspiel - "in sin hûs" (V. 4272a).
131 Der Standort der Leibwache wird mit "Statum oder Låger"
    (V. 3262d/e) bezeichnet.
132 Vgl. 3326g, 3704d, 3744i.
133 Im "Journal" von 1581 sind Ausgaben für den Tischmacher ver-
    zeichnet "vmt ettliche latten" sowie für den Zimmermeister
    "so an der Bruggen zum spyll gewärcktt".

andre Statt" (V. 3513) laufen will, wird nichts mitgeteilt. Der
Hinweis auf die Einrichtung einer Hölle fehlt.

Einige Szenen verlangen wie beim Mauritiusspiel ein neutrales
Bühnenfeld (IV,4,6; V,1), das mit "platz" (V. 4086b) oder "plân"
(V. 4089) bezeichnet wird. Wahrscheinlich findet dort auch die
Enthauptung der Thebäer statt (IV,8). Ebenso ist für die Ankunft
des Boten Eurybates (I,2) und sein Gespräch mit Parmeno (I,5) die-
ser Platz als Spielort anzunehmen.

Nur wenige der genannten Schauplätze lassen sich auf dem So-
lothurner Kronenplatz lokalisieren. Die Wache hält sich "jn
Stockers hus" (V. 2378c) auf. Da das Haus des Hyrtacus in unmittel-
barer Nähe der Wache anzunehmen ist, handelt es sich dabei entweder
um eines der beiden Nachbarhäuser oder um einen eigenen Aufbau an
der Stelle, an der am ersten Tag das Zelt des Kaisers gestanden hat.
Auf dem freien Platz vor Stockers Haus liegt der "platz des füwrs"
(V. 2378a/b), der Ort des Scheiterhaufens also, auf dem die Thebäer
verbrannt werden sollten. Über die genaue Lage der übrigen Schau-
plätze können keine sicheren Angaben gemacht werden.

Das Ursenspiel legt zwar auch nur einen Hauptschauplatz zu-
grunde - sämtliche Vorgänge spielen in Solothurn - doch hat dieser
gegenüber dem Heerlager des Mauritiusspiels eine größere Ausdehnung,
die in einer Vielzahl von Bühnenorten ihre Entsprechung findet. Da-
mit ergibt sich das Bild einer Simultanbühne, die der mittelalter-
lichen Form sehr nahe kommt. Alle Ereignisse werden dargestellt;
lediglich von den Gebeten der Heiligen nach dem Martyrium wird nur
berichtet (V,2), doch ist nicht auszuschließen, daß dem eine Panto-
mime vorangegangen ist.

Zusammenfassend läßt sich festhalten: An beiden Spieltagen ist
auf einer konzentrierten Simultanbühne mit nur einem Hauptschau-
platz gespielt worden, der aber jeweils in eine Reihe gesonderter
Bühnenstände aufgegliedert ist. Für das Mauritiusspiel sind neben
dem neutralen Spielfeld nur drei weitere Schauplätze erforderlich,
für das Ursenspiel hingegen zumindest sechs. Im ganzen zeigt das
Mauritiusspiel, vor allem durch die Möglichkeit, das Spielfeld zu
verlassen und die Beschränkung auf drei Spielorte ein vergleichswei-
se 'modernere' Bühnenform. Dies mag einmal auf die unterschiedliche
Abfassungszeit der beiden Spiele zurückzuführen sein; es ist zum
anderen aber auch durch die Struktur der Ursenlegende zu erklären,

die dem zweiten Spielteil zugrundeliegt: Nur bei einem Verzicht auf
wesentliche Motive hätte sich hier eine ähnliche Konzentration er-
reichen lassen wie beim Mauritiusspiel.

5.4 Probenordnung und Aufführung

In einer vom Rat der Stadt Solothurn erlassenen Verordnung wird
festgelegt, wie die Darsteller sich auf die Aufführung vorzuberei-
ten und bei den Proben zu verhalten haben: Sie sollen ihre Verse
gewissenhaft lernen, an den festgesetzten Proben teilnehmen, für
Kostüme und Requisiten sorgen, bei Fehlern der Mitspieler die Kor-
rektur allein dem Regisseur überlassen und sich um eine angemessene
Darstellungsweise und Aussprache bemühen. Da die Verordnung schwer
zugänglich ist,[134] soll sie hier noch einmal aus dem Original wie-
dergegeben werden:[135]

> Gestellte, vnnd durch min gnedig Herren
> Schulltheißen vnd Rhaat adprobierte Ordnung,
> durch die Jhenigen, so sich in Sant vrsen
> fürgenommen Spil begeben, vff allen ♅b=
> vnnd probier tagen Zehallten. 1581.

Allen, vnnd Ieden vnnsren gethrüwen Lieben mitträthen, vnnd burgern,
so sych mitt vnnserm gunst, wüssen, willen, vnnd geuallen in Sant
vrsen vnnsers heiligen patronen spil, vnnd Tragoedj begeben, vnnd
personen über oder an sich genommen, Empietten wir Schultheiß vnnd
Rhaat der statt Sollothurn, vnsern günstlichen gruß, alles gutts,
vnnd hiemitt zuuernemmen.

Diewil diser christenliche, ehrliche, vnnd nutzliche Kurtzwil voruß,
vnnd vorab gott dem allmechtigen, denne sinen lieben heiligen zu
lob, danck, eere vnnd priß, So dann ouch vnnserer statte, vnnd ge-
meiner burgerschafft zu Rum, Innsonderheitt aber allen zulosern
vnnd vffsechern zu woolfhartt, vffnung, vnnd sterckung ires waah-
ren christlichen gloubens, durch vorspilung der lieben heiligen
Inbrünstigen gegen gott dem herren, Iffers, starcken gloubens, hoff-
nung, vnd liebe gereichen vnd gedienen soll.

Ouch vns der oberkheitt nitt whenig Kostens darüber gan wirdt, da-
mitt wir selbigen nitt vergebenlich anlegind noch söllichen getra-
gen haben rüwig werdindt, im fhaal (deß wir vns doch einichs wegs
nit versechendt) die sachen nitt geschickenlich vnnd wool abgan
wurdindt.

Da so Ist vnnser ernstlich will, meinung, vnnd begeren, dz alle die,
so sich diser ehrlichen Kurtzwile vnderfangen, vnnd angenommen, die
Inen zugestellten sprüch gflissenlich lernindt, vnnd wölliche sich
selbs ze vngeschickt oder Ire personen arttlich zuuerträtten on-

134 Sie ist abgedruckt im Solothurner Wochenblatt von 1847, S.54.
135 Staatsarchiv Solothurn, Mandatenbuch Nr.1, S.495-497.

tougentlich befundindt, vff dz nachwärtz, so söllichs zespaatt ge-
scheche, nitt die gantz ehrlich geselschafft durch sy verhindrott,
vnnd verkurtzt werde.

Zum andern, dz sy one alles fhälen vnnd weigern zu allen gepottnen
versuch tagen, vnnd conuocationen vff bestimpter stunde gehorsamlich
erschinen, vnnd one Libs, oder herren noott nitt vsbliben wöllindt,
by verlierung vnnser hulden, vnnd erleggung der sträffe, so sy des-
halb vnnder Inen selbs vff, vnnd ansetzen werden.

Zum dritten, dz sy die Inen durch denn spilfhürer beuolchne Klei-
dungen, rüstung, vnnd apparat, irs besten vermögens, selbs lassen
machen, oder aber anderschwo zum sybristen, vnnd begnemlichosten,
so Innen Iemmer möglich entlehnen vnnd zwägen bringen wöllindt.

Zum vierdten dz Kheiner deß andren In siner action, einichs fhählers
halb verachten, sonders selbigen dem spilfhürern, zu verbesseren,
vnnd zecorrigieren heimsetzen wöllen, damitte durch sölliche ver-
achtung, oder vexation Kheiner masleidig werde, oder durch vnwil-
len sin person (zu nachteil der gantzen ehrlichen geselschafft)
vffgebe.

Vnnd zum Letsten das ein Ieder sich in sinem bruff vnnd Ampt mitt
wyß vnnd gebärden, ouch Artlicher vsprechung der Ime zugestellten
sprüchen so geflissenlich, so zierlich, so bössisch erzeige vnnd
bewise, alls möglich Ist, vnnd wir durch sy all gmeinlich hardurch
gelopt vnnd geehrett werdindt, harane geschicht vnns höchlichs ge-
uallens, so wir In allen thrüwen vnnd grinden, fürfallender gele-
genheitte nach gegen Inen erkhennen wöllendt, Actum mittwochen vor
Mariae Magdalenae 1581.

Wie aus der Chronik Anton Haffners hervorgeht, haben die Proben nur
zehn Wochen gedauert.[136] Wer als "spilfhürer" die Proben leitete
und dann bei der Aufführung wohl auch als Regisseur fungierte, wird
leider nicht erwähnt, doch ist es durchaus nicht unwahrscheinlich,
daß Wagner diese Aufgabe selbst übernommen hat; denn seine Spiel-
handschrift enthält eine Reihe von Inspizienten- bzw. Regie-Noti-
zen, die darauf hindeuten, daß dieses Textbuch bei Proben und Auf-
führung in der Hand des Regisseurs lag.[137]

Die Aufführung begann - zumindest am zweiten Spieltag - morgens
um 8.00 Uhr[138] und dauerte etwa zweieinhalb bis dreieinhalb Stun-
den.[139] Die Verbindung der beiden Tagesaufführungen wird durch die
Technik der Vertagung und Wiederanknüpfung hergestellt: Der "Letst
Herold" (V. 2073a) verweist am Ende des ersten Spieltages auf das

136 Vgl. S. 207.
137 Vgl. z.B. V. 0.4-0.7, 2378a-c, 4052a sowie die zahlreichen Beto-
nungszeichen im gesprochenen Text.
138 Vgl. V. 2080.
139 Vgl. V. 1628: Die nachfolgenden ca. 450 Verse des Mauritius-
spiels beanspruchten demnach etwa eine halbe Stunde.

Ursenspiel und gibt den Zeitpunkt des Aufführungsbeginns an
(V. 2076-83); der "Argumentator" des Ursenspiels geht auf die ab-
schließenden Ereignisse des Mauritiusteils ein, bevor er den In-
halt des Ursenspiels referiert (V. 2125-36).

Für die Aufführung des Mauritusspiels waren 38 Darsteller er-
forderlich und für die des Ursenspiels 52. Das Ensemble für beide
Spieltage hätte - neben den Statisten und Musikanten - mindestens
52, höchstens aber 90 Darsteller umfassen können. Es fällt nun auf,
daß nur 16 Darsteller in beiden Spielhälften beschäftigt waren, das
Gesamtensemble also aus 74 Darstellern bestand. Vermutlich sollten
möglichst viele Bürger der Stadt Gelegenheit bekommen, an der Auf-
führung mitzuwirken. Die folgende Tabelle soll zeigen, welche Per-
sonen an beiden Tagen mitspielten:

Name	Mauritiusspiel	Ursenspiel
Victor Hugi	Argumentator Ursus	Ursus
Ůli Häni	Eurybates	Eurybates
Hieronymus Kallenberg	Victor	Victor
Anthoni Schwaller	Valerius	Valerius
Vrsus Saler	Constantius	Constantius
Stoffel Cůnj	Lalus (Narr)	Symbulus
Jakob Tschibolet	Choregus platzmeister Vordentzer	Tüfel vß dem Abgott
Frantz Knopf	Marspriester	Argumentator
Claus Knopf	Marspriester	Parmeno (Weibel des Hyrtacus)
Ludi Ziegler	Marspriester	Thaumantius
Peter Pfiffer	Marspriester	Söldner
Wilhelm Tugginer	Marspriester	Feruentius
Thomas Viuiarus	Aethiopißa ein Mörin	
(Thoman von Viuis)		Glabrio (Schrei- ber des Hyrtacus)
Jacob Walier	Cantzler des Keisers	Guardihouptman des Landvogts
Hans Dürr	Innocentius	Epitimus
Wernli Brunner	Vitalis	Söldner

Aus dem ersten Satz der oben zitierten Probenordnung geht hervor,
daß auch Mitglieder des Solothurner Stadtrates zu den Darstellern
des Spiels gehörten. Sie sind zum größten Teil mit den "fürnembsten
Personen welliche in gemeldtem spill geweßen"[140] identisch, die An-
ton Haffner in seiner Chronik nennt:[141]

Hauptman Hieronimuß Saller, Keiser Maximianus.
Anthoni Haffner, Hirtacus, Landvogt.
Hauptmann Lorentz Arregger, Sanct Mauritz, Im gantzen Kiriß.
Hauptman Hieronimus Kallenberg, Sanct Victor, Im gantzen Kiriß.
Victor Hugi Sanct Urß, Im gantzen Kiriß.
Wolfgang Dägenscher, Exuperius, Sanct Mauritzen Venderich.
Anthoni Schwaller, Sanct Urßen, Venderich.
Urß Saller, Sanct Victors Venderich.
Hanß Jacob von Staal, Stattschryber
Hanß Locher
Frantz Knopff   } prologi Herolden
Thoman Locher
Hauptman Wilhelm Frölicher, Oberster hoffmeister
Hanß Jakob Wallier, Cantzler der erst tag, der ander tag
                                      gwarde Hauptman.

Die übrigen Darsteller waren Bürger der Stadt Solothurn, die den
verschiedensten Berufen angehörten; genannt werden ein "Trummen-
schlager" (V. 0.22), "goldschmid" (V. 00.20), "Vrenmacher" (V.
00.23), "dischmacher" (V. 00.24), "schloßer" (V. 00.26), "schärer"
(V. 00.30), "schnider" (V. 00.31), "glaser" (V. 00.34) und "Gipser"
(V. 00.63).[142]

6.   Zur literargeschichtlichen Einordnung des
      St. Mauritius- und St. Ursenspiels

Die ersten deutschsprachigen Legendenspiele[143] ("Katharina", "Doro-
thea") sind in der Mitte des 14. Jahrhunderts greifbar, zu einer
Zeit also, in der das geistliche Schauspiel bereits voll ausgebil-
det ist. In Analogie zur Dramtisierung biblischer Texte in den

140 Anton Haffner, S.84.
141 Ebd. S.84/85.
142 Eine soziologische Auswertung der Besetzungslisten wird dem-
    nächst von Bernd Neumann im Rahmen einer Kölner Arbeit vorge-
    legt, die die Aufführungsnachrichten des geistlichen Schau-
    spiels untersucht.
143 Vgl. hierzu die beiden Monographien von Ukena und Biermann;
    Ukena geht jedoch nicht auf die Solothurner Spiele ein.

Oster- und Passionsspielen werden nun auch legendarische Vorlagen in
die vorgeprägte Form des geistlichen Spiels übertragen. Für einen
Zeitraum von etwa 100 Jahren - von der Mitte des 14. bis zur Mitte
des 15. Jahrhunderts - fehlen weitere Textzeugen. Diese Überlie-
ferungslücke darf jedoch nicht zu dem Schluß verleiten, daß in der
betreffenden Zeit das Interesse an Heiligenspielen zurückging; die
Texte aus der genannten Zeitspanne können verlorengegangen sein.
Allerdings konzentrieren sich die überlieferten Legendenspiele des
Spätmittelalters auffallend in der zweiten Hälfte des 15. Jahrhun-
derts (Alexiusspiel, Theophilusspiele, Spiel von Frau Jutten, Augs-
burger Heiligkreuzspiel). Daran schließt sich erneut eine längere
Zeitspanne an, aus der keine Legendendramen tradiert sind. Erst aus
dem letzten Drittel des 16. Jahrhunderts und dem Beginn des 17.
Jahrhunderts sind wieder Texte erhalten (Cysats Heiligkreuzspiel,
Einsiedler Meinradspiel, Mauritius- und Ursenspiel, Wilhelmsspiel,
Stapfers Heiligkreuzspiel, Leodegarspiel).

Während die spätmittelalterlichen Legendenspiele geographisch
weit gestreut sind, sind aus dem 16. Jahrhundert nur Textzeugen
aus den katholischen Gebieten der Schweiz erhalten. Es ist anzu-
nehmen, daß in den übrigen Landschaften des deutschen Sprachraums
die Reformation eine weitere Ausbildung der Heiligendramen verhin-
dert hat.

Um den Stellenwert des Solothurner Spiels zu verdeutlichen,
soll die Entwicklung der deutschsprachigen Legendenspiele vom spä-
ten Mittelalter bis zur frühen Neuzeit unter den Aspekten Struktur,
Quellenbenutzung und Intention kurz skizziert werden.

(1) Die frühen Legendenspiele des 14. Jahrhunderts zeigen im Aufbau
eine bloße Aneinanderreihung von Szenen oder Szenengruppen; ein
übergreifendes Strukturprinzip ist nicht erkennbar. Bei den Texten
des 15. Jahrhunderts ist dagegen ein klarer tektonischer Bauriß
nachzuweisen. Die späten Schweizer Spiele übernehmen dann von den
lateinischen Dramen der Zeit die Akteinteilung, die häufig mit einer
Szenengliederung verbunden wird. Die handlungsstrukturierenden Mög-
lichkeiten der neuen Aufbauprinzipien werden jedoch meist nicht er-
kannt oder zumindest nicht genutzt. - Für alle Spiele ist die Form
der mittelalterlichen Simultanbühne verbindlich, die jedoch im 16.
Jahrhundert einen Zug zur Konzentration erkennen läßt: Ein Verlas-
sen der Bühne wird ebenso möglich wie ein Aussparen von Begeben-

heiten, die sich dann "hinter der Szene" abspielen. - Eine deut-
liche Entwicklung der Legendenspiele ist durch die Analyse ihres
Versumfangs zu belegen. Am Beginn steht das Katharinenspiel mit ca.
700 Versen; die Texte der mittleren Gruppe (15. Jahrhundert) haben
etwa 1500 bis 2000 Verse und die Schweizer Spiele schließlich ca.
3700 bis weit mehr als 5000 Verse. Diese quantitative Entwicklung
beruht neben der stofflichen Ausweitung auf einer erheblichen Deh-
nung der Einzelreden. So umfaßt im Katharinenspiel die längste Re-
depassage nur 14 Verse, während in den Schweizer Spielen Reden mit
einem Umfang von mehr als 200 Versen keine Seltenheit sind. Es ist
vor allem die verstärkt belehrende Tendenz in den späten Spielen,
die zu der genannten Aufschwellung der Einzelreden führte: "Der Ak-
zent verschiebt sich vom Visuellen auf das Wort."[144]

(2) Unterschiede zwischen den spätmittelalterlichen und frühneu-
zeitlichen Legendenspielen lassen sich auch hinsichtlich der Spiel-
vorlagen aufzeigen. Da das Mittelalter "zwischen Legende und Ge-
schichte nicht unterschieden hat",[145] benutzten die Verfasser der
frühen Spiele lediglich eine Prosafassung der entsprechenden Legen-
de, die meist der Redaktion der Legenda aurea entspricht, ohne die
historische Glaubwürdigkeit der Vorlage durch zusätzliche Belege
nachzuweisen. Die Autoren der Schweizer Spiele hingegen sahen sich
veranlaßt, entweder unmittelbar auf historische Quellen zurückzu-
gehen (Cysat) oder die Legendenfassung zumindest durch Verweise auf
ihre geschichtliche Basis abzusichern (Wagner). Die wiedergewonnene
Glaubensgewißheit der nachreformatorischen Zeit führt jedoch bei
Stapfer wie bei dem Verfasser des Einsiedler Meinradspiels[146] dazu,
daß die Autoren auf eine solche Fundierung verzichten.

(3) In Umfang und dramatischer Gestaltung wie in der Auswahl der
Spielvorlagen lassen sich Abweichungen zwischen den spätmittelal-
terlichen und frühneuzeitlichen Legendenspielen feststellen. Eine
erstaunliche Übereinstimmung ergibt sich jedoch bei der Intention.
Sämtliche Legendenspiele stellen die Hilfsmacht der Heiligen bzw.
der Kreuzreliquie in den Mittelpunkt. Sie weisen entweder auf die
Fürbittefunktion der Heiligen hin oder führen ein Eingreifen des
Heiligen zugunsten des sündigen Menschen vor.

144 Heinz Wyß, S.62.
145 Günter: Legende des Abendlandes, S.178.
146 Vgl. Häne, S.15-22.

Literaturnachweis

Sekundärliteratur wird in den Anmerkungen mit dem Zunamen des Autors angeführt. Erscheinen mehrere Arbeiten eines Verfassers im Literaturverzeichnis, so werden sie zusätzlich mit ihrem Titel (oder Stichwort daraus) zitiert.

1. Verzeichnis der Abkürzungen

AASS	Acta Sanctorum, begr. v. J. Bolland, 1643ff.
AfK	Archiv für Kulturgeschichte, 1903ff.
BHL	Bibliotheca Hagiographica Latina antiquae et mediae aetatis, 1898-1911
DPhiA	W. Stammler (Hrsg.), Deutsche Philologie im Aufriß, 3 Bde., 2. Aufl. 1957-62
DVjs	Deutsche Vierteljahresschrift für Literaturwissenschaft und Geistesgeschichte, 1923ff.
German. Abhh.	Germanistische Abhandlungen, 1962ff.
GermStud.	Germanische Studien, 1919ff.
GRM	Germanisch-romanische Monatsschrift, 1909ff.
MGG	Die Musik in Geschichte und Gegenwart, 1949ff.
MGH SS rer. Merov.	Monumenta Germaniae Historica. Scriptores rerum Merowingicarum
PL	Patrologia Latina, hrsg. von J.P. Migne, 1878-90
Sign.	Signatur
Sp.	Spalte
ZBS	Zentralbibliothek Solothurn
ZfdA	Zeitschrift für deutsches Altertum und deutsche Literatur, 1841ff.
ZfdPh	Zeitschrift für deutsche Philologie, 1869ff.

2. Quellentexte

Aal, Johannes: Tragoedia Johannis des Täufers. Hrsg. von Ernst Meyer.- Halle (Saale) 1929. (Neudrucke deutscher Literaturwerke des XVI. und XVII. Jahrhunderts. 263-267.)
Antiphonarium Biellense. ZBS, Sign.: S III 6.

- 256 -

Ambrosius Episcopus Mediolanensis. Omnia opera denuo accuratissime
revisa et noviter impressa. (Hrsg.: Conradus Leontorius.)
P.3.- Basel 1506.

Antoninus archiepiscopus Florentinus. Chronicorum opus, in tres
partes diuisum.- Lyon 1587.

Binder, Georg: Acolastus. Bearbeitet von Jakob Boßhart.-
In: Schweizerische Schauspiele des sechzehnten Jahrhunderts.
Hrs. von Jakob Bächtold. Bd.I.- Zürich 1890. S.181-271.

Boccaccio, Giovanni: Genealogie deorum gentilium libri.
A cura di Vincenzo Romano. Vol.2.- Bari 1951.
(Giovanni Boccaccio: Opere. 11.)

Breviarium Basiliense. Hrsg. auf Veranlassung von Johannes
(von Veningen), Bischof von Basel, und von Burckhard Hanff-
stengel.- Basel, [nach dem 14.5.1478.]

Canisius, Petrus: Warhafte Christliche Histori in drei Buecher
abgetailet Von Sant Moritzen / des Kaisers Maximiani Oberstem
Feldhauptmann / vnd seiner Thebaischen Legion / so im Walliser-
land / wegen Christliches Glaubens / jhr Marter bestendiglich
vollendet. Auch in sonderheit Von Sant VRSO / dem löblichen
Hauptmann / vnd von anderen Thebaischen Christi Bluetzeugen /
die in der alten Statt Solothurn gelitten / vnd noch daselbst
ruhen.- Freiburg/Schweiz 1594.

Chronicon Reipublicae Salodorensis. Authore: D. Antonio Haffnero.
Originale propria manu conscriptam.- ZBS Sig.: S I 49.

Das Solothurner Dreikönigsspiel des Johannes Wagner (Carpentarius)
vom Jahre 1561. Hrsg. von Norbert King.- In: Jahrbuch für
Solothurnische Geschichte 49 (1976). S.45-83.

Etterlin, Petermann: Kronica von der loblichen Eydtgnoschaft.-
Basel 1507.

Eusebius [Caesariensis Episcopus]. Eusebii Pamphili Chronici
canones. Latine vertit, adauxit, ad sua tempora produxit
S. Eusebius Hieronymus. Ed. Iohannes Knight Fotheringham.-
London 1923.

Haffner, Anton: Chronica.- Solothurn 1849. [zit.]

Haffner, Franz: Der klein Solothurnn Allgemeine Schaw=Platz.-
Solothurn 1666.

Jacobus de Voragine: Legenda Aurea. Ed. Theodor Graesse.
Reproductio photographica editionis tertiae 1890.-
Osnabrück 1965. [zitiert: Graesse]

Jacobus de Voragine: Legenda Aurea. Deutsch von Richard Benz.-
Heidelberg o.J.

Laetus, Pomponius: Romanae historiae compendium. Ex recognitione
Desid. Erasmi Roterdami.- Basel 1518.1533.

Laetus, Pomponius: De magistratibus et sacerdotibus Romanorum.
Lib.2.- In: Fiochi, Andrea Domenico: De potestatibus Romanorum.-
Antwerpen 1561.

Livius, Titus: Ab urbe condita libri. Ed.Guilelmus Weissenborn.
P.1-6.- Leipzig 1909-1912. (Bibliotheca scriptorum Graec. et.
Roman. Teubneriana.)

Mombritius, Boninus: Sanctuarium seu Vitae Sanctorum.
Bd. 1-2.- Paris 1910.

Nauclerus, Johannes: Chronica, succinctim compraehendentia res
memorabiles seculorum omnium ac gentium, ab initio mundi
ad annum C.n. 1500. Cum appendice ab 1500 ad 1564. T.1,2.-
Köln 1564.

Nicephorus Callistus Xanthopulus. Ecclesiasticae historiae Libri
XVIII studio Ioannis Langi.- 1553.

Ovidius Naso, Publius: Die Fasten [Fasti, lat. u. deutsch]
Hrsg., übers. u. kommentiert von Franz Bömer. Bd.1:
Einleitung. Text und Übers. Bd.2: Kommentar.- Heidelberg
1957 und 1958.

Passio Acaunensium martyrum auctore Eucherio episcopo Lugdunensi.
Ed. B. Krusch.- In: MGH SS rer. Merov. III
S.20-41.

Passio Sancti Mauritii et Thebaeorum martyrum (Passio interpolata).-
In: AA SS Sep. VI, S.345-348.

Passio S. Victoris & Sociorum ex Ms. Signiacensi auctore anonymo.-
In: AA SS Sept. VIII, S.292/293.

Rebhun, Paul: Ein Geistlich Spiel von der Gotfürchtigen und
keuschen Frauen Susannen. Unter Berücksichtigung der Ausgaben
von 1537 und 1544 kritisch hrsg. von Hans-Gert Roloff.-
Stuttgart 1967 (Reclams Universal-Bibliothek. 8787/88.)

Rhenanus, Beatus: Rerum Germanicarum Libri tres.- Basel 1551.

Staatsarchiv Solothurn: "Journal" (Säckelmeisterrechnungen)
von 1581 etc.
Mandatenbuch Nr.1 von 1581.

Surius, Laurentius: De probatis sanctorum historiis.
Tomvs VII.- Köln 1581.

Usuardus Monachus Sangermanensis. Martyrologium. Migne Pl 123,
Sp.453-992. 124, Sp.9-860.

Verbot des "Reisgeläufes" vom Jahr 1439. Mitgeteilt von Jakob
Amiet.- In: Solothurner Wochenblatt 1 (1845), S.65.

Verbot des Reislaufens von 1572 und 1577. Mitgeteilt von Jakob
Amiet.- In: Solothurner Wochenblatt 2 (1846), S.80.

Wagner, Johannes: Mauritiana Tragoedia. Sant Mauritzen Spil.
[ZBS: S I 101] Vrsina Tragoedia. Sant Vrsen Spil.
[ZBS: S I 120; Hs.A: S I 81] Aristotimus (Der Tyrannenmord)
[ZBS: S 277] Dreikönigsspiel [ZBS: S I 143]

3. Sekundärliteratur

Altermatt, Leo: Theater zu Stadt und Land.- In: Der Kanton
Solothurn. Ein Heimatbuch.- Solothurn 1949. S.101-109.

Amiet, Bruno: Die solothurnischen Bauernunruhen in den Jahren 1513
und 1514 und die Mailänder Feldzüge.- In: Zeitschrift für
schweizerische Geschichte 21 (1941), S.653-728.

Amiet, Bruno: Solothurnische Geschichte. Bd.I: Stadt und Kanton
    Solothurn von der Urgeschichte bis zum Ausgang des Mittel-
    alters.- Solothurn 1952.

Amiet, Jakob: Das St.-Ursus-Pfarrstift der Stadt Soltohurn seit
    seiner Gründung bis zur staatlichen Aufhebung im Jahre 1874.-
    Solothurn 1878.

Andreas, Willy: Deutschland vor der Reformation. Eine Zeitwende.
    6., überarbeitete Aufl.- Stuttgart 1959.

Assion, Peter: Die mittelalterliche Mirakel-Literatur als For-
    schungsgegenstand.- In: AfK 50 (1968), S.172-180.

Baechtold, Jakob: Geschichte der deutschen Literatur in der
    Schweiz.- Frauenfeld 1892.

Baechtold, Jakob: Der Minorit Georg König von Solothurn.-
    Solothurn 1874.

Bäumer, Suitberg: Geschichte des Breviers. Versuch einer
    quellenmäßigen Darstellung der Entwicklung des altkirchlichen
    und des römischen Officiums bis auf unsere Tage.- Freiburg
    i.Br. 1895.

Beck, Hugo: Die Bedeutung des Genrebegriffs für das deutsche
    Drama des 16. Jahrhunderts.- In: DVjs 8 (1930), S.82-108.

Beck, Hugo: Das genrehafte Element im deutschen Drama des
    16. Jahrhunderts. Ein Beitrag zu den Wechselbeziehungen
    zwischen Dichtung und Malerei.- Berlin 1929.
    (GermStud.66.)

Berg, Richard: Der heilige Mauricius und die Thebäische Legion.
    Kirchengeschichtliche Studie.- Halle (Saale) 1895.

Bergmann, Rolf: Studien zu Entstehung und Geschichte der deutschen
    Passionsspiele des 13. und 14. Jahrhunderts.- München 1972.
    (Münstersche Mittelalter-Schriften.14.)

35. Bericht der Zentralbibliothek Solothurn über das Jahr 1964.
    [Hrsg. von Hans Sigrist] - Solothurn 1964.

Biermann, Heinrich: Die deutschsprachigen Legendenspiele des
    späten Mittelalters und der frühen Neuzeit.- Diss. Köln 1977.

Brinkmann, Henning: Anfänge des modernen Dramas in Deutschland.
    Versuch über die Beziehungen zwischen Drama und Bürgertum
    im 16. Jahrhundert.- In: Brinkmann, Studien zur Geschichte
    der deutschen Sprache und Literatur. Bd.II: Literatur.-
    Düsseldorf 1966. S.232-288.

Brinkmann, Henning: Die Eigenform des mittelalterlichen Dramas
    in Deutschland.- In: GRM 18 (1930), S.16-37 und S.81-98.

Brunner, Otto: Land und Herrschaft.- Darmstadt 1973 (Unverän-
    derter reprografischer Nachdruck der 5.Aufl., Wien 1965).

Das Bürgerhaus in der Schweiz. Bd.XXI: Kanton Solothurn. Hrsg.
    vom Schweizerischen Ingenieur- und Architektenverein.-
    Zürich-Leipzig 1929.

Büsser, Max: Die Römerdramen in der Theatergeschichte der
    deutschen Schweiz (1500-1800).- Luzern 1938. (Schriften der
    Gesellschaft für schweiz. Theaterkultur.4.)

Commer, Franciscus: Collectio operum musicorum Batavorum saeculi
XVI. Bd.X.- Berlin 1840.

Creizenach, Wilhelm: Geschichte des neueren Dramas. Bd.I:
Mittelalter und Frührenaissance. 2.Aufl.- Halle (Saale) 1911.

Dupraz, Louis: Les passions de St. Maurice d'Agaune.-
Fribourg/Schweiz 1961. (Studia Friburgensia.N.S.27.)

Eberle, Oskar: Theatergeschichte der innern Schweiz. Das Theater
in Luzern, Uri, Schwyz, Unterwalden und Zug im Mittelalter
und zur Zeit des Barock 1200-1800.- Königsberg 1929.
(Königsberger deutsche Forschungen.5.)

Egli, Emil: Kirchengeschichte der Schweiz bis auf Karl den Großen.-
Zürich 1893.

Fiala, Friedrich: Geschichtliches über die Schulen von Solothurn.
Heft I: Die alte Stifts- und Stadt-Schule bis zum Ende des
XVI. Jahrhunderts.- Solothurn 1875.

Fiala, Friedrich - Schmidlin, L.R.: Die Solothurner Schriftsteller
von den ältesten Zeiten bis zum Ende des XVI. Jahrhunderts.-
In: Zeitschrift für Schweiz. Kirchengeschichte 2 (1908),
S.161-189 und S.266-275.

Gombert, Ludwig: Johannes Aals Spiel von Johannes dem Täufer.-
Breslau 1908. (German.Abhh.31.)

Grundmann, Herbert: Die Grundzüge der mittelalterlichen Geschichts-
anschauung.- In: AfK 24 (1934), S.326-336.

Günter, Heinrich: Die christliche Legende des Abendlandes.-
Heidelberg 1910.

Häne, Rafael: Das Einsiedler Meinradspiel von 1576.- Basel-Freiburg
(Schweiz) 1930. (Schriften der Gesellschaft für schweizerische
Theaterkultur.2.)

Hartl, Eduard: Das Drama des Mittelalters. Für die zweite Auflage
bearbeitet von Friederike Weber.- In: DPhiA II (1960),
Sp.1949-1996.

Heinzel, Richard: Beschreibung des geistlichen Schauspiels im
deutschen Mittelalter.- Hamburg-Leipzig 1898.
(Beiträge zur Ästhetik.4.)

Hess, Rainer: Das romanische geistliche Schauspiel als profane
und religiöse Komödie. 15. und 16. Jahrhundert. München 1965.
(Freiburger Schriften zur romanischen Philologie.4.)

Schweizerisches Idiotikon. Wörterbuch der schweizer-deutschen
Sprachen. Bearb. von Friedrich Staub und Ludwig Tobler (u.a.).
Bd.1-13 nebst Verzeichnis der liter. Quellen und den dafür
gebrauchten Abkürzungen.- Frauenfeld 1881-1973.

Joachimsen, Paul: Geschichtsauffassung und Geschichtsschreibung
in Deutschland unter dem Einfluß des Humanismus.- Leipzig-
Berlin 1910. (Beiträge zur Kulturgeschichte des Mittelalters
und der Renaissance.6.)

Kahl, Hans-Dietrich: Bausteine zur Grundlegung einer missions-
geschichtlichen Phänomenologie des Hochmittelalters.- In:
Miscellanea Historiae Ecclesiasticae 1.- Louvain 1960.
S.50-90. (Bibliothèque de la Revue d'Histoire ecclésiastique.38.)

Krüger, Erich: Die komischen Szenen in den deutschen geistlichen Spielen des Mittelalters.- Diss. Hamburg 1931.

Krutter, Franz: Über einige Solothurnische Schauspiele des 16. und 17. Jahrhunderts.- In: Solothurner Wochenblatt für Freunde der Literatur und vaterländischen Geschichte 1 (1845), S.55/56, 63-65, 70-72, 79/80, 87-89, 94-97, 135-137, 150-152, 207-209 und 2 (1846), S.9-11, 25-27, 29/30, 33/34, 37/38, 45-47, 101-103, 105-107, 109-111, 113/114.

Linke, Hansjürgen: Bauformen geistlicher Dramen des späten Mittelalters.- In: Zeiten und Formen in Sprache und Dichtung. Festschrift für Fritz Tschirch zum 70. Geburtstag.- Köln-Wien 1972. S.203-225.

Linke, Hansjürgen: Zwischen Jammertal und Schlaraffenland. Verteufelung und Verunwirklichung des saeculum im geistlichen Drama des Mittelalters.- In: ZfdA 100 (1971), S.350-370.

Lütolf, Alois: Die Glaubensboten der Schweiz vor St. Gallus. Forschungen und Quellen zur Kirchengeschichte der Schweiz.- Luzern 1871.

Meyer, Ernst: [Einleitung zu:] Tragoedia Johannis des Täufers von Johannes Aal in Solothurn 1549.- Halle (Saale) 1929. (Neudrucke deutscher Literaturwerke des XVI. und XVII. Jahrhunderts.263-267.)

Michael, Wolfgang F.: das deutsche Drama des Mittelalters.- Berlin-New York 1971 (Grundriß der Germanischen Philologie.20.)

Nagel, W.: Die Musik in den schweizerischen Dramen des 16. Jahrhunderts.- In: Monatshefte für Musik-Geschichte 22 (1890), S.67-83.

Neumann, Bernd: Mittelalterliches Schauspiel am Niederrhein.- In: Mittelalterliches deutsches Drama. Sonderheft der ZfdPh 94 (1975), S.147-194.

Reuling, C.: Die komische Figur in den wichtigsten deutschen Dramen bis Ende des 17. Jahrhunderts.- Diss. Zürich 1890.

Roloff, Hans-Gert: [Nachwort zu:] Paul Rebhun: Ein Geistlich Spiel von der Gotfürchtigen und keuschen Frauen Susannen.- Stuttgart 1967. (Reclams Universal-Bibliothek.8787/88.)

Rosenfeld, Hellmut: Legende. 2., verbesserte Aufl.- Stuttgart 1964. (Sammlung Metzler.M.9.)

Schmidt, Leopold: Das deutsche Volkschauspiel. Ein Handbuch.- Berlin 1962.

Schmidt-Görg, Joseph: Nicolas Gombert. Kapellmeister Kaiser Karls V. Leben und Werk.- Tutzing 1971 (Reprografischer Nachdruck der Ausgabe Bonn 1938).

Schönherr, Alfons: Die mittelalterlichen Handschriften der Zentralbibliothek Solothurn.- Solothurn 1964.

Steinbach, Rolf: Die deutschen Oster- und Passionsspiele des Mittelalters.- Köln-Wien 1970. (Kölner germanistische Studien.4.)

Stolle, Franz: Das Martyrium der Thebäischen Legion.- Diss. Breslau 1891.

Stricker, Hans: Die Selbstdarstellung des Schweizers im Drama des
16. Jahrhunderts.- Diss. Bern 1961. (Sprache und Dichtung.
N.F.7.)

Ukena, Elke: Die deutschen Mirakelspiele des Spätmittelalters.
Studien und Texte.- Bern/Frankfurt 1975 (Europäische Hochschul-
schriften. Reihe I: Deutsche Literatur und Germanistik.115.)

Wetzer, [Heinrich Josef] und Welte [Benedikt] : Kirchenlexikon
oder Encyklopädie der katholischen Theologie und ihrer Hilfs-
wissenschaften. In neuer Bearbeitung. Begonnen von Josef
Cardinal Hergenröther, fortgesetzt von Franz Kaulen. 2. Aufl.
Bd.1-12 und Namen- und Sachregister.- Freiburg 1882-1903.

Wirth, Ludwig: Die Oster- und Passionsspiele bis zum XVI. Jahr-
hundert. Beiträge zur Geschichte des deutschen Dramas.-
Halle 1889.

Wolpers, Theodor: Die englischen Heiligenlegenden des Mittel-
alters.- Tübingen 1964. (Buchreihe der Anglia.10.)

Deutsches Wörterbuch von Jakob und Wilhelm Grimm. 16 Bde.
Leipzig 1854ff.

Wyß, Heinz: Der Narr im schweizerischen Drama des 16. Jahrhunderts.-
Diss. Bern 1959.

SCHWEIZER TEXTE

Die von der Akademischen Gesellschaft schweizerischer Germanisten ins Leben gerufene Reihe «Schweizer Texte» macht wichtige, aber schwer zugängliche Texte aus dem Bereich der deutschschweizerischen Literatur für Forschung und Lehre verfügbar. Das Spektrum des Verlagsprogramms reicht vom Spätmittelalter bis ins 20. Jahrhundert. Als Herausgeber der Reihe zeichnen Alois M. Haas, Karl Pestalozzi und Werner Stauffacher. Jedem Band sind ein einführender Essay und Erläuterungen beigegeben.

Pamphilus Gengenbach

Der Nollhart

Bearbeitet von Violanta Uffer
«Schweizer Texte» Band 1. 140 Seiten mit 31 Holzschnitten.
Kartoniert Fr. 22.–

Der Nollhart ist ein politisch-zeitkritisches Werk, das von Gengenbach ungefähr um 1517 beendet wurde. Die italienischen Kriege und die Niederlage bei Marignano, die politische Situation Basels zwischen Frankreich und dem Reich wie auch die in Basel schon recht früh verspürte Reformationsstimmung haben das Stück geprägt. Diese Ausgabe ist ein genauer Abdruck des Textes von 1517 mit den Holzschnitten des Originals.

Heinrich Zschokke

Eine Selbstschau

Bearbeitet von Rémy Charbon
«Schweizer Texte» Band 2. XXIII und 425 Seiten.
Kartoniert Fr. 37.–

Zschokkes Autobiographie, die als erläuterte Neuausgabe vorgelegt wird, lässt über ihren literarischen Reiz hinaus jene anderen Bereiche von Zschokkes Tätigkeit sowie die Personen, Ereignisse und Ideen eines bewegten Halbjahrhunderts der Schweizergeschichte aus der Perspektive eines ihrer vielseitigsten Persönlichkeiten sichtbar werden. Zschokke 1771–1848 versucht als Ideenvertreter der Aufklärung nicht nur zu unterhalten, sondern auf unterhaltsame Weise zu belehren.

Johann Kaspar Lavater

Unveränderte Fragmente aus dem Tagebuche eines Beobachters seiner Selbst

Bearbeitet von Christoph Siegrist
«Schweizer Texte» Band 3. 480 Seiten.
Kartoniert Fr. 29.–

Lavaters «Unveränderte Fragmente aus dem Tagebuche eines Beobachters seiner Selbst» (1773) werden hier in einer kommentierten Neuausgabe vollständig zugänglich gemacht; ein Anhang enthält überdies wichtige Passagen aus dem ersten Tagebuch von 1771. Der Text zählt zu den frühen Dokumenten der Selbsterfahrung des modernen Individuums: das erwachende Subjekt richtet sein Interesse zunehmend auf sich selbst und sucht sich als autonome Persönlichkeit zu begreifen. Daraus erwächst eine neue Psychologie, die sich, mit einem Ausdruck der Zeit, Erfahrungsseelenkunde nennt; Tagebücher, Konfessionen und Autobiographien sind ihre bevorzugten Ausdrucksmittel. Lavater schafft sich eine neue Sprache des Gefühls, in der sich, wie in Goethes «Werther» oder im «Anton Reiser» von K. Ph. Moritz, ein epochaler Umbruch ankündigt.

Josua Wetter

Karl von Burgund
Denkwürdiges Gefecht der Horatier und Curiatier

Herausgegeben und mit einem Nachwort versehen von Hellmut Thomke
«Schweizer Texte» Band 4. 203 Seiten. Kartoniert Fr. 28.–/DM 31.–

Josua Wetter ist einer der wenigen Dichter, welche die Schweiz im 17. Jahrhundert aufzuweisen hat. Als Dramatiker ragt er unter den übrigen Theaterdichtern, denen nur landschaftliche Bedeutung zukommt, hervor, fand er doch unabhängig von Gryphius den Weg zum barocken Drama. Wohl schloss er sich zum Teil noch an die heimische Überlieferung des historisch-politischen Volksschauspiels an; aber er übernahm doch auch wie Gryphius entscheidende Anregungen aus dem westeuropäischen Drama des frühen Klassizismus und Barocks. Obschon er den Rang des schlesischen Dramatikers nicht erreichte, verdient er die Aufmerksamkeit des Literaturhistorikers. Wetter wandte sich der gemeindeutschen Literatursprache und der von Opitz eingeleiteten Stilbewegung zu, nahm aber auch bereits die Neuerungen in der Poetik auf, die von Buchner ausgingen. Die Strassburger Studienzeit eröffnete ihm den Zugang zum literarischen Leben Deutschlands. Mit einem ausgeprägten Gefühl der Zugehörigkeit zur deutschen Sprache und Kultur verband er ein starkes eidgenössisches Staatsbewusstsein. Durch sein entschiedenes Republikanertum wurde er zu einem Vertreter der gegenhöfischen Strömung im Barock.

Wetters Dramen werden hier erstmals seit dem postumen Druck von 1663 vorgelegt und der literatur-, theater- und sprachgeschichtlichen Forschung als Faksimile-Druck zugänglich gemacht. Zugleich mögen sie als wichtige Zeugnisse der politischen Ideengeschichte Beachtung finden.

Johannes Wagner

Solothurner St. Mauritius- und St. Ursenspiel

Herausgegeben von Heinrich Biermann
«Schweizer Texte» Band 5. 261 Seiten. Kartoniert Fr. 33.–/DM 37.–

Johannes Wagners «Solothurner St. Mauritius- und St. Ursenspiel» (1581) wird hier erstmals in einer diplomatischen Edition vorgelegt. Ein ausführliches Nachwort informiert über inhaltlich-strukturelle und aufführungstechnische Aspekte des Dramas; es enthält weiterhin eine Fülle von Materialien (über Quellen, Probenordnung, Musik usw.), die den Aufführungskontext veranschaulichen. Magister Johannes Wagner (Carpentarius), Neffe Joh. Aals und Schüler des berühmten Humanisten Glarean, hatte als Regisseur und Verfasser vieler Spieltexte entscheidenden Anteil am Aufblühen des Solothurner Theaterlebens im 16. Jahrhundert. Sein hier vorgestelltes Hauptwerk gehört in die Tradition der spätmittelalterlichen Legendendramen, von denen im deutschen Sprachgebiet nur wenige Texte überliefert sind. Auf eindrucksvolle Weise wird das Martyrium der Thebäer mit der Schweizer Geschichte verknüpft und in den Bezugsrahmen der eigenen Zeit gestellt. Die Geschichte der Stadt Solothurn wird als lokale Heilsgeschichte gedeutet, ein Zeugnis der wiedergewonnenen Glaubensgewissheit des ausgehenden 16. Jahrhunderts.

In Vorbereitung:
Martin Stern (Hrsg.)

Expressionismus in der Schweiz

«Schweizer Texte» Band 6.

Zwei Bände mit Texten von Hugo Ball, Jakob Bosshart, Jakob Bührer, Robert Faesi, Friedrich Glauser, Claire Goll, Eduard Korrodi, Herrmann Kesser, Jakob Schaffner, Karl Stamm, Otto Wirz u. a. Dazu Bio-Bibliographien, Erläuterungen zu den Texten, Nachwort und Abbildungen.
Etwa 600 Seiten im Schuber. Etwa Fr. 60.–/DM 66.–

Verlag Paul Haupt Bern und Stuttgart